合格
テキスト

よくわかる**簿記**シリーズ

TEXT

日商簿記3級

は し が き

　企業における最近のコンピュータの利用状況には，目をみはるものがあります。とりわけ経理分野では，コンピュータを利用した合理化・効率化が飛躍的な進化をとげ，簿記の知識は不要とまでいわれるようになっています。しかし，コンピュータは計算・集計の道具であり，データをもとに分析し決定をするのは，やはり簿記の知識をもった人であることを忘れてはなりません。また，計数感覚はビジネスパーソンにとって最低限の基礎的知識といえますが，これも簿記を学習することにより習得することができます。

　本書は，日本商工会議所主催簿記検定試験の受験対策用として刊行したものです。

　この検定試験は，2021年4月より新試験出題区分で施行されていますが，本書は，この出題区分に対応したテキストです。本書は，ＴＡＣ簿記検定講座で使用中の教室講座，通信講座の教材を基に，長年蓄積してきたノウハウを集約したものであり，「合格する」ことを第一の目的において編集したものです。特に，読者の皆さんがこの一冊で教室と同じ学習効果を上げられるように，次のような工夫をしています。

1. 学習内容を具体的に理解できるようイラストや図表を使って説明しています。
2. 学習の論点を明確に把握できるよう「ここがPOINT」を設けてあります。
3. 本書のテーマに完全準拠した問題集『合格トレーニング』を用意しました。
4. 簿記についての関連知識や参考的な内容を，「Supplement」や「ちょっとひといき」にまとめました。

　＊詳しくは「本書の使い方」をご覧ください。

　本書を活用していただければ，読者の皆さんが検定試験に必ず合格できるだけの実力を身につけられるものと確信しています。また本書は，受験用としてばかりではなく，簿記を知識として学習したいと考えている学生，社会人の方にも最適と考えています。

　現在，日本の企業は国際競争の真っ只中にあり，いずれの企業も実力のある人材，とりわけ簿記会計の知識を身につけた有用な人材を求めています。読者の皆さんが本書を活用することで，簿記の検定試験に合格し，将来の日本をになう人材として成長されることを心から願っています。

　＊本書に掲載されています「ちょっとひといき」を書くにあたっては，『簿記の歴史』（上原孝吉著・一橋出版）を参考にさせていただきました。

2022年12月

ＴＡＣ簿記検定講座

Ver.14.0 への改訂について	本書は，『合格テキスト日商簿記3級』Ver.13.0 について，最近の出題傾向に基づく改訂を行うとともに，フルカラーにして刊行したものです。

本 書 の 使 い 方

　本書は，日商簿記検定試験に合格することを最大の目的として編纂しました。本書は，ＴＡＣ簿記検定講座が教室講座の運営をとおして構築したノウハウの集大成です。

　本書の特徴は次のような点であり，きっと満足のいただけるものと確信しています。

　なお，より簿記の理解を高めるため，本書に沿って編集されている問題集『合格トレーニング』を同時に解かれることをおすすめします。

ＴＡＣ簿記検定講座スタッフ一同

論点を理解するために必要な内容をテーマごとにまとめましたので，無駄のない学習を行うことができます。

用語の解説や論点をかみくだいた説明など学習を補助するコメントを示しました。

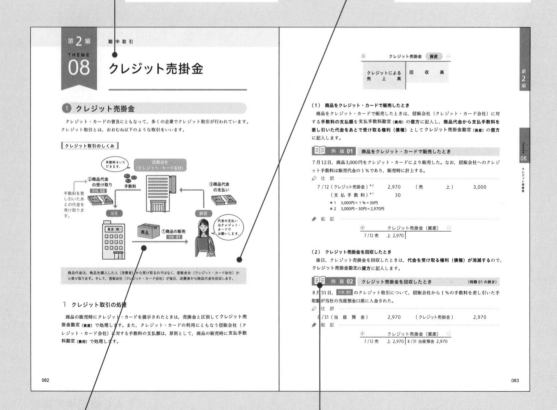

適宜にイラストやチャート図を示してありますので，ひとめでその内容をイメージすることができます。

各論点には「例題」を示してありますので，これに従って学習を進めることで，無理なく内容を理解することができます。

論点のおわりには「確認問題」を設けていますので，その論点で学習した内容を理解できたかチェックすることができます。

より理解を高めるために「Supplement」として，補足的あるいは発展的な内容を別枠で示してあります。

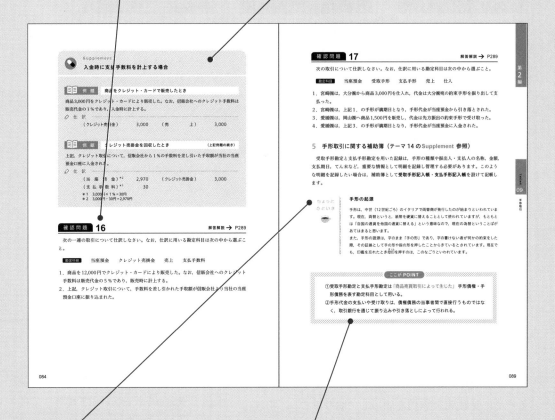

簿記の歴史や関連知識を「ちょっとひといき」として掲載してありますので，ちょっとひといきついて気分転換しましょう。

論点のおわりに「ここがPOINT」を示してありますので，要領よく学習内容を理解することができます。

合格までのプロセス

　本書は，合格することを第一の目的として編集しておりますが，学習にあたっては次の点に注意してください。

① 段階的な学習を意識する

　学習方法には個人差がありますが，検定試験における「合格までのプロセス」は，次の3段階に分けることができます。各段階の学習を確実に進めて，合格を勝ち取りましょう。

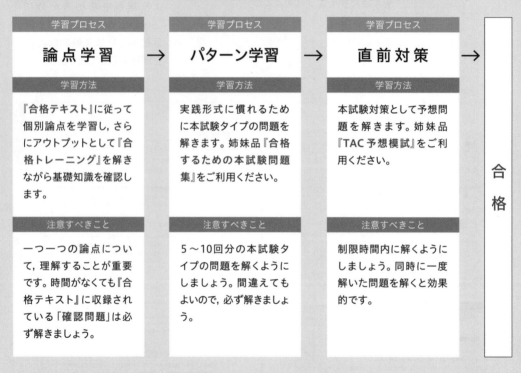

学習プロセス	学習プロセス	学習プロセス	
論点学習 →	**パターン学習** →	**直前対策** →	
学習方法	学習方法	学習方法	
『合格テキスト』に従って個別論点を学習し，さらにアウトプットとして『合格トレーニング』を解きながら基礎知識を確認します。	実践形式に慣れるために本試験タイプの問題を解きます。姉妹品『合格するための本試験問題集』をご利用ください。	本試験対策として予想問題を解きます。姉妹品『TAC予想模試』をご利用ください。	合格
注意すべきこと	注意すべきこと	注意すべきこと	
一つ一つの論点について，理解することが重要です。時間がなくても『合格テキスト』に収録されている「確認問題」は必ず解きましょう。	5～10回分の本試験タイプの問題を解くようにしましょう。間違えてもよいので，必ず解きましょう。	制限時間内に解くようにしましょう。同時に一度解いた問題を解くと効果的です。	

学習サポートについて

　TAC簿記検定講座では，皆さんの学習をサポートするために受験相談窓口を開設しております。ご相談は文書にて承ります。住所，氏名，電話番号を明記の上，返信用切手84円を同封し下記の住所までお送りください。なお，返信までは7～10日前後必要となりますので，予めご了承ください。

〒101-8383
東京都千代田区神田三崎町
3－2－18

資格の学校TAC
簿記検定講座講師室
「受験相談係」宛

(注)受験相談窓口につき書籍に関するご質問はご容赦ください。

② 簿記は「習うより慣れろ」

簿記は問題を解くことで理解が深まりますので，読むだけでなく実際にペンを握ってより多くの問題を解くようにしましょう。

論点学習 → 「確認問題」を解く → 『合格トレーニング』の問題を解く → 次の論点学習

② 学習計画を立てる

検定試験を受験するにあたり，学習計画は事前に立てておく必要があります。日々の積み重ねが合格への近道です。学習日程を作り，一夜漬けにならないように気をつけましょう（「論点学習計画表」は（10）ページに掲載していますので，ご利用ください）。

学習テーマ		計 画		実 施	
テーマ01	簿記の意義	月	日	月	日
テーマ02	財務諸表と簿記の5要素	月	日	月	日
テーマ03	日常の手続き	月	日	月	日
テーマ04	商品売買Ⅰ	月	日	月	日
テーマ05	商品売買Ⅱ	月	日	月	日
テーマ06	現金・預金	月	日	月	日
テーマ07	小口現金	月	日	月	日
テーマ08	クレジット売掛金	月	日	月	日
		月	日		

合格テキスト
日商簿記 3級

効 率 的 な 学 習 方 法

これから学習を始めるにあたり，試験の出題傾向にあわせた効率的な学習方法（得点など）について見ていくことにしましょう。

❶ 配点基準

試験は，次のような配点で出題されています。

〈第1問〉 45点	〈第2問〉 20点	〈第3問〉 35点

合計100点

このうち70点を得点することで合格となりますが，配点からみると，第1問，第3問の得点だけで80点となりますので，重要な問題であることがわかります。

❷ 出題傾向と対策

ここでは各問ごとの出題傾向と対策について見ることにしましょう。本来，苦手な問題はなくすのが一番よいことですが，配点を見て取捨選択するのも一つの方法です。

第1問対策

ここでは仕訳形式の問題が15題出題され，各3点の配点となります。すべての内容を理解し，スピード感をもって解答できるようにしておくことが必要です。

なお，検定試験では使用できる勘定科目が指定されますので，これを一つのヒントとして解答するとよいでしょう。

第2問対策

ここでは帳簿（補助簿）や勘定記入について出題されます。帳簿にはいくつか種類がありますが，最低でも「どのようなときに，どの補助簿が用いられるか」を理解しておく必要があります。また，勘定記入では複数の会計処理があるものや，決算仕訳が関係するものが出題されます。

また，三伝票や決算関係の仕訳・勘定記入の問題，文章の穴埋め問題など，全範囲からさまざまな形式で出題されます。

第3問対策

ここでは財務諸表・決算整理後残高試算表・精算表を作成する問題が出題されます。決算全体の処理について理解が必要です。第1問と同様に第3問も合否のカギを握っているといえます。

試 験 概 要

　現在，実施されている簿記検定試験の中で最も規模が大きく，また歴史も古い検定試験が，日本商工会議所が主催する簿記検定試験です（略して日商検定という）。

　日商検定は知名度も高く企業の人事労務担当者にも広く知れ渡っている資格の一つです。一般に履歴書に書ける資格といわれているのは同検定3級からですが，社会的な要請からも今は2級合格が一つの目安になっています。なお，同検定1級合格者には税理士試験の税法の受験資格を付与するという特典があり，職業会計人の登竜門となっています。

級　別	科　目	制限時間	程　　　度
1 級	商業簿記 会 計 学 工業簿記 原価計算	〈商・会〉 90分 〈工・原〉 90分	極めて高度な商業簿記・会計学・工業簿記・原価計算を修得し，会計基準や会社法，財務諸表等規則などの企業会計に関する法規を踏まえて，経営管理や経営分析を行うために求められるレベル。
2 級	商業簿記 工業簿記	90分	高度な商業簿記・工業簿記（原価計算を含む）を修得し，財務諸表の数字から経営内容を把握できるなど，企業活動や会計実務を踏まえ適切な処理や分析を行うために求められるレベル。
3 級	商業簿記	60分	基本的な商業簿記を修得し，小規模企業における企業活動や会計実務を踏まえ，経理関連書類の適切な処理を行うために求められるレベル。
初級	商業簿記	40分	簿記の基本用語や複式簿記の仕組みを理解し，業務に利活用することができる。（試験方式：ネット試験）
原価計算 初級	原価計算	40分	原価計算の基本用語や原価と利益の関係を分析・理解し，業務に利活用することができる。（試験方式：ネット試験）

　各級とも100点満点のうち70点以上を得点すれば合格となります。ただし，1級については各科目25点満点のうち，1科目の得点が10点未満であるときは，たとえ合計が70点以上であっても不合格となります。

主 催 団 体		日本商工会議所，各地商工会議所
受 験 資 格		特に制限なし
試　　験　　日	統 一 試 験	年3回　6月（第2日曜日）／11月（第3日曜日）／2月（第4日曜日）
	ネット試験	随時（テストセンターが定める日時。）ただし，統一試験前後10日間は休止。
試　　験　　級		1級・2級・3級・初級・原価計算初級
申 込 方 法	統 一 試 験	試験の約2か月前から開始。申込期間は，各商工会議所によって異なります。
	ネット試験	テストセンターの申込サイトより随時。
受験料（税込）		1級 ¥8,800　2級 ¥5,500　3級 ¥3,300　初級・原価計算初級 ¥2,200 ※2024年4月1日施行分からの受験料です。一部の商工会議所およびネット試験では事務手数料がかかります。
問 い 合 せ 先		最寄りの各地商工会議所にお問い合わせください。 検定試験ホームページ：https://www.kentei.ne.jp/

※刊行時のデータです。最新の情報は検定試験ホームページをご確認ください。

合格テキスト
日商簿記3級

論 点 学 習 計 画 表

学習テーマ	計 画		実 施	
テーマ01 簿記の意義	月	日	月	日
テーマ02 財務諸表と簿記の5要素	月	日	月	日
テーマ03 日常の手続き	月	日	月	日
テーマ04 商品売買Ⅰ	月	日	月	日
テーマ05 商品売買Ⅱ	月	日	月	日
テーマ06 現金・預金	月	日	月	日
テーマ07 小口現金	月	日	月	日
テーマ08 クレジット売掛金	月	日	月	日
テーマ09 手形取引	月	日	月	日
テーマ10 電子記録債権・債務	月	日	月	日
テーマ11 その他の取引Ⅰ	月	日	月	日
テーマ12 その他の取引Ⅱ	月	日	月	日
テーマ13 その他の取引Ⅲ	月	日	月	日
テーマ14 さまざまな帳簿の関係	月	日	月	日
テーマ15 試算表	月	日	月	日
テーマ16 決　算	月	日	月	日
テーマ17 決算整理Ⅰ　現金過不足	月	日	月	日
テーマ18 決算整理Ⅱ　売上原価	月	日	月	日
テーマ19 決算整理Ⅲ　貸倒れ	月	日	月	日
テーマ20 決算整理Ⅳ　減価償却	月	日	月	日
テーマ21 決算整理Ⅴ　貯蔵品	月	日	月	日
テーマ22 決算整理Ⅵ　当座借越	月	日	月	日
テーマ23 決算整理Ⅶ　経過勘定項目	月	日	月	日
テーマ24 決算整理後残高試算表	月	日	月	日
テーマ25 精算表	月	日	月	日
テーマ26 帳簿の締め切り(英米式決算)	月	日	月	日
テーマ27 損益計算書と貸借対照表	月	日	月	日
テーマ28 株式の発行	月	日	月	日
テーマ29 剰余金の配当と処分	月	日	月	日
テーマ30 税　金	月	日	月	日
テーマ31 証ひょう	月	日	月	日
テーマ32 伝　票	月	日	月	日

合格テキスト
日商簿記**3**級

CONTENTS

第1編 | 簿記の基礎

テーマ01 簿記の意義

テーマ02 財務諸表と簿記の5要素

テーマ03 日常の手続き

第3編 決　算

第4編　株式会社会計

第5編　証ひょうと伝票

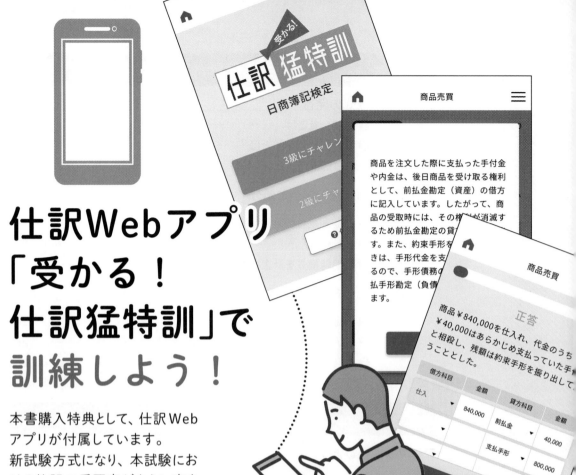

仕訳Webアプリ「受かる！仕訳猛特訓」で訓練しよう！

本書購入特典として、仕訳Webアプリが付属しています。

新試験方式になり、本試験における仕訳の重要度がさらに高まりました。仕訳を制する者は、本試験を制するともいっても過言ではありません。スキマ時間などを使い、仕訳を徹底的にマスターして本試験にのぞんでください！

※本サービスの提供期間は、本書の改訂版刊行月末日までです。

（免責事項）
(1) 本アプリの利用にあたり、当社の故意または重大な過失によるもの以外で生じた損害、及び第三者から利用者に対してなされた損害賠償請求に基づく損害については一切の責任を負いません。
(2) 利用者が使用する対応端末は、利用者の費用と責任において準備するものとし、当社は、通信環境の不備等による本アプリの使用障害については、一切サポートを行いません。
(3) 当社は、本アプリの正確性、健全性、適用性、有用性、動作保証、対応端末への適合性、その他一切の事項について保証しません。
(4) 各種本試験の申込、試験申込期間などは、必ず利用者自身で確認するものとし、いかなる損害が発生した場合であっても当社では一切の責任を負いません。

（推奨デバイス）スマートフォン・PC・タブレット
（推奨ブラウザ）Microsoft Edge 最新版／
　Google Chrome 最新版／Safari 最新版

詳細は、下記URLにてご確認ください。
https://shiwake.tac-school.co.jp/login/3

仕訳Webアプリへのアクセス方法

STEP 1　TAC出版　検索

STEP 2　書籍連動ダウンロードサービス にアクセス

STEP 3　パスワードを入力
230210488

＼ Start! ／

合格テキスト
日商簿記**3**級

THEME 01 簿記の意義

1 簿記とは

　簿記の語源は「帳簿記入」の略で，日々の取引を帳簿と呼ばれるノートに記入して記録することが簿記です。

　現在，簿記といえば帳簿に記入して記録するだけでなく「**報告すること**」までの一連の手続きをいいます。ここで報告するために作成される報告書のことを財務諸表といいます。

《 簿記とは，取引を，帳簿に記録し，報告すること 》

2 簿記の目的

　簿記では，以下に示す2つの目的を達成するために，さまざまなルールに従って帳簿記録や資料作成などを行います。

1 財政状態を明らかにすること（貸借対照表の作成）

財政状態とは，企業に「現在（**一定時点**において），何がいくらあるのか」を表すものです。

企業は利害関係者★に対して財政状態を明らかにするために**貸借対照表**（Balance Sheet：B/S）という報告書を作成します。

貸借対照表には現金や預金の残高，所有する建物の価値，借金がどれくらいあるかなどを記載します。

> **★利害関係者**
> 利害関係者とは，企業をとりまくすべての人をいいます。
> 　内部の利害関係者…株主，経営者，従業員など
> 　外部の利害関係者…税務署，銀行など

2 経営成績を明らかにすること（損益計算書の作成）

経営成績とは，企業が「**一定期間**に，どんな活動をし，その結果いくらもうかったのか，または損したのか」を表すものです。

企業は利害関係者に対して経営成績を明らかにするために**損益計算書**（Profit and Loss Statement：P/L）という報告書を作成します。

損益計算書には，企業活動による収入や支出の内容などを記載します。

③ 簿記の種類

簿記には，商品売買業★などで用いられる「商業簿記」，製造業★などで用いられる「工業簿記」などがありますが，このテキストでは「**小規模な株式会社が営む商品売買業**」を前提とする「**商業簿記**」を学習します。

> **★商品売買業と製造業**
> 商品売買業とは，商品を仕入れて，販売する業種のことをいいます。
> 製造業とは，材料を仕入れて，加工し，製造した製品を販売する業種のことをいいます。

④ 簿記の前提条件

簿記の前提条件として，**会計単位・会計期間・貨幣金額表示**の３つがあります。

1 会計単位

簿記で記録・計算・整理する対象となる範囲を**会計単位**といいます。企業の簿記の会計単位は，一つひとつの企業であり，その**企業が行った取引**を簿記の対象とします。

2 会計期間

企業は継続して活動を行うため，通常１年ごとに区切りをつけて，報告書を作成し，財政状態や経営成績を報告します。この定期的に区切られた期間を**会計期間**といいます。

会計期間の始まりを**期首**，終わりを**期末**，期首と期末の間を**期中**といいます。

また，現在の会計期間を**当期**，１つ前の会計期間を**前期**，１つあとの会計期間を**次期**または**翌期**といいます。

株式会社は，任意に期間を定めることができますが，４月１日から翌年の３月31日までを会計期間とする場合が大半です。なお，個人企業は暦に従って１月１日から12月31日までを会計期間とします。

> たとえば，企業は損益計算書を作成して，いくらもうかったか（経営成績）を報告しますが，期間を区切らなければ，いくらもうかったのかを把握することができません。そこで，会計期間を設定し，期間を区切ります。

会計期間

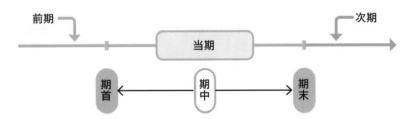

3　貨幣金額表示

　簿記で記録するものは，すべて**貨幣（金額）**で表示できるものでなければならないという前提があります。

> たとえば，社内の雰囲気や経営者の手腕など，貨幣（金額）で表すことができないものは簿記の記録対象にはなりません。

簿記の記録対象になる？

1 億 円…なる

経営者の手腕…ならない

確認問題 01

解答解説 → P286

　次の空欄①～④に当てはまる適切な語句を下記の **語群** から選んで記入しなさい。

語群　貸借対照表　損益計算書　会計期間　利害関係者

1．簿記の目的は，財政状態と経営成績を明らかにすることですが，財政状態を明らかにする報告書として（　①　）を，経営成績を明らかにする報告書として（　②　）を作成します。
2．簿記は，企業の経営者はもちろんのこと，外部の（　③　）に対しても有用な情報を提供するという，重要な役割を果たす手続きです。
3．企業は継続して活動を行うため，（　④　）を定めて報告書を作成し，財政状態や経営成績を報告します。

　①（　　　　　）②（　　　　　）③（　　　　　）④（　　　　　）

ここが POINT

　簿記とは，「取引を，帳簿に記録し，報告すること」をいう。

THEME 02　財務諸表と簿記の5要素

　簿記の目的は，一定時点の財政状態と一定期間の経営成績を明らかにすることです。その
ために報告書として貸借対照表と損益計算書を作成します。この2つの報告書をまとめて**財
務諸表（Financial Statements：F/S）** といいます。

1　貸借対照表（B/S）

　一定時点の財政状態を明らかにするための貸借対照表には，次のような要素を記載します。

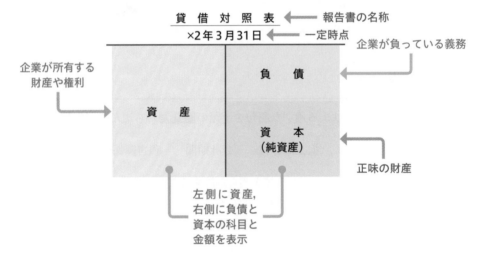

　貸借対照表の具体的な記載は以下のようになります。作成手順や形式については第3編の
テーマ27で学習します。

貸 借 対 照 表

○○株式会社		×2年3月31日		（単位：円）
資　　　　産	金　　額	負債及び純資産	金　　額
現　　　　　金	31,000	買　　掛　　金	12,220
売　　掛　　金	10,000	借　　入　　金	3,000
貸 倒 引 当 金	△　　200　　9,800	未 払 法 人 税 等	2,000
商　　　　　品	100	未　払　費　用	30
前　払　費　用	50	資　　本　　金	20,000
備　　　　　品	5,000	利　益　準　備　金	1,000
減価償却累計額	△　2,700　　2,300	繰 越 利 益 剰 余 金	5,000
	43,250		43,250

（注）表中の△マークは「控除する（マイナスする）」ことを意味します。

貸借対照表の資産・負債・資本の関係は，次のような式で表すことができます。

・資産 − 負債 ＝ 資本（純資産）… 資本等式

・資産 ＝ 負債 ＋ 資本（純資産）… 貸借対照表等式

---

② 損益計算書（P/L）

一定期間の経営成績を明らかにするための損益計算書には，次のような要素を記載します。

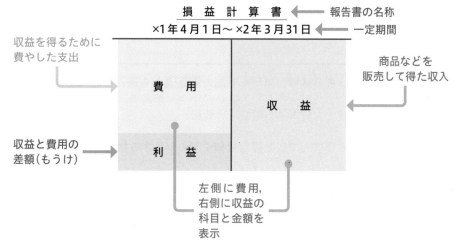

損益計算書の具体的な記載は以下のようになります。作成手順や形式については第3編の
テーマ27で学習します。

損 益 計 算 書

○○株式会社	費　　　　用	金　　　額	収　　　益	金　　　額
×1年4月1日～×2年3月31日				（単位：円）
	売 上 原 価	11,500	売 上 高	26,500
	給 料	8,820		
	貸 倒 引 当 金 繰 入	120		
	保 険 料	70		
	減 価 償 却 費	900		
	支 払 利 息	90		
	法人税, 住民税及び事業税	2,000		
	当 期 純 利 益	3,000		
		26,500		26,500

損益計算書の収益・費用の関係は，次のような式で表すことができます。

・収益 − 費用 ＝ 利益（資本を増やす金額）… 損益等式

・費用 ＋ 利益 ＝ 収益 … 損益計算書等式

---

③ 簿記の5要素

　貸借対照表に表示する**資産**，**負債**および**資本**，損益計算書に表示する**収益**と**費用**を，**簿記の5要素**といいます。それぞれの要素は，記録（報告）するときに，その内容に合わせて名称をつけます。この名称のことを**勘定科目**といい，第2編のテーマ04以降で詳しく学習していきます。

　また，この簿記の5要素について，記録・計算・集計し，最終的に財務諸表を作成します。つまり，簿記の手続きは，「**簿記の5要素の増減について記録すること**」ということができます。

確認問題 02　　　　　　　　　　　　　　　解答解説 → P286

　次の空欄①〜⑤に当てはまる適切な語句を下記の **語群** から選んで記入しなさい。

語群　　資産　　負債　　資本　　収益　　費用

　財政状態を明らかにする貸借対照表と経営成績を明らかにする損益計算書は，次のように内容を表示します。

貸　借　対　照　表	
（　①　）	（　②　）
	（　③　）

損　益　計　算　書	
（　⑤　）	（　④　）
当期純利益	

①（　　　　　）②（　　　　　）③（　　　　　）④（　　　　　）⑤（　　　　　）

ここが POINT

　簿記の手続きは，企業が簿記の5要素の増減を記録すること。

　企業の財政状態および経営成績を明らかにすることを目的として，貸借対照表に記載する資産・負債・資本の各項目，損益計算書に記載する収益・費用の各項目について，記録・計算・集計する。

MEMO

日常の手続き

1 記帳のルール

簿記では，帳簿に記録（記入）することを「記帳する」といいます。

1 取　引

　簿記で記録する内容は，原則として，**簿記の5要素の増減**です。これを「**簿記上の取引**」といいますが，「一般にいう取引」とは少し異なります。

簿記上の取引になるものとならないもの

契約・注文　　商品の売買　　火災・盗難

一般的な取引　　　　　　　　　　　　簿記上の取引

	取引例
商品の売買 一般的な取引であり, 簿記上の取引でもある場合 	・商品の売買取引や代金を現金で支払う取引など たとえば, 　商品を仕入れる　　　：商品という 資産が増える 　代金を現金で支払う：現金という 資産が減る 　⇨ 簿記上の取引
契約・注文 一般的には取引であるが, 簿記上は取引とならない場合 	・建物を借りる契約や商品を電話で注文するなど 契約や口約束をするだけでは資産・負債・資本(純資産)が増減したり, 収益・費用が生じたりしません。 　⇨ 簿記上の取引ではない ※契約にもとづいて, 実際に賃料を支払ったり, 商品を仕入れたりしたときには簿記上の取引になります。
火災・盗難 一般的には取引とはならないが, 簿記上の取引となる場合 	・現金や商品が盗まれた場合や火災により建物が焼失した場合など たとえば, 　現金が盗まれた　　　：現金という 資産が減る 　火災で建物が焼失した：建物という 資産が減る 　⇨ 簿記上の取引

簿記では,「簿記上の取引」のみを記録します。

確認問題 03　　　　　　　　　　　　　解答解説 → P286

　次の 1. ～ 4. のうち簿記上の取引にならないものを番号で答えなさい。

1. 1か月後に現金 100,000円を借り入れる契約をした。
2. 地震により商品 50,000円が破損したので, 廃棄処分した。
3. 会社の現金のうち 30,000円が紛失した。
4. 従業員を 1か月 250,000円の給料で雇い入れた。

2 記帳内容

　取引について，**勘定口座**に次の内容を記録します。勘定口座とは，**簿記上の取引を項目ごとに記録する場所**をいいます。

①	日付	**取引のあった日付**です。
②	勘定科目	**勘定につける名称**のことです。勘定とは，記録・計算単位のことをいい，簿記の５要素にしたがって設定されます。勘定に**勘定科目**をつけることにより，取引を項目ごとに記録する場所である**勘定口座**が完成します。たとえば，現金に関する取引であれば，資産の勘定に「現金」という勘定科目をつけることで，現金に関する取引を記録する場所である「現金」の勘定口座が完成します。
③	金額	各勘定科目の増減を金額で表します。
④	増減（発生・消滅）	各勘定科目の増減は，勘定口座の左側と右側に書き分けることで記録します。なお，簿記では，左側のことを**借方（かりかた）**，右側のことを**貸方（かしかた）**といいます。 この借方と貸方に，借りる，貸すという意味はありません。**単なる左側と右側**のことを意味します。

　たとえば，「現金（資産)」に関する取引は，下記のように記録します。

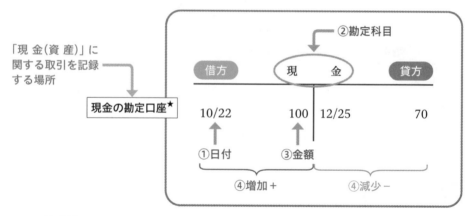

　なお，「借入金（負債)」に関する取引の場合，貸方が増加，借方が減少になります。

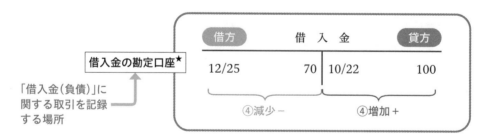

★勘定口座

　勘定口座は単に「勘定」と省略することが一般的です。現金の勘定口座であれば「**現金勘定**」，借入金の勘定口座であれば「**借入金勘定**」と省略します。

　本書でも○○の勘定口座は「**○○勘定**」と省略して説明します。

3　増減（発生・消滅）を記帳するときのルール

記帳する際に，その要素が，5要素（資産・負債・資本・収益・費用）のいずれに該当するかによって，また，その要素が増えた（発生した）場合，減った（消滅した）場合によって，勘定の「借方（左側）に書くのか，貸方（右側）に書くのか」が決められています。

---

① **資産**の勘定は，**増加を借方（左側）**，減少を貸方（右側）

② **負債**の勘定は，減少を借方（左側），**増加を貸方（右側）**

③ **資本**の勘定は，減少を借方（左側），**増加を貸方（右側）**

④ **収益**の勘定は，消滅を借方（左側），**発生を貸方（右側）**

⑤ **費用**の勘定は，**発生を借方（左側）**，消滅を貸方（右側）

記録する5要素の勘定の増加（発生）側と，貸借対照表・損益計算書の5要素の記載場所は一致する関係にあります。

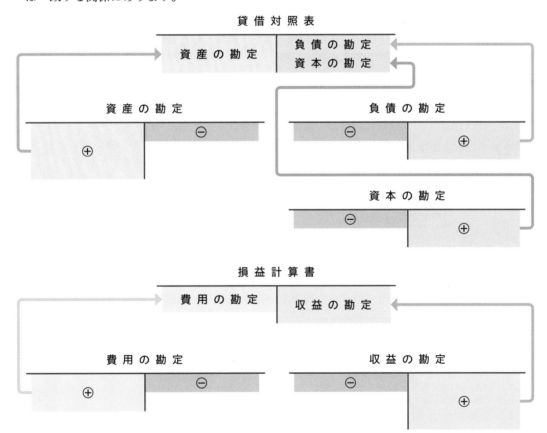

ここで示した借方（左側）・貸方（右側）の記入は，記録や報告をするときだけでなく，記録した内容を読み取るときなどにも必要な**簿記の重要なルール**です。確実に理解してください。

> 5要素の増加側（発生側）を覚えましょう。減少（消滅）は，その反対側になります。

② 仕訳と転記

取引（勘定科目の増減）は，**仕訳**による指示にもとづいて，勘定に記録します。

1 仕 訳

仕訳とは，取引を借方要素と貸方要素に分けて日付順に記録することをいいます。

仕訳を記録する帳簿を**仕訳帳**といい，簿記のルールに従って記録した企業の日記帳のようなものです。

次の Step1 から Step4 により，仕訳を考えます。

Step1 取引の内容を把握する。

Step2 2つ以上の増減した勘定科目を選ぶ。

Step3 それぞれの勘定科目を5要素の増減（発生・消滅）のルール（P13）に従って借方または貸方に記入する。

Step4 それぞれの勘定科目について増減（発生・消滅）した金額を計算（決定）する。

なお，仕訳の借方金額と貸方金額は必ず一致します（**貸借平均の原理**）。

Step1 **取引の内容を把握する。**

〈取引例〉10月22日に銀行から現金100円を借り入れた。

Step2 **2つ以上の増減した勘定科目を選ぶ。**

〈取引例〉10月22日に銀行から現金100円を借り入れた。

現金勘定 が増加した　　　　借入金勘定 が増加した

Step3 **それぞれの勘定科目を5要素の増減（発生・消滅）のルール（P13）に従って借方または貸方に記入する。**

〈取引例〉10月22日に銀行から現金100円を借り入れた。

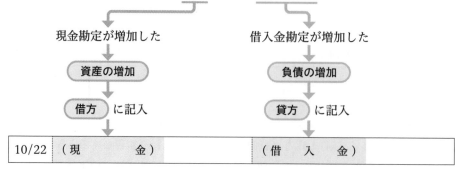

現金勘定が増加した	借入金勘定が増加した
資産の増加	負債の増加
借方 に記入	貸方 に記入

10/22	（現　　　　金）	（借　　入　　金）

Step4 それぞれの勘定科目について増減（発生・消滅）した金額を計算（決定）する。

〈**取引例**〉10月22日に銀行から現金100円を借り入れた。

現金勘定と借入金勘定が 100円 増加した

| 10/22 | （現　　　金） | 100 | （借　入　金） | 100 |

上記 **Step1** から **Step4** により仕訳を行うと下記のようになります。

| 10/22 | （現　　　金） | 100 | （借　入　金） | 100 |

日付　　借方の勘定科目　　　　　借方の金額　貸方の勘定科目　　　　貸方の金額

2 転　記

　仕訳をもとにして，借方・貸方それぞれの科目の勘定に書き移します。これを，「仕訳を勘定に**転記する（勘定記入する）**」といいます。

　各勘定を綴った帳簿を**総勘定元帳**といい，総勘定元帳の記録が，財務諸表を作成するときの基礎となります。

　次の **Step1** から **Step3** の順で転記（勘定記入）を行います。

Step1 仕訳の借方・貸方の科目と金額を確認する。

Step2 該当する科目の勘定を選ぶ。

Step3 仕訳の借方記入はその勘定の借方に，貸方記入はその勘定の貸方に記入する。

　なお，記入する内容は，日付・相手勘定科目・金額の3つです。

〈**取引例**〉10月22日に銀行から現金100円を借り入れた。

Step1 仕訳の借方・貸方の科目と金額を確認する。

日付　　借方の勘定科目　　　　借方の金額　貸方の勘定科目　　　　貸方の金額

| 10/22 | （現　　　金） | 100 | （借　入　金） | 100 |

10/22 付で「現金」勘定の借方に　　　10/22 付で「借入金」勘定の貸方に
100 円記録しなさいという指示　　　　100 円記録しなさいという指示

Step2 該当する科目の勘定を選ぶ。

Step3 仕訳の借方記入はその勘定の借方に，貸方記入はその勘定の貸方に記入する。

| ⊕ | 現　　　金 | 資産 | ⊖ | ⊖ | 借　入　金 | 負債 | ⊕ |
| 10/22 | 100 | | | | 10/22 | | 100 |

これにより**10月22日付**で現金勘定に**現金が100円増加したこと**と，借入金勘定に**借入金が100円増加したこと**が記録されます。

　ただし，このままでは10月22日に現金がなぜ増加したのか，借入金として何を受け取ったのかが判明しないので，日付と金額の間に補足情報として**相手勘定科目**を付け加えます。
　なお，相手勘定科目が2つ以上（複数）ある場合には，相手勘定科目を複数記入する代わりに「**諸口**」と記入します。

　これにより，現金勘定を見れば，10月22日に現金が100円増加したことと，**現金100円の増加は借入れによること**が判明します。
　また，借入金勘定を見れば，10月22日に借入金が増加したことと，**借入れにより受け取ったのは現金であること**が判明します。

例題 01　仕訳と転記

　次の1年間の取引を，日付順に仕訳し，勘定に転記しなさい。なお，仕訳と転記に用いる勘定科目は次の中から選ぶこと。

> **勘定科目**　　現金　借入金　資本金　売上　仕入

1．4月1日，株式会社設立にあたり，株式を1,000円で発行し，株主より現金で受け取った。
2．8月1日，銀行より現金1,000円を借り入れた。
3．11月1日，商品700円を仕入れ，代金は現金で支払った。
4．2月1日，商品を900円で販売し，代金は現金で受け取った。

1．4月1日：会社の設立

　会社設立時に株式を発行し，その株式を購入した株主から資金提供（現金の受け取り）を受け活動資金とします。

　現金の受け取りにより**現金（資産）の増加**を記録します。また，株式を発行することにより，株式会社の元手である**資本金（資本）の増加**を記録します。

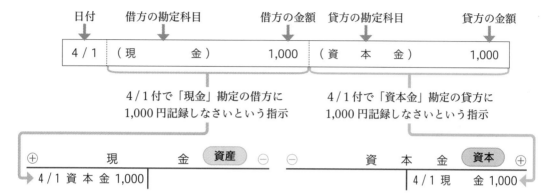

2．8月1日：借入れ

　借入れとは，他者から資金を提供してもらい，あとで返す契約を結ぶことです。

　現金を借りたことで**現金（資産）が1,000円増加**します。また，借り入れた現金はあとで銀行に返さなければならない**借入金（負債）の増加**として記録します。

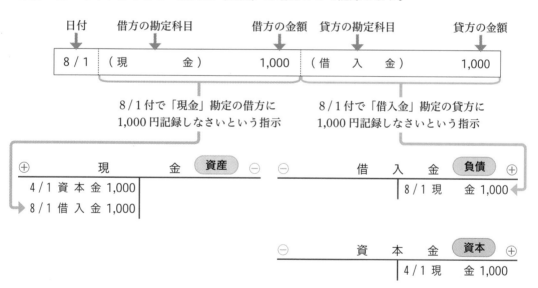

3．11月1日：仕入れ

　仕入れとは，販売するための物品（商品）を購入することです。仕入れることで商品700円が増加しますが，このあと商品を販売することにより，売上収益を得ることを見越して，売上収益を獲得するための費用が発生したと考え，**仕入（費用）の発生**として記録し，支払った700円は**現金（資産）の減少**として記録します。

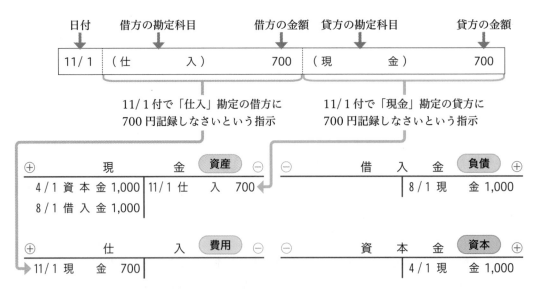

4．2月1日：販売（売り上げ）

　販売する（売り上げる）とは，「商品を引き渡すこと」と，「代金を受け取ること」をいいます。受け取った代金900円は**現金（資産）の増加**として記録し，引き渡した商品については**売上（収益）の発生**として記録します。

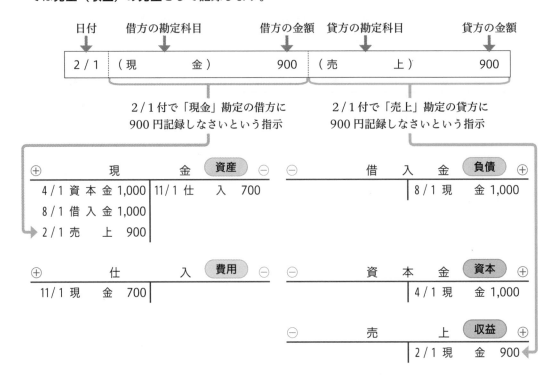

確認問題 04

解答解説 → P286

次の取引を，1．日付順に仕訳し，2．転記しなさい。なお，仕訳と転記に用いる勘定科目は次の中から選ぶこと。

勘定科目　　現金　　借入金　　資本金

4月1日，株式会社設立にあたり，株式を2,000円で発行し，株主より現金で受け取った。
7月1日，銀行より現金1,500円を借り入れた。

1．仕 訳

日付	借 方 科 目	金　　額	貸 方 科 目	金　　額
4 / 1				
7 / 1				

2．転 記

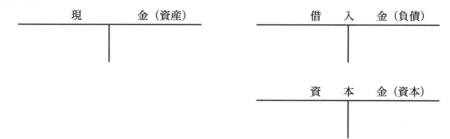

Supplement
借方と貸方

借方と貸方は，取引を勘定の左右に分けて記入するときの左側と右側を表す簿記独自の呼び方です。元々は借り手や貸し手という意味がありましたが，現在はそのような意味はなくなっているので，単に，「かりかた」は「り」が左にはらうので，「左側」を表すもの，「かしかた」は「し」が右にはらうので，「右側」を表すものと覚えましょう。

3 記帳手続（日常の手続き～帳簿への記録～）

　期中においては，取引を❶仕訳帳に日付順に仕訳し，次に，仕訳の指示により❷総勘定元帳の勘定に転記します。この仕訳と転記が，簿記の手続きにおいて最低限必要な記録です。この２つを記録する帳簿（❶仕訳帳と❷総勘定元帳）を総称して**主要簿**といいます。

　なお，主要簿には，基本的に「日付・勘定科目・金額・借方と貸方による増減（発生・消滅）」を記録します。その他の内容（取引の相手先，取引の条件など）の記録を行う場合は，任意で帳簿を設けます。これを❸**補助簿**といいます。

　毎日の取引を記録することで，総勘定元帳のページ数が増え，科目の種類や記載内容を把握しづらくなってきます。そこで，定期的に勘定科目と金額の一覧表を作成します。これを❹**試算表**といいます。また，試算表は転記の誤りを確認するためにも用いられます。

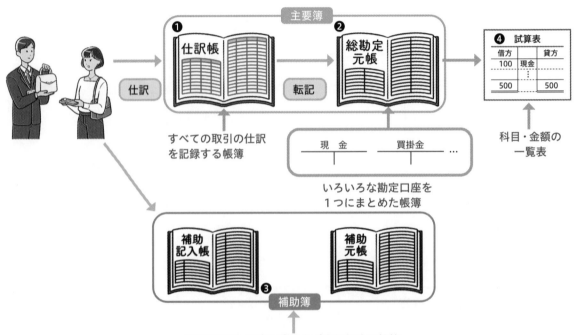

　❸の補助簿には，特定の取引の詳細を発生順に記録していくことにより，仕訳帳を補助する**補助記入帳**と，各勘定の内訳明細を記録していくことにより，総勘定元帳を補助する**補助元帳**があります。

　なお，帳簿体系や帳簿の種類，形式等については，テーマ05・14で学習します。

Supplement

取引の8要素

　簿記上の取引は，次に示す借方要素と貸方要素の結びつきにより整理できます。収益と費用の消滅は，一般的な取引ではないので，あまり考えなくてもよいでしょう。

取引の8要素

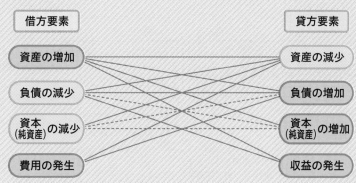

（注）点線で結ばれた取引は，まれにしか生じません。

　取引は，上の図の8つの要素の結びつきで整理することができるため，これを**取引の8要素**といいます。

　なお，借方要素と借方要素，貸方要素と貸方要素が結びつくことはありません。

　借方要素と貸方要素が結びつく取引の例をあげると次のとおりです。

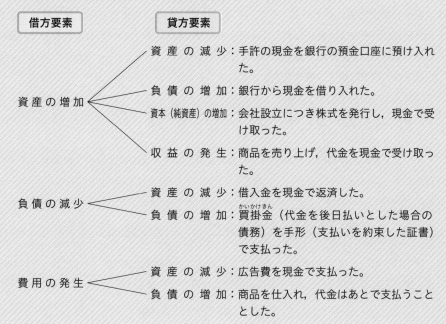

④ 合計・残高

　たとえば，例題 01 の「現金」は資産の科目なので，借方は増加，貸方は減少を表します。現金勘定の記録により，いつ，いくら増えて（全部でいくら増えて：合計），いつ，いくら減って（全部でいくら減って：合計），いま，いくらあるか（借方の合計と貸方の合計の差額によって求められる：残高）などがわかります。

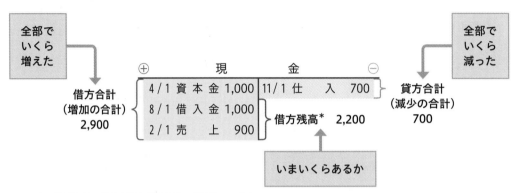

＊　残高とは，借方合計と貸方合計の差額をいいます。
　　借方合計 2,900 −貸方合計 700 = 2,200（借方残高）

Supplement

数字・文字の記入の仕方について

　仕訳帳や総勘定元帳に数字や文字を記入する際には，次の点に注意しながら丁寧に書きましょう。記録した内容は，書いた本人だけが見るのではなく，他人の目にもふれるので，読み誤ることがないように，正確に書かなければなりません。

①　数字は下の線につけて書きます。

$$1234567890$$

②　文字は丁寧に，行間の 3 分の 2 程度の大きさで，数字は行間の 2 分の 1 程度の大きさで書きます。

$$\frac{2}{3}\updownarrow 東京株式会社 \qquad 123\updownarrow\frac{1}{2}$$

③　数字は 3 桁ごとにコンマ「,」で区切ります。コンマは筆記体で「,」（左下向き）で書きます。「.」や「、」だとピリオドや小数点になるので注意しましょう。

$$1,234,567,890 円$$

　　　　　↑　　　　↑　　　　↑
　　　　十億　　百万　　　千

ちょっと
ひといき

複式簿記のはじめ

イタリアの数学者ルカ・パチオリ（Lucas Pacioli）が出版した『ズンマ』という本が，複式簿記についてのはじめての解説書といわれています。

1494年に刊行された，正式には『算術・幾何・比および比例全書（Summa de Arithmetica Geometrica, Proportional et Proportionalita)』という数学の本の中で，「計算および記録詳論（Partioularis de Computis et Scripturin)」というタイトルで，複式簿記について詳しく紹介されています。彼が『ズンマ』を刊行したのは49歳のときでした。

彼は1445年，イタリア北部の小さな田舎町で生まれ，少年期に宗教学校で文法，討論術などを学び，さらに当時の名高い芸術家，数学者からも教えを受けました。

青年期にはイタリアのベネチアに行き，豪商の家庭教師となり，この地で数学者としての基礎を築いたといわれています。30代のころ僧団に入団し，その後ピサ大学，ボローニャ大学など各地の大学で数学を教え，晩年は故郷に帰り修道院長となったそうです。

⑤ 試算表の作成（テーマ15で学習）

1 試算表とは

総勘定元帳の各勘定科目の記録を一覧表にしたものを**試算表（Trial Balance：T/B）**といいます。試算表で一定時点の勘定記録全体を一覧し，誤りがないか確認します。

試算表は以下のように作成します。

> Step1 総勘定元帳から，すべての勘定科目を書き出します。
> Step2 勘定科目ごとに，金額を計算し記入します。

記入する金額は，試算表の種類によって，借方・貸方それぞれの合計，借方と貸方の差額で求める残高などがあります。

2 試算表の種類

試算表は集計の仕方によって，**合計試算表**，**残高試算表**，**合計残高試算表**の３種類があります。

例題 01 の現金勘定で示すと以下のようになります。

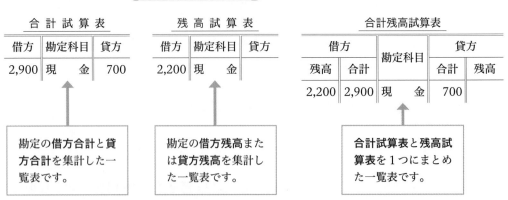

合 計 試 算 表		
借方	勘定科目	貸方
2,900	現　　金	700

勘定の借方合計と貸方合計を集計した一覧表です。

残 高 試 算 表		
借方	勘定科目	貸方
2,200	現　　金	

勘定の借方残高または貸方残高を集計した一覧表です。

合計残高試算表				
借方		勘定科目	貸方	
残高	合計		合計	残高
2,200	2,900	現　　金	700	

合計試算表と残高試算表を１つにまとめた一覧表です。

試算表の種類は，その名前に注目しましょう。
- 勘定の**合計**を集計するから**合計**試算表
- 勘定の**残高**を集計するから**残高**試算表
- 勘定の**合計**と**残高**をどちらも集計するから**合計残高**試算表

例 題 02 　残高試算表の作成

例題 01 の勘定記録をもとに，残高試算表を作成しなさい。

現　　　　金（資産）	
4/1 資 本 金 1,000	11/1 仕　　入　700
8/1 借 入 金 1,000	
2/1 売　　上　900	

借　入　　金（負債）	
	8/1 現　　金 1,000

仕　　　　入（費用）	
11/1 現　　金　700	

資　本　　金（資本）	
	4/1 現　　金 1,000

売　　　　上（収益）	
	2/1 現　　金　900

残高試算表 ✏️

残 高 試 算 表
×2年3月31日

借　　方	勘 定 科 目	貸　　方
2,200	現　　　　　金	
	借　　入　　金	1,000
	資　　本　　金	1,000
	売　　　　　上	900
700	仕　　　　　入	
2,900		2,900

1,000円 + 1,000円
+ 900円 − 700円

3　転記の正確性の検証

　仕訳は，借方と貸方の金額がつねに一致します。転記のとき勘定の借方に記入した金額は，必ずほかの勘定の貸方にも記入するので，すべての勘定の借方総合計と貸方総合計，さらに借方残高と貸方残高のそれぞれの総合計も必ず一致します（貸借平均の原理）。このことから，試算表の貸借が一致するかどうかによって，転記ミスの有無を検証することができます。

　ただし，誤った仕訳であっても金額が一致しているときは，試算表では検証できません。

6　日常の手続きのまとめ

　期中における簿記の日常の手続きをまとめると次のようになります。

簿記の日常の手続き

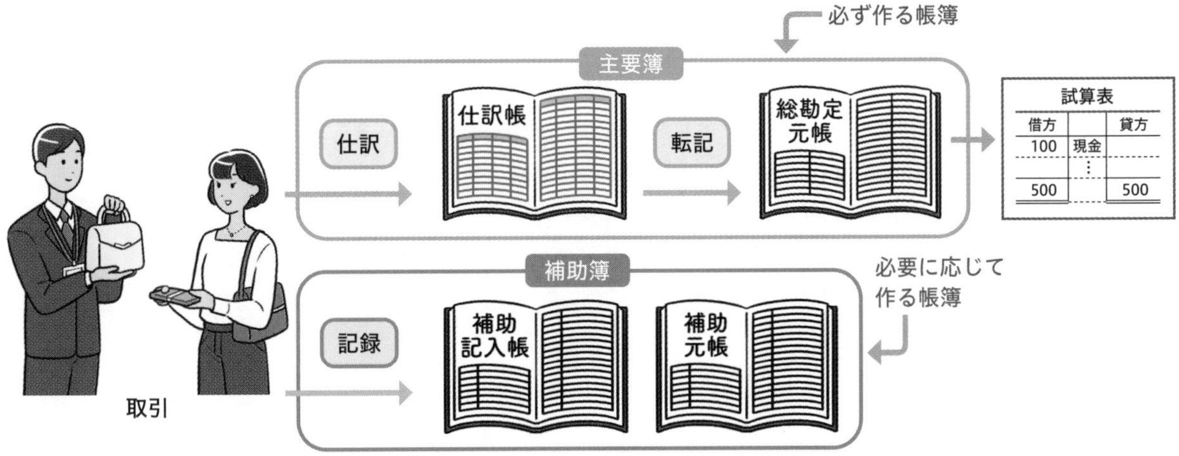

必ず作る帳簿

主要簿

取引 → 仕訳 → 仕訳帳 → 転記 → 総勘定元帳 → 試算表

試算表	
借方	貸方
100 現金	
⋮	
500	500

補助簿

記録 → 補助記入帳　補助元帳

必要に応じて
作る帳簿

記帳のルールは以下のとおりである。

①資産と費用は，増加（発生）を借方，減少（消滅）を貸方に記録し，負債と資本と収益は，増加（発生）を貸方，減少（消滅）を借方に記録する。

②主要簿には「日付・勘定科目・金額」を記録し，その他の詳細な内容は補助簿に記録する。

③仕訳の借方金額合計，貸方金額合計は必ず一致する。

ちょっと
ひといき

帳簿のはじめ

古代ローマでは，ワックスを塗った「ロウ塗板」をいくつか結びつけたものを帳簿として使用していました。これをコーデックスといい，ラテン語で木の幹，木片を意味します。

その後，帳簿の素材は羊皮紙（パーチメント），さらにパピルス・紙へと変わっていきます。板の帳簿では運ぶのが大変だったでしょうね。

ルカ・パチオリが刊行した『ズンマ』では，元帳は帳簿の見開き１ページの左面と右面を，それぞれ借方，貸方とすると解説されており，19世紀までこの方式が続いていたようです。

昔，紙は高価なものだったはずですが，ずいぶん贅沢な使い方をしていたようですね。

Supplement
期末の手続き～決算～

　期末に，勘定記録の一覧である試算表（**①決算整理前残高試算表**）を作成します。この試算表をもとにして，勘定記録の確認や修正を行いますが，これを**②決算整理**といい，必要な修正について，仕訳と転記を行い，**③決算整理後残高試算表**を作成します。決算整理後の各勘定残高が１年間の経営成績と期末の財政状態を表す最終的な金額です。ここで**④各帳簿を締め切り**，最後に外部報告用の**⑤財務諸表（貸借対照表と損益計算書）**を作成します。期末に行われるこの手続きを，**決算**または**決算手続**といいます。

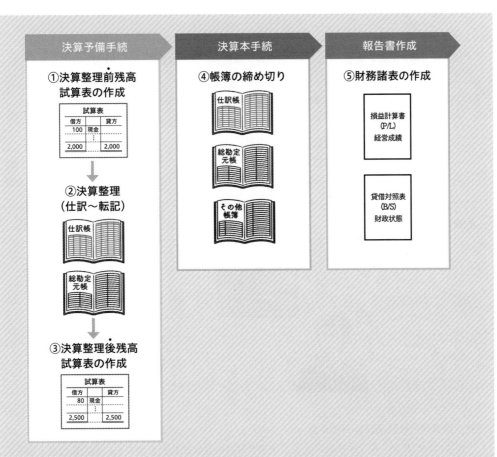

なお，決算手続については，テーマ16以降で詳しく学習します。

1 決算整理前残高試算表の作成

すべての期中取引の仕訳と転記が終わったら，決算整理前の残高試算表を作成します。この試算表をもとにして決算の手続きを進めます。

決算整理前残高試算表
×2年3月31日

ホントに2,200円
あるかな？

売れ残りは
ないかな？

借　　方	勘　定　科　目	貸　　方
2,200	現　　　　　金	
	借　　入　　金	1,000
	資　　本　　金	1,000
	売　　　　　上	900
700	仕　　　　　入	
2,900		2,900

今年の収入は
900円。もうけ
はいくら？

2 決算整理

試算表（勘定記録）をもとに，各勘定残高を確認し，必要な修正を行います。

・現金について実査して，本当にその金額があるかどうか確認する。
・商品の売れ残りがないかどうか確認し，売れた金額を計算する。
・使用している建物などの価値の減少を計算をする。
・納付する法人税などの金額を計算する。　　　など

なお，決算整理の内容が明らかになったら，精算表（せいさんひょう）を用いて，貸借対照表や損益計算書に記載する金額を計算します。

ちゃんと
2,200円あるかな？

正しく
修正しなくちゃ

3 決算整理後残高試算表の作成

決算整理の仕訳と転記が終わったら，決算整理後の残高試算表を作成し，修正後の勘定残高に誤りがないか検証します。

4 帳簿の締め切り

さらに，決算では，財務諸表を作成する前に，帳簿上で会計期間の区切りをつけるため，締切記入の手続きを行います。

×2年3月31日終了

×2年4月1日開始

5　財務諸表の作成

　決算整理後（締め切り後）の金額をもとに，財政状態と経営成績を報告するために貸借対照表と損益計算書を作成します。

例　題　財務諸表の作成

　次の期末における決算整理後残高試算表により，貸借対照表と損益計算書を作成しなさい（会計期間は×1年4月1日から×2年3月31日の1年とする）。

決算整理後残高試算表
×2年3月31日

	借　　方	勘　定　科　目	貸　　方		
B/S：借方　**資産**	2,200	現　　　　金			
		借　入　金	1,000	**負債** B/S：貸方	
		資　本　金	1,000	**資本** B/S：貸方	
		売　　　　上	900	**収益** P/L：貸方	
P/L：借方　**費用**	700	仕　　　　入			
	2,900		2,900		

貸借対照表

　貸借対照表は，一定時点の財政状態を表す資産・負債・資本（純資産）の報告書です。

貸　借　対　照　表
×2年3月31日

		借　入　金　1,000
現　　金	2,200	資　本　金　1,000
		繰越利益剰余金（注）200

損益計算書

　損益計算書は，一定期間の経営成績を表す収益・費用の報告書です。

仕入勘定は「売上原価」と表示します

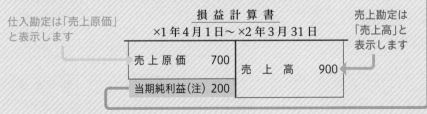

損　益　計　算　書
×1年4月1日～×2年3月31日

売　上　原　価	700	売　上　高	900
当期純利益（注）200			

売上勘定は「売上高」と表示します

　（注）損益計算書における収益と費用の差額が当期純利益です。貸借対照表では，繰越利益剰余金（資本）として表示します。

ちょっと
ひといき

本当の最初の簿記の本

複式簿記についての最初の解説書は，ベネディット・コトルーリという裁判官が書いた『商業と完全な商人』といわれています（1458年）。『ズンマ』刊行より36年前のことでしたが，この本の原稿はそのまま115年間，ナポリでだれの目にもふれることなく，眠りつづけました。

悲運というほかないですね。

 Supplement

純損益の計算

　会社がいくらもうけたか，という純損益の計算方法には，財産法と損益法の2つがあります。

1　財産法による純損益の計算

　財産法とは，期末資本（純資産）の額から期首資本（純資産）の額を差し引くことで，一会計期間の損益を求める方法です。この方法は，もうけていればそれだけ現金などの資産が増え，損をしていればそれだけ現金などの資産が減っているという考えにもとづいています。

> 期末資本（純資産）の額 − 期首資本（純資産）の額
>
> 　　　　　　　＝ 当期純利益（マイナスのときは当期純損失）

例 題　財産法による純損益の計算

次の資料により，当期の純損益を求めなさい。

	期首資産	期首負債	期首資本	期末資産	期末負債	期末資本	当期純損益
(1)	80,000円	30,000円	50,000円	85,000円	30,000円	55,000円	？　円
(2)	100,000円	68,000円	32,000円	98,000円	68,000円	？　円	？　円

財産法による純損益の計算

(1)　期末資本（純資産）55,000円 − 期首資本（純資産）50,000円 ＝ 当期純利益5,000円

（期首）B/S

期首資産 80,000	期首負債 30,000
	期首資本 50,000
	当期純利益 5,000

（期末）B/S

期末資産 85,000	期末負債 30,000
	期末資本 55,000

(2)　期末資産98,000円－期末負債68,000円＝期末資本（純資産）30,000円

　　　期末資本（純資産）30,000円－期首資本（純資産）32,000円＝当期純損失△2,000円

（期首）B/S	
	期首負債 68,000
期首資産 100,000	期首資本 32,000
	当期純損失 △2,000

（期末）B/S	
期末資産 98,000	期末負債 68,000
	期末資本 30,000

2　損益法による純損益の計算

資本（純資産）は，収益による資産などの増加と費用による資産などの減少が原因で増減します。損益法とは，この考え方を用いて，その増加原因である収益の総額と減少原因である費用の総額との差額により，純損益を求める方法です。

> 収益の総額 － 費用の総額 ＝ 当期純利益（マイナスのときは当期純損失）

なお，資本（純資産）の増減の結果から求める財産法と，原因から求める損益法の計算結果は必ず一致します。

例題　損益法による純損益の計算

次の資料により，当期の純損益を求めなさい。

期首資本	期末資産	期末負債	期末資本	収益の総額	費用の総額
50,000円	85,000円	30,000円	55,000円	83,000円	78,000円

損益法による純損益の計算

収益の総額83,000円－費用の総額78,000円＝当期純利益5,000円

または，

期末資本（純資産）55,000円－期首資本（純資産）50,000円＝当期純利益5,000円

（期首）B/S	
期首資産	期首負債
	期首資本 50,000

P/L	
当期純利益 5,000	収益の総額 83,000
費用の総額 78,000	

（期末）B/S	
	期末負債 30,000
期末資産 85,000	期末資本 55,000

7 簿記一巡の手続き

　決算をもって簿記の手続きは終わり，次期以降これを繰り返すことになります。この，仕訳に始まり決算で終わる一連の手続きを**簿記一巡の手続き**といいます。

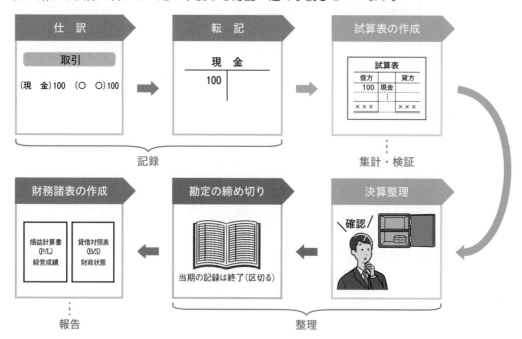

Supplement

簿記で使われている略表記

　簿記関係の教材や実務では，略語・記号等をよく使います。
　代表的なものをいくつか挙げたので参考にしてください。本書でも一部使用しています。

用　語	英　語	内　容	表　記
勘定(口座)	Account	記録する場所	a/c
借　　方	Debtor	左側	Dr
貸　　方	Creditor	右側	Cr
財務諸表	Financial Statements	貸借対照表や損益計算書など	F/S
貸借対照表	Balance Sheet	財政状態の報告書	B/S
損益計算書	Profit and Loss statement	経営成績の報告書	P/L
試　算　表	Trial Balance	勘定記録の集計表	T/B
精　算　表	Work Sheet	決算手続の計算表	W/S
単　　価		単位表示（1単位あたり）	@

8 これからの簿記学習について

　近年の簿記の手続きは，コンピュータを利用して行うことが一般的となっています。企業は，業務の合理化のため，コンピュータを活用し，経費削減や迅速な情報活用に役立てています。実際に，コンピュータを用いて簿記の手続きを行うと，「転記」「試算表の作成」「財務諸表の作成」などはボタン1つであっという間に済んでしまいます。

　しかし，「仕訳（取引の記録）」や，「決算整理（確認・修正）」は，コンピュータに委ねることができない部分があります。また，コンピュータ処理の結果として出力された各種資料がどのようにして作られたものなのかを理解していなければ，その資料をどう分析し，活用するか正しく判断することができません。

　簿記の学習を行うこと，つまり，コンピュータの力を借りずに，実際に紙ベース（頼りとするのは己の頭脳と電卓のみ）で手続きを学習することは，単に入力作業のための知識ではなく，情報を正しく理解することにつながります。

ちょっと
ひといき

借方と貸方ってどんな意味

『ズンマ』では「借方はつねに1人あるいはそれ以上の債務者を表し，貸方は1人あるいはそれ以上の債権者を示す」とあり，取引はすべてこの2つに分解されるという複式仕訳法が強調されています。

また，『明解ドイツ式簿記』（1531年）の著者であるゴートリーブは，貸借について次のような解説を行っています。

・「貸し」は元帳の右である。なぜならば，信用・信頼は右手で表現される。

・財貨の受け入れは左である。なぜならば，保有することは「売る・渡す」ことに先行するからである。

これは，貨幣などの受け入れは先行するので第1の側である借方へ，その引き渡しはあとなので第2の側である貸方へ書くことを意味しています。

貸すのが信用・信頼ならば，借りるのも信用・信頼だと思うのですが…。

THEME
04

商品売買Ⅰ

1　商品売買取引

　販売することを目的として購入した物品を「**商品**」といいます。商品売買業は，商品をできるだけ安く購入し，できるだけ高く販売することで，利益を得ようとする業種です。

1　仕入れ

　商品を購入する（取得する）ことを「**仕入れる**」といいます。商品以外の物品（たとえば，自ら使うための文房具など）を購入することは，「仕入れる」とはいいません。

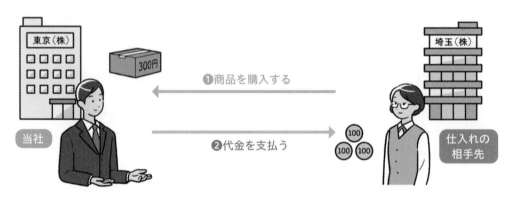

　商品を仕入れたときは，仕入れた商品本体の代金（仕入原価）と，引き取りに関する代金（運賃や箱代など）の合計額で処理します。これを**取得原価**といいます。

2　売上げ

　商品を販売することを「**売り上げる**」といいます。商品以外の物品（たとえば，使用していた金庫など）を売ることは「売却」といい，「売り上げる」とはいいません。

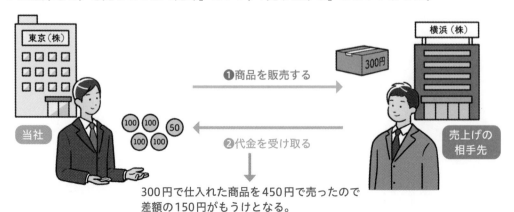

300円で仕入れた商品を450円で売ったので
差額の150円がもうけとなる。

3 仕入代金の支払い・売上代金の受け取り

商品売買の代金の受け払いには，取引方法や，相手先との関係などによっていろいろな処理方法があります。

---

① その場で現金で支払う，現金を受け取る。
② あとで支払う，あとで受け取る。先に支払う，先に受け取る。
③ 預金口座を利用する（振り込みなど）。
④ 小切手や手形，商品券などの証券を利用する。

---

4 仕入れ・売上げに関する補助簿（テーマ 14 の Supplement 参照）

商品売買取引は，「取引の相手先，商品名，数量，単価，代金の受け払い方法」などを記録することがあります。このような詳細な記録については，補助簿の**仕入帳・売上帳**に記帳します。

② 三分法

商品売買取引の記帳法として，実務や検定試験では，**三分法**（さんぶんほう）★が広く用いられています。

1 三分法とは

三分法とは，商品売買について，**繰越商品勘定（資産）・仕入勘定（費用）・売上勘定（収益）**の3つの勘定を用いて記帳する方法をいいます。

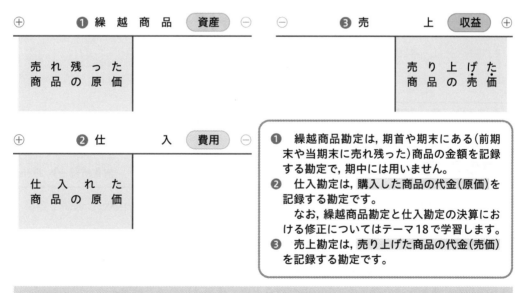

❶ 繰越商品 ［資産］ ｜ ❸ 売 上 ［収益］

売れ残った商品の原価 ｜ 売り上げた商品の売価

❷ 仕 入 ［費用］

仕入れた商品の原価

❶ 繰越商品勘定は，期首や期末にある（前期末や当期末に売れ残った）商品の金額を記録する勘定で，期中には用いません。
❷ 仕入勘定は，購入した商品の代金（原価）を記録する勘定です。
なお，繰越商品勘定と仕入勘定の決算における修正についてはテーマ18で学習します。
❸ 売上勘定は，売り上げた商品の代金（売価）を記録する勘定です。

★三分法
商品売買取引を，繰越商品勘定（資産）・仕入勘定（費用）・売上勘定（収益）の**3つに分けて記録する**ことから三分法とよばれています。

（1） 商品を仕入れたとき

商品を仕入れたときは，商品の**取得原価を仕入勘定（費用）**の**借方**に記入します。

📖 **例題 01**　商品を仕入れたとき

4月3日，埼玉㈱より商品300円（30個，＠10円）を仕入れ，代金は現金で支払った。

✏️ **仕 訳**

4/3（仕　　　入）　　300　　（現　　　金）　　300

✏️ **転 記**

⊕	現	金（資産）	⊖
××	×××	4/3 仕　入　300	

⊕	仕	入（費用）	⊖
4/3 現　金　300			

（2） 商品を売り上げたとき

商品を売り上げたときは，**売価**を**売上勘定（収益）**の**貸方**に記入します。

📖 **例題 02**　商品を売り上げたとき　　（例題01の続き）

4月15日，横浜㈱に商品を450円（30個，売価＠15円）で売り上げ，代金は現金で受け取った。

✏️ **仕 訳**

4/15（現　　　金）　　450　　（売　　　上）　　450

✏️ **転 記**

⊕	現	金（資産）	⊖	⊖	売	上（収益）	⊕
××	×××	4/3 仕　入　300				4/15 現　金　450	
4/15 売　上　450							

⊕	仕	入（費用）	⊖
4/3 現　金　300			

確認問題 **05**

解答解説 → P286

次の一連の取引を仕訳しなさい。なお，仕訳に用いる勘定科目は次の中から選ぶこと。

勘定科目　　現金　　売上　　仕入

1．兵庫㈱から商品2,000円を仕入れ，代金は現金で支払った。
2．愛知㈱に上記1．の商品を2,700円で売り上げ，代金は現金で受け取った。

3 掛けによる売買

1 掛け取引

　仕入れ代金を「あとで支払う」，売上げ代金を「あとで受け取る」取引を，**掛け★**による商品売買といいます。

　掛けによる売買が行われると，取引先との間に**あとで商品の代金を受け取る権利（債権）**と**あとで商品の代金を支払う義務（債務）**が生じます。この債権と債務は，**売掛金勘定（資産）・買掛金勘定（負債）**で処理します。

掛けによる売買

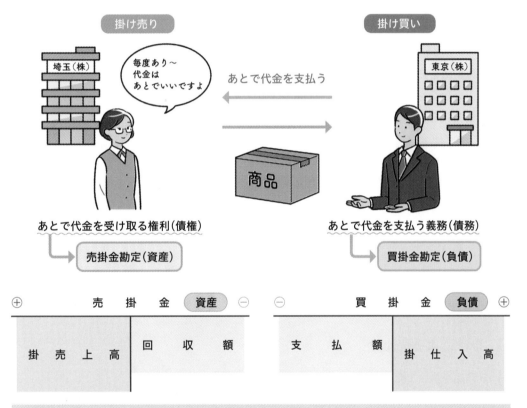

⊕	売　掛　金	資産	⊖
掛　売　上　高		回　収　額	

⊖	買　掛　金	負債	⊕
支　払　額		掛　仕　入　高	

★掛け
　掛けとは，日常用語の「ツケ」と同じ意味です。継続反復的に商品売買取引を行う場合，その場で現金等で決済すると効率的ではないため，あとでまとめて代金を決済することが望まれます。そこで行われるのが掛け取引で，売掛金勘定や買掛金勘定を用いて記録します。

2 掛けによる仕入れ

（1） 商品を掛けで仕入れたとき

商品を掛けで仕入れたときは，**あとで商品の代金を支払う義務（債務）が生じる**ので，**買掛金勘定 (負債) の貸方**に記入します。

例題 03 商品を掛けで仕入れたとき

4月3日，埼玉㈱から商品300円を仕入れ，代金は掛けとした。

◇ 仕 訳 ………………………………………………………………

4 / 3（仕　　　　入）　　　300　　　（買　掛　金）　　　　　300

✎ 転 記 ………………………………………………………………

⊕	仕	入（費用）	⊖		⊖	買	掛	金（負債）	⊕
4 / 3 買掛金 300							4 / 3 仕　入　300		

（2） 買掛金を支払ったとき

後日，買掛金を支払ったときは，**商品の代金を支払う義務（債務）が消滅する**ので買掛金勘定の**借方**に記入します。

例題 04 買掛金を支払ったとき　　　　　　　　　　　（例題 03 の続き）

4月10日，埼玉㈱に買掛金250円を現金で支払った。

◇ 仕 訳 ………………………………………………………………

4 /10（買　掛　金）　　　250　　　（現　　　　金）　　　　　250

✎ 転 記 ………………………………………………………………

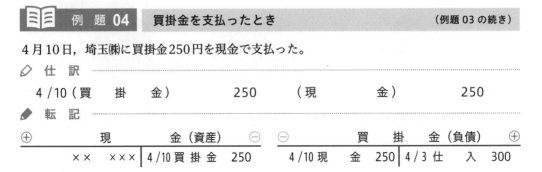

⊕	現	金（資産）	⊖		⊖	買	掛	金（負債）	⊕
××	×××	4 /10 買掛金 250			4 /10 現　金　250		4 / 3 仕　入　300		

3 掛けによる売上げ

（1） 商品を掛けで売り上げたとき

商品を掛けで売り上げたときは，**あとで商品の代金を受け取る権利（債権）が生じる**ので，**売掛金勘定 (資産) の借方**に記入します。

例題 05 商品を掛けで売り上げたとき

4月3日，東京㈱に商品を300円で売り上げ，代金は掛けとした。

◇ 仕 訳 ………………………………………………………………

4 / 3（売　掛　金）　　　300　　　（売　　　　上）　　　　　300

✎ 転 記 ………………………………………………………………

⊕	売	掛	金（資産）	⊖		⊖	売	上（収益）	⊕
4 / 3 売　上　300								4 / 3 売掛金 300	

（2） 売掛金を回収したとき

後日，売掛金を回収したときは，**商品の代金を受け取る権利（債権）が消滅する**ので売掛金勘定の**貸方**に記入します。

📖 例 題 06　売掛金を回収したとき　　　　　　　　　（例題05の続き）

4月10日，東京㈱から売掛金250円を現金で回収した。

✏️ 仕 訳 ┄┄

4 /10（現　　　　金）　　　250　　　（売　　掛　　金）　　　250

✒️ 転 記 ┄┄

⊕	売　　掛　　金（資産）	⊖		⊕	現　　　金（資産）	⊖
4 /3 売　　上　300	4 /10 現　　金　250			4 /10 売 掛 金　250		

📋 確 認 問 題 06　　　　　　　　　　　　　　　　　解答解説 → P286

次の一連の取引について仕訳しなさい。なお，仕訳に用いる勘定科目は次の中から選ぶこと。

【勘定科目】　現金　　売掛金　　買掛金　　売上　　仕入

1．兵庫㈱から商品2,000円を仕入れ，代金は掛けとした。
2．愛知㈱に上記1．の商品を2,700円で販売し，代金は掛けとした。
3．兵庫㈱に買掛金1,600円を現金で支払った。
4．愛知㈱から売掛金2,500円を現金で回収した。

4 売掛金・買掛金に関する補助簿（テーマ05で学習）

掛け取引においては，売掛金勘定・買掛金勘定を用いて，あとで受け取る権利（債権）とあとで支払う義務（債務）を主要簿に記録すると同時に，**相手先別の売掛金・買掛金の増減や残高の管理**を行うために，補助簿として**売掛金元帳・買掛金元帳**を設けて記帳します。

Supplement

人名勘定

　取引先ごとの債権・債務の状態を把握するために，取引先の企業名をつけた勘定を設けて，売掛金・買掛金の増減を記録することがあります。この企業名をつけた勘定を**人名勘定**といいます。

⊕	○　○　㈱	⊖	⊖	×　×　㈱	⊕
掛　売　上　高	**回　収　額**		**支　払　額**	**掛　仕　入　高**	

📖 **例　題**　掛けによる仕入れ

（1）　商品を掛けで仕入れたとき

　4月3日，埼玉㈱から商品300円を仕入れ，代金は掛けとした。

✏️ **仕　訳**

4 / 3 （仕　　　　　入）　　　300　　　（埼　玉　　㈱）　　　300

（2）　買掛金を支払ったとき

　4月10日，埼玉㈱に買掛金250円を現金で支払った。

✏️ **仕　訳**

4 /10（埼　玉　　㈱）　　　250　　　（現　　　　　金）　　　250

✏️ **転　記**

	埼　玉　㈱	
4/10 現　金　250	4/3 仕　入　300	

📖 **例　題**　掛けによる売上げ

（1）　商品を売り上げたとき

　4月3日，東京㈱に商品を300円で売り上げ，代金は掛けとした。

✏️ **仕　訳**

4 / 3 （東　京　　㈱）　　　300　　　（売　　　　　上）　　　300

（2）　売掛金を回収したとき

　4月10日，東京㈱から売掛金250円を現金で回収した。

✏️ **仕　訳**

4 /10（現　　　　　金）　　　250　　　（東　京　　㈱）　　　250

✏️ **転　記**

	東　京　㈱	
4/3 売　上　300	4/10 現　金　250	

4 手付金や内金の処理

1 商品代金の前払いと前受け

　仕入側が，商品の引き渡しを受ける前に，前もって商品代金の一部を手付金として支払ったときは，**あとで商品を受け取る権利（債権）**が生じるので，この権利（債権）を前払金勘定（**資産**）で処理します。また，売上側が，商品を引き渡す前に，前もって商品代金の一部を手付金として受け取ったときは，**あとで商品を引き渡す義務（債務）**が生じるので，この義務（債務）を前受金勘定（**負債**）で処理します。

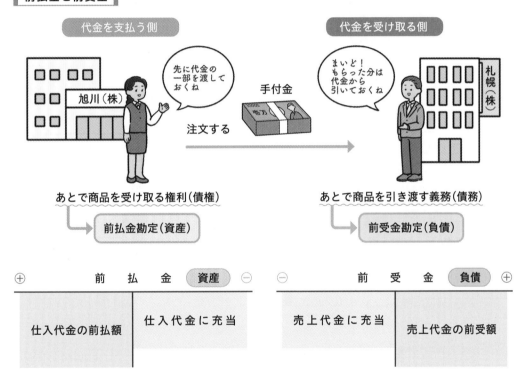

前払金と前受金

⊕	前 払 金	資産	⊖
仕入代金の前払額		仕入代金に充当	

⊖	前 受 金	負債	⊕
売上代金に充当		売上代金の前受額	

2 手付金の支払い（仕入側の処理）

（1） 手付金を支払ったとき

　あとで商品を受け取る権利（債権）が生じるので，資産の増加として前払金勘定（**資産**）の**借方**に記入します。

例題 07 手付金を支払ったとき

12月5日，旭川㈱は札幌㈱に商品200円を注文し，手付金として40円を現金で支払った。

✎ 仕 訳

12/5（前 払 金）*	40	（現 金）	40

　　＊ 手付金を支払ったときは，前渡金勘定（**資産**）を用いることもあります。

⊕	現	金（資産）	⊖
×× ×××	12/ 5 前 払 金	40	

⊕	前 払	金（資産）	⊖
12/ 5 現 金	40		

> 商品を注文した時点では，仕入勘定（費用）を計上しません。仕入勘定（費用）を計上するのは，商品を受け取ったときです。

（2） 商品を受け取ったとき

前もって代金の一部（または全部）を支払っていた場合，商品を受け取ることで，**商品を受け取る権利（債権）が消滅する**ため，前払金勘定の**貸方**に記入します。その際，**未払分**があるときは，これを買掛金勘定の**貸方**に記入します。

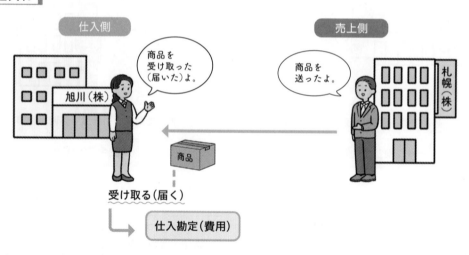

仕入れ

📖 **例題 08** 商品を受け取ったとき （例題 07 の続き）

12月20日，旭川㈱は札幌㈱から商品200円を受け取り，代金のうち40円は注文時に支払った手付金と相殺し，残額は掛けとした。

✐ **仕 訳** ....

12/20（仕 入）	200	（前 払 金）	40
		（買 掛 金）	160

✎ **転 記** ....

⊕	現	金（資産）	⊖		⊖	買 掛	金（負債）	⊕
×× ×××	12/ 5 前 払 金	40				12/20 仕 入	160	

⊕	前 払	金（資産）	⊖
12/ 5 現 金	40	12/20 仕 入	40

⊕	仕	入（費用）	⊖
12/20 諸口（注）	200		

（注）相手科目が2つ以上あるので，相手科目の代わりに「諸口」と記入します。

3 手付金の受け取り（売上側の処理）

（1）手付金を受け取ったとき

　あとで商品を引き渡す義務（債務）が生じるので，負債の増加として，**前受金勘定（負債）**の**貸方**に記入します。

例題 09　　手付金を受け取ったとき

12月5日，札幌㈱は旭川㈱から商品200円の注文を受け，手付金として現金40円を受け取った。

✎ **仕 訳**

12/5（現	金）	40	（前 受 金）	40

✎ **転 記**

⊕	現	金（資産）	⊖	⊖	前 受	金（負債）	⊕
12/5 前受金	40					12/5 現 金	40

> 商品の注文を受けた時点では，売上勘定（収益）を計上しません。売上勘定（収益）を計上するのは，商品を引き渡したときです。

（2）商品を引き渡したとき

　前もって代金の一部（または全部）を受け取っていた場合，商品を引き渡すことで，**商品を引き渡す義務（債務）が消滅する**ため，前受金勘定の借方に記入します。その際，**未収分**があるときは，これを**売掛金勘定**の借方に記入します。

売上げ

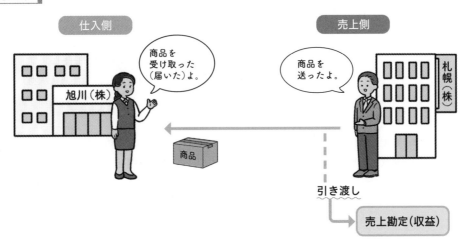

12月20日，札幌㈱は旭川㈱に商品200円を引き渡し，代金のうち40円は注文時に受け取った手付金と相殺し，残額は掛けとした。

◇　仕　訳

12/20	（前　受　金）	40	（売　　　上）	200
	（売　掛　金）	160		

✎　転　記

⊕	現　　　　　金（資産）	⊖
12/ 5 前 受 金　40		

⊖	前　　受　　金（負債）	⊕
12/20 売　上　40	12/ 5 現　金　40	

⊕	売　　掛　　金（資産）	⊖
12/20 売　上　160		

⊖	売　　　　上（収益）	⊕
	12/20 諸　口　200	

確認問題 **07**

解答解説 → P287

次の取引について仕訳しなさい。なお，仕訳に用いる勘定科目は次の中から選ぶこと。

勘定科目　　現金　　売掛金　　前払金　　買掛金　　前受金　　売上　　仕入

1．岡山㈱は広島㈱に商品3,000円を注文し，手付金600円を現金で支払った。
2．岡山㈱は広島㈱から上記1．の商品を受け取り，代金のうち600円は注文時に支払った手付金と相殺し，残額は掛けとした。
3．広島㈱は岡山㈱より商品3,000円の注文を受け，手付金600円を現金で受け取った。
4．広島㈱は岡山㈱に対し上記3．の商品を発送し，代金のうち600円は注文時に受け取った手付金と相殺し，残額は掛けとした。

Supplement

「注文」と手付金・内金

　商品売買では，「注文」と称して，商品を仕入れたり引き渡したりする契約を結びます。簿記では，この「注文」自体については，5要素の増減がない（取引ではない）ため仕訳をしませんが，注文時（**商品の引き渡しが行われる前**）に，代金の一部として手付金・内金などの受け払いを行った際には，5要素の増減があるため，取引として仕訳をします。

　手付金は，買主または売主が一方的に契約を解除できるものとして支払われる性格があります。一方，内金は，契約の解除は行わないことを前提に，契約の証拠として支払われる性格があります。

5　商品券

1　商品券とは

　世の中には，大手百貨店や信販会社，自治体などが発行する商品券やビール券，CD券などの，いわゆる金券が流通しています。消費者は，この商品券を買い物ができる価値をもつものとして現金と同じように使用できますが，ここでは，企業が商品を売り上げたときに，代金として商品券を受け取った場合の処理を学習します。

2　商品を売り上げて商品券を受け取ったとき

　商品を売り上げた際に，代金として商品券を受け取ったときは，その商品券を月間に何回か設けられている所定の日に取引銀行に持ち込みます。銀行はその商品券の金額を発行した企業に請求し，払い込まれた金額を商品を売り上げた企業に支払います。したがって，受け取った商品券は払い戻し金が入金されるまで，債権として**受取商品券勘定（資産）**の**借方**に記入します。

商品券の受け取り

商品券を受け取ったとき

12月10日，商品300円を販売し，信販会社○○が発行した商品券350円を受け取り，おつり50円は現金で支払った。

✎ **仕　訳**

12/10（受 取 商 品 券）	350	（売 　　　 上）	300
		（現 　　　 金）	50

✎ **転　記**

⊕	現　　　　金（資産）	⊖		⊖	売　　　　上（収益）	⊕
××	×××	12/10 受取商品券 50				12/10 受取商品券 300

⊕	受 取 商 品 券（資産）	⊖
12/10 諸　　口 350		

3　商品券を精算したとき

受取商品券は，所定の日に取引銀行に持参し，取引銀行を通じて代金を回収します。したがって，債権が消滅するため**受取商品券勘定**の**貸方**に記入します。

商品券の精算

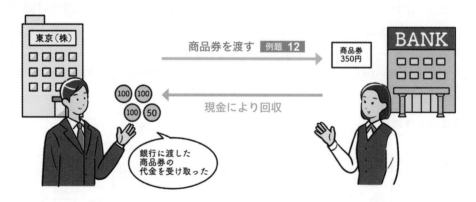

例 題 12 　商品券を精算したとき　　　　　　　　　　（例題11の続き）

12月20日，商品券の精算のため，取引銀行を通じて当社が保有している商品券350円を請求
し，現金を受け取った。

◇ 仕 訳

12／20（現　　　　金）　　　350　　　（受 取 商 品 券）　　　350

✎ 転 記

⊕	現　　　　金（資産）	⊖		⊖	売　　　　上（収益）	⊕
××	×××	12/10 受取商品券　50				12/10 受取商品券　300
12/20 受取商品券　350						

⊕	受 取 商 品 券（資産）	⊖
12/10 諸　　口　350		12/20 現　　金　350

確認問題 08　　　　　　　　　　　　　　　　解答解説 → P287

　次の一連の取引について仕訳しなさい。なお，仕訳に用いる勘定科目は次の中から選ぶこ
と。

[勘定科目]　　現金　　売掛金　　受取商品券　　売上

1．商品8,000円を販売し，代金は信販会社○○発行の商品券5,000円を受け取り，残金は月
　末に受け取ることとした。
2．商品販売時に受け取った信販会社○○発行の商品券5,000円を取引銀行を通じて請求し，
　現金を受け取った。

ここが POINT

①「掛けとした」という表現は，仕入側は「商品代金をあとで支払うことにした」
　と読み，売上側は「商品代金をあとで受け取ることにした」と読む。その他，
　「月末にまとめて」「商品代金の分割払い」などの表現もあるが，いずれも「あ
　とで」という意味として読みとる。
②掛け取引は，信用のある相手先との間で行われる取引で，売掛金勘定・買掛金
　勘定を用いる仕訳以外に，相手先別の増減や残高の管理が重要である。
③簿記では，注文についてそれ自体の仕訳は行わない。基本的に，「仕入＝商品
　の受け入れ」「売上＝商品の引き渡し」を意味する。

THEME
05

商品売買Ⅱ

1 返　品

1 返品とは

　商品の品違い，傷，汚れなどにより，商品を送り返したり，送り返されることを**返品**といいます。なお，仕入れた商品を送り返すことを**仕入戻し**，売り上げた商品が送り返されることを**売上戻り**といいます。

返品

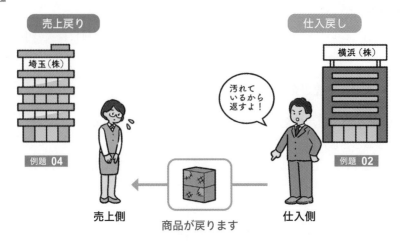

　　　　　　売上戻り　　　　　　　　　　　　　　　　仕入戻し

　　　　　埼玉（株）　　　　　　　　　　　　　　　　横浜（株）

　　　　　　　　　　　　　　　汚れているから返すよ！

　　　　　　　例題 04　　　　　　　　　　　　　　　例題 02

　　　　　　　売上側　　　　　　　　　　　　　　　　仕入側
　　　　　　　　　　　　　商品が戻ります

　返品が行われたときは，商品を仕入れた，または売り上げた**取引を取り消す処理**を行います。

　取り消しの処理は，仕入れや売上げが行われたときの仕訳を，**借方と貸方を逆にすること**で行います。これを**貸借逆仕訳**といいます。

Supplement

純仕入高と純売上高

　仕入勘定と売上勘定には次のような内容を記入します。このとき，仕入れた金額（仕入勘定の借方合計）を総仕入高，返品控除後の仕入勘定の残高を純仕入高といいます。また，売り上げた金額（売上勘定の貸方合計）を総売上高，返品控除後の売上勘定の残高を純売上高といいます。

2 仕入側の処理

（1） 商品を仕入れたとき（テーマ04で学習済み）

📖 **例題 01**　**商品を仕入れたとき**

5月5日，埼玉㈱より商品300円を仕入れ，代金は掛けとした。

✏️ 仕 訳 ....
| | | |
5 / 5（仕　　　　入）　　　300　　　（買　掛　金）　　　300

✏️ 転 記 ....

⊕	仕　　　入（費用）	⊖	⊖	買　掛　金（負債）	⊕
5/5 買掛金 300					5/5 仕　入 300

（2） 仕入戻し（仕入返品）

仕入れた商品を返品したときは，仕入取引をなかったことにするため，**取り消しの処理**として，返品した金額を用いて，**商品を仕入れた際に行った仕訳の貸借逆仕訳**をします。

📖 **例題 02**　**仕入戻し（仕入返品）**　　　　　　　　　　（例題01の続き）

5月7日，5月5日に埼玉㈱より掛けで仕入れた商品300円のうち，100円を品違いのため返品した。

✏️ 仕 訳 ....
5 / 7（買　掛　金）　　　100　　　（仕　　　　入）　　　100

✏️ 転 記 ....

⊕	仕　　　入（費用）	⊖	⊖	買　掛　金（負債）	⊕
5/5 買掛金 300	5/7 買掛金 100		5/7 仕　入 100	5/5 仕　入 300	

> 貸借逆仕訳は次のようなイメージで行います。
>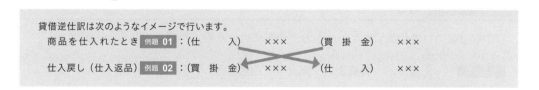

3　売上側の処理

（1）　商品を売り上げたとき（テーマ04で学習済み）

📖 **例題 03**　商品を売り上げたとき

5月5日，横浜㈱に商品300円を売り上げ，代金は掛けとした。

✏️ **仕 訳**

| 5 / 5 （売　掛　金） | 300 | （売　　　　上） | 300 |

🖊️ **転 記**

| ⊕　　　　売　掛　金（資産）　　　⊖ | ⊖　　　　売　　　　上（収益）　　　⊕ |
| 5 / 5 売　上　300 | | | 5 / 5 売掛金　300 |

（2）　売上戻り（売上返品）

　売り上げた商品が返品されたときは，売上取引をなかったことにするため，**取り消しの処理**として，返品された金額を用いて，**商品を売り上げた際に行った仕訳の貸借逆仕訳**をします。

📖 **例題 04**　売上戻り（売上返品）　　　　　　　　　　（例題03の続き）

5月7日，5月5日に横浜㈱に掛けで売り上げた商品300円のうち，100円が品違いのため返品された。

✏️ **仕 訳**

| 5 / 7 （売　　　　上） | 100 | （売　掛　金） | 100 |

🖊️ **転 記**

| ⊕　　売　掛　金（資産）　　⊖ | ⊖　　　　売　　　　上（収益）　　　⊕ |
| 5 / 5 売　上　300 | 5 / 7 売　上　100 | 5 / 7 売掛金　100 | 5 / 5 売掛金　300 |

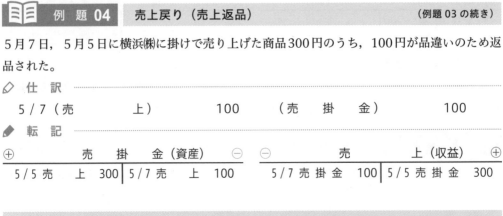

貸借逆仕訳は次のようなイメージで行います。
商品を売り上げたとき 例題03 ：（売　掛　金）　×××　　（売　　　上）　×××
売上戻り（売上返品）例題04 ：（売　　　上）　×××　　（売　掛　金）　×××

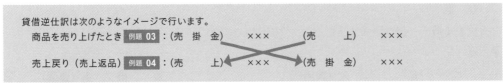

📋 **確認問題 09**　　　　　　　　　　　　　　　　　解答解説 → P287

　次の取引について仕訳しなさい。なお，仕訳に用いる勘定科目は次の中から選ぶこと。

勘定科目　　売掛金　　買掛金　　売上　　仕入

1．長野㈱から掛けで仕入れた商品のうち，1,000円を品違いのため返品した。
2．富山㈱に掛けで販売した商品のうち，1,000円が品違いのため返品された。

返品したときは，返品した金額を用いて，仕入れたときに行った仕訳の貸借逆仕訳を行う。

返品されたときは，返品された金額を用いて，売り上げたときに行った仕訳の貸借逆仕訳を行う。

2 商品の移動にかかる費用

1 諸掛り

商品を移動する際にかかる費用を**諸掛り**といい，商品を仕入れるときの費用を**仕入諸掛り**（**引取費用**など），商品を売り渡すときの費用を**売上諸掛り**（**発送費用**など）といいます。このことを付随費用といいます。

具体的には，商品を安全に運ぶための梱包代や，運送代，商品にかける保険料などが該当します。

2 諸掛りの処理

（1） 仕入諸掛りを支払ったとき

仕入諸掛りは商品の代金に加算して取得原価とするため，**仕入勘定 (費用)** で処理します。

$$取得原価 = 本体の代金 + 仕入諸掛り$$

購入代価　　付随費用

📖 **例 題 05**　　**仕入諸掛りを支払ったとき**

6月5日，埼玉㈱から商品300円を仕入れ，代金は掛けとした。なお，引取費用20円を現金で支払った。

✎ **仕 訳**

| 6/5 | （仕　　　　入）* | 320 | （買　掛　金） | 300 |
| | | | （現　　　金） | 20 |

*　商品本体の代金300円＋引取費用20円＝取得原価320円

✎ **転 記**

⊕	現　　　金（資産）	⊖		⊖	買　掛　金（負債）	⊕
××	×××	6/5 仕　入　20			6/5 仕　入　300	

⊕	仕　　　入（費用）	⊖
6/5 諸　口　320		

（2） 売上諸掛りを支払ったとき

売上諸掛りは，費用として処理するため，**発送費勘定（費用）**で処理します。

なお，支払運賃勘定など，他の勘定科目を用いて処理することもあります。

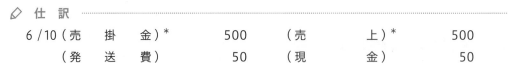

6月10日，商品450円に発送費用50円を加えた合計額で横浜㈱へ販売し，掛けおよび売上
とした。また，同時に配送業者へ商品を引き渡し，発送費用50円は現金で支払った。

✎ 仕 訳 ....

| 6 /10 | （売　掛　金）* | 500 | （売　　　上）* | 500 |
| | （発　送　費） | 50 | （現　　　金） | 50 |

　＊ 日商簿記3級において，発送費用50円は，特に指示がない限り，売掛金と売上に含めます。
　　商品の売価450円＋発送費用50円＝500円

✎ 転 記 ....

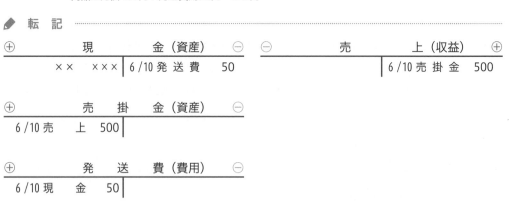

確 認 問 題 **10**　　　　　　　　　　　　　　　　　　　解答解説 ➡ P287

次の取引について仕訳しなさい。なお，仕訳に用いる勘定科目は次の中から選ぶこと。

勘定科目　　現金　　売掛金　　買掛金　　売上　　仕入　　発送費

1．兵庫㈱から商品2,000円を仕入れ，代金は掛けとした。なお，引取費用650円を現金で
　支払った。

2．商品3,500円に発送費用750円を加えた合計額で愛知㈱へ販売し，掛けおよび売上とし
　た。また，同時に配送業者へ商品を引き渡し，発送費用750円は現金で支払った。

Supplement

発送費用（当社負担）の取り扱い

　発送費用について，当社が負担する旨の指示があった場合は売掛金と売上に含めず，**発送費勘定（費用）**で処理するのみとします。

📖 **例題**　発送費用（当社負担）の取り扱い

　6月10日，横浜㈱に商品450円を売り上げ，代金は掛けとした。また，同時に配送業者へ商品を引き渡し，発送費用50円（当社負担）は現金で支払った。

✐ **仕　訳**

6/10（売 掛 金）	450	（売 　 上）	450
（発 送 費）	50	（現 　 金）	50

---

③ 保管費

　商品などを得意先に納入するまでの間，一時的に倉庫や保管スペースを借りて保管する場合があります。この利用に応じてかかる費用を保管費といい，**保管費勘定（費用）**で処理します。

　保管費には，倉庫管理システムを活用する場合のシステム料や，倉庫のスペースを借りるための賃料，搬入にかかる入庫料，搬出にかかる出庫料等が含まれます。

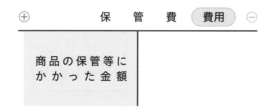

📖 **例題 07**　保管費の支払い

1月25日，商品の保管を依頼していた大宮物流㈱に対し，保管にかかった50円を現金で支払った。

✐ **仕　訳**

1/25（保 管 費）*	50	（現 　 金）	50

　　＊　問題の指示により保管費勘定に代えて，保管料勘定や倉庫料勘定を用いることもあります。

✎ **転　記**

```
  ⊕          現        金（資産）  ⊖
    ××  ×××│1/25保管費      50

  ⊕          保   管   費（費用）  ⊖
  1/25現  金   50│
```

第2編

THEME
05

商品売買Ⅱ

①仕入諸掛りは，仕入勘定（費用）に含める。

②売上諸掛りは，発送費（費用）で処理する。

4　売掛金元帳・買掛金元帳

1　売掛金元帳（得意先元帳）

　売掛金元帳は，**売掛金の増減取引について，相手先別の増減明細を記録する補助元帳（補助簿）**です。売掛金のある相手先を「得意先」とよぶことから，得意先元帳ともいいます。

売掛金元帳

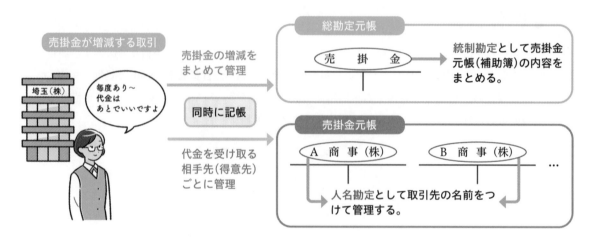

　売掛金元帳は，売掛金勘定の内容を相手先（得意先）ごとに分けたものなので，売掛金勘定の借方合計・貸方合計・残高と，すべての取引先の売掛金元帳の借方合計・貸方合計・残高の金額は一致します。このことにより記帳ミスなどのチェックができます。

📖 例題 **08**　売掛金元帳の記入

次の取引を仕訳し，総勘定元帳と売掛金元帳の記入を示しなさい。

2月4日　A商事㈱に商品を450円で売り上げ，代金は掛けとした。

2月9日　B商事㈱に商品を500円で売り上げ，代金は掛けとした。

2月11日　A商事㈱の売掛金250円について，現金で回収した。

2月20日　B商事㈱の売掛金100円について，現金で回収した。

✐ 仕 訳

2 / 4 （売　　掛　　金）　　　450　　　（売　　　　　上）　　　450
　　　　　　A商事㈱

　　9 （売　　掛　　金）　　　500　　　（売　　　　　上）　　　500
　　　　　　B商事㈱

　　11 （現　　　　　金）　　　250　　　（売　　掛　　金）　　　250
　　　　　　　　　　　　　　　　　　　　　A商事㈱

　　20 （現　　　　　金）　　　100　　　（売　　掛　　金）　　　100
　　　　　　　　　　　　　　　　　　　　　B商事㈱

✏ 転 記

〈総勘定元帳（主要簿）〉

⊕	現　　　金（資産）	⊖
2/11 売 掛 金　250		
20 売 掛 金　100		

⊖	売　　　上（収益）	⊕
	2/4 売 掛 金　450	
	9 売 掛 金　500	

⊕	売　　掛　　金（資産）	⊖
2/4 売　　上　450	2/11 現　　金　250	
9 売　　上　500	20 現　　金　100	

〈売掛金元帳（補助簿）〉

⊕	A 商 事 ㈱	⊖
2/4 売　　上　450	2/11 現　　金　250	

⊕	B 商 事 ㈱	⊖
2/9 売　　上　500	2/20 現　　金　100	

　売掛金勘定と売掛金元帳（A商事㈱勘定とB商事㈱勘定）を同時に記入することにより，売掛金勘定残高と相手先ごとの勘定残高を把握することができます。このように売掛金勘定は売掛金元帳を1つにまとめて統制することから，**統制勘定**とよばれています。

2　買掛金元帳（仕入先元帳）

　買掛金元帳は，**買掛金の増減取引について，相手先別の増減明細を記録する補助元帳（補助簿）**です。買掛金のある相手先を「仕入先」とよぶことから，仕入先元帳ともいいます。

買掛金元帳

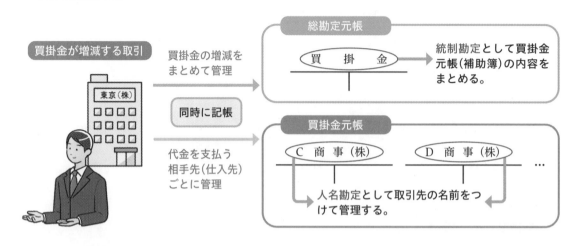

例　題　09　　買掛金元帳の記入

　次の取引を仕訳し，総勘定元帳と買掛金元帳の記入を示しなさい。

　3月5日　　C商事㈱より商品300円を仕入れ，代金は掛けとした。

　3月7日　　D商事㈱より商品600円を仕入れ，代金は掛けとした。

　3月17日　　C商事㈱の買掛金200円を現金で支払った。

　3月22日　　D商事㈱の買掛金350円を現金で支払った。

仕　訳

3 / 5	（仕　　　　入）	300	（買　掛　金）	300
			C商事㈱	
7	（仕　　　　入）	600	（買　掛　金）	600
			D商事㈱	
17	（買　掛　金）	200	（現　　　　金）	200
	C商事㈱			
22	（買　掛　金）	350	（現　　　　金）	350
	D商事㈱			

✒ 転 記

〈総勘定元帳（主要簿）〉

⊕	現 金（資産）	⊖
	3 /17 買 掛 金 200	
	22 買 掛 金 350	

⊖	買 掛 金（負債）	⊕
3 /17 現 金 200	3 / 5 仕 入 300	
22 現 金 350	7 仕 入 600	

⊕	仕 入（費用）	⊖
3 / 5 買 掛 金 300		
7 買 掛 金 600		

〈買掛金元帳（補助簿）〉

⊖	C 商 事 ㈱	⊕
3 /17 現 金 200	3 / 5 仕 入 300	

⊖	D 商 事 ㈱	⊕
3 /22 現 金 350	3 / 7 仕 入 600	

　買掛金勘定と買掛金元帳（C商事㈱勘定とD商事㈱勘定）を同時に記入することにより，買掛金勘定残高と相手先ごとの勘定残高を把握することができます。売掛金勘定と同様，買掛金勘定は買掛金元帳の統制勘定です。

Supplement

売掛金元帳と買掛金元帳の形式例

　例題ではT字形式（簡略式）で示しましたが，売掛金元帳・買掛金元帳の相手先別の記録は，「標準式」や「残高式」などの形式があります。ここでは，「残高式」の記入例を示します。

1　売掛金元帳（得意先元帳）

売 掛 金 元 帳
横 浜 ㈱

×1年		摘 要	借 方	貸 方	借／貸	残 高
5	1	前 月 繰 越	400		借	400
	8	掛 け 売 上	100		〃	500
	16	返 品		30	〃	470
	25	掛 け 売 上	360		〃	830

増加 / 減少 / 残高が借方か貸方かを示します。

2 買掛金元帳（仕入先元帳）

買 掛 金 元 帳
埼 玉 ㈱

×1年		摘　　　　　要	借　方	貸　方	借／貸	残　高
5	1	前 月 繰 越		200	貸	200
	6	掛 け 仕 入		120	〃	320
	10	返　　　　品	80		〃	240
	15	掛 け 仕 入		300	〃	540

減少

増加

残高が借方か貸方
かを示します。

5 商品有高帳

しょうひんありだかちょう
商品有高帳は，商品の受け入れや払い出しのつど，**商品の種類ごとに，数量・単価・金額**
を記録して，**原価**で商品の増減および残高の管理を行う補助元帳です。

◇ 取引例（仕訳）

仕　入：5 / 7　　（仕　　　入）3,600　（買 掛 金）3,600
売　上：5 /19　　（売 掛 金）4,500　（売　　　上）4,500(注)

商品名を記入し，商品の
種類ごとに管理します。

✎ 商品有高帳への記入

商 品 有 高 帳
A　　品

×1年		摘　要	受　入			払　出			残　高		
			数　量	単　価	金　額	数　量	単　価	金　額	数　量	単　価	金　額
5	1	前 月 繰 越	5	240	1,200				5	240	1,200
	7	仕　　　入	15	240	3,600				20	240	4,800
	19	売　　　上				10	240	2,400(注)	10	240	2,400

取引の要約
を記入しま
す。

月初の在庫（前月繰
越）および商品を仕
入れたときや売上
戻りがあったとき
は，受入欄に原価で
記入します。

商品を売り上げたと
きには，払出欄に原
価で記入します(注)。
この売り上げた商品
の原価を売上原価と
いいます。なお，仕
入戻しがあったとき
は払出欄に記入しま
す。

残高欄にその日の
在庫金額（残高）を
記入します。

（注）払出欄に記入する金額は売上高（売価）ではなく，原価を記入します。

A品の月初の在庫（前月繰越）の単価は@240円，5月7日に仕入れた商品も単価は同じ@240円なので，5月7日時点の在庫は「全部で20個，単価はすべて@240円」です。5月19日には20個のうちの10個を売り上げたので，払出金額は2,400円（＝10個×@240円）と計算します。

1　同じ商品を異なる単価で仕入れたときの払出単価の計算方法

同じ商品を異なる単価で仕入れたときの払出単価の計算について，日商簿記3級では，**先入先出法**と**移動平均法**の2つの方法を学習します。

（1）　先入先出法

先に受け入れた商品から順に払い出すと仮定して，払出単価を決定する方法です。したがって，単価の異なる商品を受け入れたときに，区別する必要があります。

（2）　移動平均法

単価の異なる商品を受け入れたつど，次の算式で平均単価を計算し，それを次の払出単価とする方法です。

$$\frac{\text{仕入前の残高金額 + 仕入（受入）金額}}{\text{仕入前の残高数量 + 仕入（受入）数量}} = \text{平均単価}$$

2　商品有高帳の記入方法

払出単価の計算方法によって，商品有高帳の記入方法が異なります。

例 題 10　商品有高帳の記入

当月におけるA品の仕入れおよび売上げは次のとおりであった。(1)先入先出法および(2)移動平均法により商品有高帳に記入し，月末の締め切りを行いなさい。

5/ 1	前月繰越	5個	@ 200円
5/ 7	仕　　入	15個	@ 240円
5/19	売　　上	10個	@ 450円（売価）
5/22	仕　　入	10個	@ 200円
5/28	売　　上	14個	@ 460円（売価）

(1)　先入先出法

商 品 有 高 帳
A 　 品

（先入先出法）

日 付		摘　要	受　入			払　出			残　高		
			数 量	単 価	金 額	数 量	単 価	金 額	数 量	単 価	金 額
5	1	前月繰越	❶ 5	200	1,000				❶ 5	200	1,000
	7	仕　　入	15	240	3,600				❷ { 5	200	1,000 ← 前月繰越分
									15	240	3,600 ← 5/7受入分
	19	売　　上				❸ { 5	200	1,000			
						5	240	1,200	10	240	2,400
	22	仕　　入	10	200	2,000				{ 10	240	2,400 ← 5/19残高
									10	200	2,000 ← 5/22受入分
	28	売　　上				{ 10	240	2,400			
						4	200	800	6	200	1,200
	31	次月繰越				❹ 6	200	1,200			
			❺ 30	——	6,600	❺ 30	——	6,600			
6	1	前月繰越	6	200	1,200				6	200	1,200

移記する

❶　5月1日の受入欄に，4月（前月）の在庫を受け入れたものとして記入し，同時に残高欄にも記入します。

❷　7日は，前月繰越とは単価の異なる商品を受け入れたので，残高欄へ受入順に2行に分けて記入することで区別します。

❸　19日の売上数量は10個なので，まず前月繰越分の5個を先に払い出し，次に7日の受入れ分を5個払い出したと仮定して記入します。

❹　払出欄に月末の残高（数量，単価，金額）を記入します。

❺　受入欄の合計数量と合計額，払出欄の合計数量と合計額が一致することを確認して，商品有高帳を締め切ります。

※　7日の残高欄，19日の払出欄，22日の残高欄，28日の払出欄の記入のように，2行以上使用する場合「{（中カッコ）」でくくります。

⑵ 移動平均法

（移動平均法）　　　　　　　　　　　　　A　品

日 付		摘　　要	受　入			払　出			残　高		
			数　量	単　価	金　額	数　量	単　価	金　額	数　量	単　価	金　額
5	1	前 月 繰 越	5	200	1,000				5	200	1,000
	7	仕　　　　入	15	240	3,600				20 ❶	230	4,600
	19	売　　　　上				10	230	2,300	10	230	2,300
	22	仕　　　　入	10	200	2,000				20 ❷	215	4,300
	28	売　　　　上				14	215	3,010	6	215	1,290
	31	次 月 繰 越				6	215	1,290			
			30	──	6,600	30	──	6,600			
6	1	前 月 繰 越	6	215	1,290				6	215	1,290

❶　7日は，前月繰越と単価の異なる商品を受け入れたので，次の算式で平均単価を計算し，この
　　平均単価で19日の払出金額を計算します。
$$\frac{1,000円 + 3,600円}{5個 + 15個} = @230円$$
❷　22日は，仕入前の残高と単価の異なる商品を受け入れたので，次の算式で平均単価を計算し，
　　この平均単価で28日の払出金額を計算します。
$$\frac{2,300円 + 2,000円}{10個 + 10個} = @215円$$

次の資料によって，(1)先入先出法と(2)移動平均法による商品有高帳の記入を示しなさい。なお，締め切りは不要である。

4月 1 日	前月繰越：紳士靴10足	@320円	3,200円
4月 8 日	仕　入：紳士靴20足	@350円	7,000円
4月16日	売　上：紳士靴25足	@600円 （売価）	15,000円
4月22日	仕　入：紳士靴10足	@310円	3,100円
4月29日	売　上：紳士靴10足	@620円 （売価）	6,200円

商 品 有 高 帳

紳 士 靴

(1)　先入先出法

×1年		摘　要	受　入			払　出			残　高		
			数 量	単 価	金 額	数 量	単 価	金 額	数 量	単 価	金 額
4	1	前 月 繰 越									

商 品 有 高 帳

紳 士 靴

(2)　移動平均法

×1年		摘　要	受　入			払　出			残　高		
			数 量	単 価	金 額	数 量	単 価	金 額	数 量	単 価	金 額
4	1	前 月 繰 越									

Supplement
売上原価・売上総利益の計算

　商品有高帳を作成することで，一定期間における仕入原価と払出原価が明らかとなり，決算に必要な期末商品棚卸高（期末在庫）と売上原価に関する資料を入手することができます。また，この資料より，売上総利益（商品売買益）を計算することができます。

　例題 10 (1)の先入先出法による商品有高帳の記入をもとに，売上原価と売上総利益を計算すると下記のようになります。

商 品 有 高 帳
A 品

（先入先出法）

日 付		摘　要	受　入			払　出			残　高		
			数 量	単 価	金 額	数 量	単 価	金 額	数 量	単 価	金 額
5	1	前月繰越 ❶	5	200	1,000				5	200	1,000
	7	仕　入	15	240	3,600				⎰ 5	200	1,000
									⎱15	240	3,600
	19	売　上 ❷				⎰ 5	200	1,000			
						⎱ 5	240	1,200	10	240	2,400
	22	仕　入	10	200	2,000	❸			⎰10	240	2,400
									⎱10	200	2,000
	28	売　上				⎰10	240	2,400			
						⎱ 4	200	800	6	200	1,200
	31	次月繰越				❹ 6	200	1,200			
			30	—	6,600	30	—	6,600			
6	1	前月繰越	6	200	1,200				6	200	1,200

❶ 月初商品棚卸高　　　1,000円　　　　売　上　高　　　10,940円*
❷ 当月商品仕入高　　　5,600円　❸ 売　上　原　価　　　5,400円
　　　　計　　　　　　6,600円　　　　売上総利益　　　　5,540円
❹ 月末商品棚卸高　　　1,200円
❸ 売　上　原　価　　　5,400円

＊　10個×@450円＋14個×@460円＝10,940円
　　　　 5/19　　　　　　 5/28

THEME
06

現金・預金

1 現　金

さまざまな取引の代金の受け払いに**現金**を用います。現金の増減は，**現金勘定（資産）**を用いて記帳します。現金が増えたときは**現金勘定（資産）の借方**に，減ったときは**現金勘定の貸方**に記入します。

1 簿記上の現金

一般にいう現金と，簿記でいう現金（現金勘定で記録するもの）は少し異なります。一般に「現金」といえば，紙幣や硬貨などの**通貨**のことをいいますが，簿記では，通貨のほかに，すぐに通貨に交換できる証券（**通貨代用証券**）も現金と同様に取り扱います。通貨代用証券には次のようなものがあります。

---

① **他人振出小切手**：自分以外の他人が振り出した小切手（小切手については**❷当座預金**で学習します。）
② **郵便為替証書**：送金用に用いる通貨との交換証書（郵便局で取り扱うもの）
③ **送金小切手**：送金する本人が銀行に依頼して作成してもらう小切手

このほかにも，実務上認知される通貨代用証券がいろいろあります。

簿記上の現金

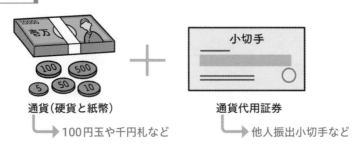

通貨（硬貨と紙幣）
　→100円玉や千円札など

通貨代用証券
　→他人振出小切手など

（1） 他人振出小切手を受け取ったとき

　他人振出小切手などの通貨代用証券を受け取ったときは，**手許の現金が増えた**ことになるので，**現金勘定（資産）**の**借方**に記入します。

📖 例 題 **01**　　他人振出小切手を受け取ったとき

　7月7日，埼玉㈱は，東京㈱から売掛金の回収として，同社振出の小切手300円を受け取った。

✏️ 仕 訳 ……………………………………………………………………………

　7／7（現　　　　金）　　　300　　　（売　　掛　　金）　　　300

✏️ 転 記 ……………………………………………………………………………

⊕	現	金（資産）	⊖	⊕	売	掛	金（資産）	⊖
7／7 売 掛 金　300						×× ×××	7／7 現　　　金　300	

> 振出（振り出し）とは，小切手を作成して相手に渡すことをいいます。ここでいう同社振出とは，東京㈱が小切手を作成して埼玉㈱に渡すことを意味するため，他人振出小切手になります。

（2） 他人振出小切手で支払ったとき

　他人振出小切手などの通貨代用証券で支払ったときは，**手許の現金が減った**ことになるので，**現金勘定**の**貸方**に記入します。

📖 例 題 **02**　　他人振出小切手で支払ったとき　　　（例題01の続き）

　7月10日，埼玉㈱は，山梨㈱に対する買掛金300円を， 例題01 の東京㈱振出の小切手で支払った。

✏️ 仕 訳 ……………………………………………………………………………

　7／10（買　　掛　　金）　　　300　　　（現　　　　金）　　　300

✏️ 転 記 ……………………………………………………………………………

⊕	現	金（資産）	⊖	⊖	買	掛	金（負債）	⊕
7／7 売 掛 金　300	7／10 買 掛 金　300			7／10 現　　　金　300			×× ×××	

📋 確 認 問 題 **12**　　　　　　　　　　　　　　　　　解答解説 → P288

　次の取引について仕訳しなさい。なお，仕訳に用いる勘定科目は次の中から選ぶこと。

勘定科目　　現金　　売掛金　　買掛金

1．愛知㈱から売掛金の回収として，同社振出の小切手150円を受け取った。

2．兵庫㈱に対する買掛金150円を，上記1．で受け取った愛知㈱振出の小切手で支払った。

3．得意先盛岡㈱から売掛金の回収として，郵便為替証書100円を受け取った。

2 現金に関する補助簿（テーマ 14 の Supplement 参照）

　現金勘定を用いた記録は，たとえば紙幣を受け取っても，硬貨を受け取っても，通貨代用証券を受け取っても，「借方：現金」と記録します。内訳を示したり，また，誰から現金を受け取ったのか，何の代金を受け取ったのかなどを記録したい場合は，補助簿の**現金出納帳**を設けて記帳します。

② 当座預金

　多くの企業は，毎日の活動のために現金を用いて代金の受け払いを行います。しかし，多額の現金を扱うようになると，盗難や紛失等のおそれがあるため，手許に多額の現金を置かずに，銀行などへ預け入れ（預金口座の開設）を行います。
　預金にはいくつかの種類がありますが，ここでは，**当座預金**について学習します。

1 当座預金について

（1）　当座預金の特徴

　当座預金は銀行と結ぶ預金契約の 1 つですが，一番の特徴は，当座預金口座に預け入れた金額を，**小切手**等を用いることで，現金を引き出さずに支払うことができることです。
　なお，当座預金口座を開設するためには，銀行と当座取引契約を結ぶ必要があります。また，当座預金には利子がつきません。

> **小切手**

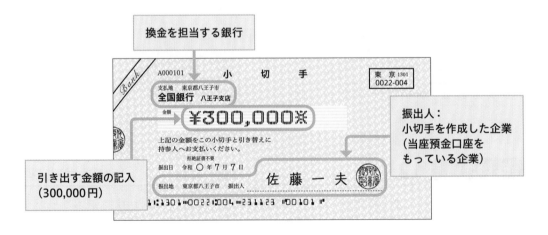

（2） 当座預金のしくみ

当座預金のしくみ

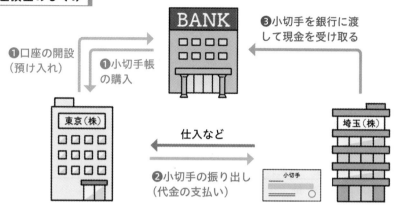

❶口座の開設
（預け入れ）

❶小切手帳
の購入

❷小切手を銀行に渡
して現金を受け取る

仕入など

❷小切手の振り出し
（代金の支払い）

❶　当座預金口座を開設するため，銀行と当座取引契約を結び，現金を預け入れます。このとき，
　　預金を引き出すために使用する小切手帳を購入します。
❷　仕入代金や買掛金の支払いなどのために，取引先に小切手を振り出します。
❸　小切手の所持人は，小切手を銀行に呈示して，現金化します（取り付け）。

2　当座預金の受け払い

　当座預金は，預け入れや振り込みによって増加し，小切手の振り出し等（引き出し）によって減少します。また，その他にも代金の振込先口座として利用したり，公共料金等の引き落とし口座としても利用できます。当座預金の増減は，**当座預金勘定（資産）**で処理します。

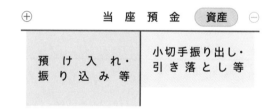

⊕　　　　当 座 預 金　　資産　　⊖

預 け 入 れ・振 り 込 み 等	小切手振り出し・引 き 落 と し 等

（1）　当座預金に預け入れたとき

　通貨や通貨代用証券を預け入れたときや振り込みを受けたときは，**当座預金が増えた**ことになるので資産の増加として**当座預金勘定（資産）**の**借方**に記入します。

📖　例 題 **03**　　当座預金に預け入れたとき

７月１日，東京㈱は，銀行と当座取引契約を結び，現金500円を預け入れた。

✏ 仕 訳 ....
　7/1（当 座 預 金）　　　　500　　（現　　　　金）　　　　500

✏ 転 記

⊕	当 座 預 金（資産）	⊖
7/1 現　金　500		

⊕	現　　　　金（資産）	⊖
	××× 7/1 当座預金	500

（2） 当座預金を引き出したとき

小切手を振り出したときや引き落としが行われたときは，**当座預金が減った**ことになるので資産の減少として**当座預金勘定**の**貸方**に記入します。

例題 04　当座預金を引き出したとき　　　　　　　　　（例題03の続き）

7月7日，東京㈱は，埼玉㈱の買掛金300円を小切手を振り出して支払った。

✎ 仕 訳

7 / 7（買　　掛　　金）　　　　　300　　（当　座　預　金）　　　　　300

✎ 転 記

＋	当　座　預　金（資産）	－	－	買　　掛　　金（負債）	＋
7/1 現　　金　500	7/7 買掛金　300		7/7 当座預金　300	××	×××

（3） 自己振出の小切手を受け取ったとき

以前自社が振り出した小切手が，銀行で換金されることなく取引先を通じて手許に戻ってくることがあります。小切手を振り出したときに当座預金の減少を記録していますが，取り付けされることなく戻ってきたことで，結果的に**当座預金が減っていない**ことになります。したがって，**以前行った当座預金の減少記録を取り消す**ため，**当座預金勘定**の**借方**に記入します。

例題 05　自己振出の小切手を受け取ったとき　　　　　　（例題04の続き）

7月16日，東京㈱は，山梨㈱の売掛金300円をかつて当社が振り出した小切手で受け取った。

✎ 仕 訳

7 /16（当　座　預　金）　　　　　300　　（売　　掛　　金）　　　　　300

✎ 転 記

＋	当　座　預　金（資産）	－	＋	売　　掛　　金（資産）	－
7/1 現　　金　500	7/7 買掛金　300		××	×××	7/16 当座預金　300
16 売掛金　300					

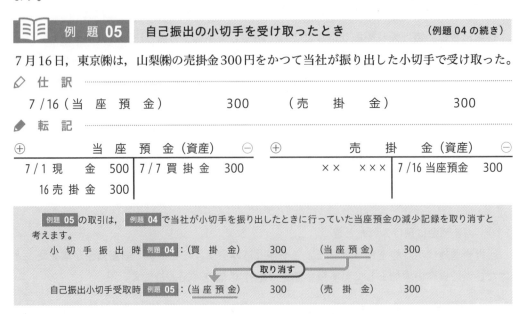

例題05 の取引は，例題04 で当社が小切手を振り出したときに行っていた当座預金の減少記録を取り消すと考えます。

小切手振出時 例題04：（買　掛　金）　　　300　　（当　座　預　金）　　300

　　　　　　　　　　　　　　　　　　　　　↓取り消す

自己振出小切手受取時 例題05：（当　座　預　金）　　300　　（売　掛　金）　　300

（4） ただちに当座預金としたとき

通貨や通貨代用証券を受け取り，これを「**ただちに★**」当座預金としたときは，**現金の増加と現金の減少が同時に生じる**ことから，単に当座預金の増加と考えて，**当座預金勘定の借方**に記入します。

> **★ただちに**
> 「ただちに」という言葉は，「同時に2つの取引を行った」ことを意味します。

📖 **例 題 06** ■ ただちに当座預金としたとき

9月7日，横浜㈱より売掛金300円を先方振出の小切手で受け取り，ただちに当座預金とした。

✎ **仕 訳** ⋯⋯⋯⋯⋯⋯⋯⋯⋯⋯⋯⋯⋯⋯⋯⋯⋯⋯⋯⋯⋯⋯⋯⋯⋯⋯⋯⋯⋯⋯⋯⋯

9／7（当 座 預 金）　　　　300　　（売　　掛　　金）　　　　300

✎ **転 記** ⋯⋯⋯⋯⋯⋯⋯⋯⋯⋯⋯⋯⋯⋯⋯⋯⋯⋯⋯⋯⋯⋯⋯⋯⋯⋯⋯⋯⋯⋯⋯⋯

⊕　　　　当 座 預 金（資産）　　⊖　　⊕　　　　売 掛 金（資産）　　⊖

9／7 売 掛 金　300 ┃　　　　　　　　　　×× 　×××┃9／7 当座預金　300

> **例題 06** の取引は，現金の受け取りと預け入れが同時に行われたと考えます。
>
> 受 取 時：~~（現　　金）~~　　~~300~~　　（売 掛 金）　　300
>
> 〈相殺〉
>
> 預 入 時：（当 座 預 金）　　300　　~~（現　　金）~~　　~~300~~

小切手は，現金？　当座預金？

小切手
¥100
振出人×××

小切手を
受け取ったけど
振出人の確認を
しないと

3　当座預金に関する補助簿（テーマ14の Supplement 参照）

当座預金の預け入れや振り込みの内訳を示したり，小切手の振り出しに関する明細を記録する場合は，補助簿の**当座預金出納帳（とうざよきんすいとうちょう）**を設けて記帳します。

次の取引について仕訳しなさい。なお，仕訳に用いる勘定科目は次の中から選ぶこと。

勘定科目　　現金　　当座預金　　売掛金　　買掛金

1．銀行と当座取引契約を結び，現金1,000円を預け入れた。
2．買掛金950円を小切手を振り出して支払った。
3．売掛金500円をかつて当社が振り出した小切手で受け取った。
4．売掛金300円を先方振出の小切手で受け取り，ただちに当座預金とした。

3　当座借越契約

　小切手の振り出しによる当座預金口座からの支払いの際，預金残高不足を考慮して，あらかじめ銀行と**当座借越契約**を結ぶことがあります。

　当座借越契約とは，**借越限度額★まで，当座預金残高を超えた額の引き出しができる契約**をいいます。預金残高を超えて引き出したとき，超えた金額を「**当座借越**」といい，**銀行から資金を一時的に借り入れた**ことになります。

> **★借越限度額**
> 借越限度額とは，借り入れることのできる上限のことです。

1　当座借越契約を結んでいる場合の処理

　当座借越契約を結んでいる場合，当座預金勘定が**借方残高であれば，預金残高**を表し，**貸方残高であれば，当座借越額**を表します。

例題 07　預金残高を超えて引き出したとき（貸方残高）

3月20日，買掛金300円を小切手を振り出して支払った。なお，当座預金勘定残高は200円であったが，借越限度額3,000円の当座借越契約を結んでいる。

✎ 仕　訳

3 /20（買　　掛　　金）　　　　300　　　（当　座　預　金）　　　　300

✎ 転　記

当　座　預　金（資産）
　　　× ×　　200　　3 /20買 掛 金　300
当座借越額　100

確認問題 14　　　　　　　　　　　　　　　　　　　解答解説 → P289

次の一連の取引を仕訳しなさい。なお，仕訳に用いる勘定科目は次の中から選ぶこと。

勘定科目　　当座預金　　売掛金　　買掛金

1．仕入先長崎㈱に，買掛金300円を小切手を振り出して支払った。なお，当座預金の残高は200円であり，借越限度額1,000円の当座借越契約を結んでいる。
2．仕入先佐賀㈱に，買掛金300円を小切手を振り出して支払った。
3．得意先山口㈱から，売掛金300円が当座預金に振り込まれた。

4　普通預金と定期預金

当座預金以外の銀行預金には，**普通預金**，**定期預金**などがあります。当座預金には利息がつきませんが，その他の預金は，原則として，預金契約に従って利息がつきます。

1　普通預金

普通預金とは，預け入れ・引き出しを自由に行える銀行預金です。当座預金と同様に振り込みや引き落としの口座としても利用できます。

普通預金の預け入れや引き出しは，**普通預金勘定（資産）**で処理します。また，振り込みや引き出しの手数料は**支払手数料勘定（費用）**で処理します。

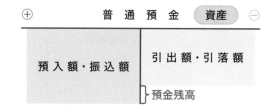

普通預金　資産
預入額・振込額　　引出額・引落額
　　　　　　　　　預金残高

（1） 普通預金に預け入れたとき

現金を預け入れたときや振り込みを受けたときは，**普通預金が増えた**ことになるので，資産の増加として**普通預金勘定（資産）**の**借方**に記入します。

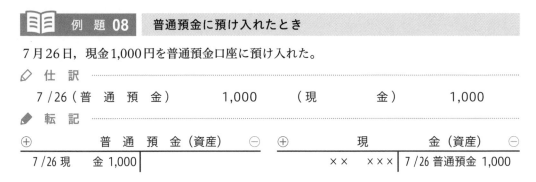

例 題 08　普通預金に預け入れたとき

7月26日，現金1,000円を普通預金口座に預け入れた。

◇ 仕 訳
7 /26（普 通 預 金）　　　1,000　　（現　　　　金）　　　1,000

◆ 転 記

⊕	普 通 預 金（資産）	⊖	⊕	現	金（資産）	⊖
7 /26 現　金 1,000				×× 　×××	7 /26 普通預金 1,000	

（2） 普通預金から引き出したとき

引き出しが行われたときは，**普通預金が減った**ことになるので，資産の減少として**普通預金勘定**の**貸方**に記入します。

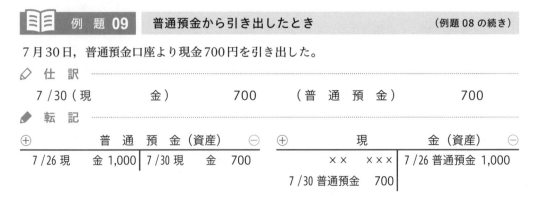

例 題 09　普通預金から引き出したとき　　　　　（例題 08 の続き）

7月30日，普通預金口座より現金700円を引き出した。

◇ 仕 訳
7 /30（現　　　　金）　　　700　　（普 通 預 金）　　　700

◆ 転 記

⊕	普 通 預 金（資産）	⊖	⊕	現	金（資産）	⊖
7 /26 現　金 1,000	7 /30 現　金 700			×× 　×××	7 /26 普通預金 1,000	
				7 /30 普通預金　700		

2　定期預金

定期預金とは，原則として一定期間払い戻しを請求することができない期限付きの預金です。普通預金より利息の条件がよいため，余裕資金を預け入れます。定期預金の預け入れや引き出しは，**定期預金勘定（資産）**で処理します。

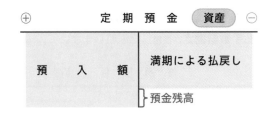

⑤ 複数の銀行口座を所有する場合

　複数の銀行口座を所有する場合，当座預金勘定，普通預金勘定，定期預金勘定に銀行名をつけた勘定を設定し，預金残高等を把握します。

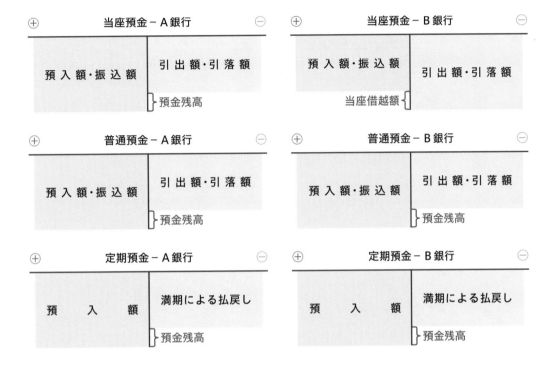

ここが POINT

①簿記で「現金」勘定を用いて記録するものには，通貨（紙幣と硬貨，いわゆるお金）以外に，通貨代用証券がある。

②他人振出の小切手を受け取ったときは現金の増加，自己振出の小切手を受け取ったときは当座預金の増加として処理する。

③所持していた他人振出の小切手を支払いに使用したときは現金の減少，小切手を振り出して支払ったときは当座預金の減少として処理する。

④小切手は商品売買だけでなく，いろいろな取引（代金）の受け払いに使う。

⑤「ただちに」という文言は，「同時に2つの取引を行った」ことを意味する。このときは，重複した勘定科目をまとめるなど注意が必要である。

⑥当座預金勘定の借方残高は預金残高，貸方残高は借越額（一時的な借入額）を表す。

銀行業務の発生

古代ギリシャでは，貨幣の流通によりその保管を神殿で行っていましたが，その資金は貸付けなどに充てられるようになりました。

また，当時の旅人は多額の資金を持ち歩く危険を避けるために，資金を神殿に預託し，「支払命令書」の交付を受け，これにより各地の神殿から資金を受け取りました。

紀元前2世紀ごろから民間の銀行が出現し，主に為替業務を行っていましたが，しだいに民間銀行の方が勢力を増していきました。

古い銀行の建物に神殿様式のものが多い理由も納得できますね。

MEMO

小口現金

❶ 小口現金制度

　企業は盗難や紛失のおそれがあるため，多額の現金を手許に保管せず，当座預金などに預け入れますが，切手やハガキ，文房具，バス代など少額の支払いのため，手許にある程度の現金を用意しています。この少額支払いのために用意する現金を**小口現金**といいます。

1　小口現金のしくみ

　通常，小口現金は一定期間に管理する小口現金の金額を決めておく方法がとられます。この方法を**定額資金前渡法（インプレスト・システム）**といいます。この方法では，支払報告の金額（❸）と補給の金額（❺）が同額となります。

小口現金のしくみ

❶小口現金を
前渡しします。
例題 01

❸報告します。
例題 03

❺補給します。
例題 04

❷切手代，交通費
など，少額の支払
いを小口現金で行
い，その内容を「小
口現金出納帳に記
入します。
例題 02

小口現金
出納帳

会計係
（当座預金などを管理し，
記帳手続（仕訳）を行う人）

用度係
（小口現金を保管し，支払
いを実際に担当する人）

❹仕訳します。
例題 03

仕訳帳

❶　会計係は，一定期間（週・月など）に必要な金額を，用度係に前渡しします。
❷　用度係は小口現金で支払いを行ったとき，支払い内容を「小口現金出納帳」に記入します。
❸　用度係は，定期的に支払内容（小口現金出納帳の写しと領収書）を会計係に報告します。
❹　会計係は，用度係からの報告を受けて，小口現金の支払いの仕訳を行います。
❺　会計係は，報告を受けたあと，支払報告の金額と同額の小口現金を補給します。

2 小口現金取引の処理（インプレスト・システム）

　小口現金について，実際の**支払いは用度係**が行い，**仕訳は会計係**が行います。小口現金の前渡しや補給，用度係から報告を受けた支払額を**小口現金勘定（資産）**で処理します。

（1）　小口現金を前渡ししたとき… 小口現金のしくみ ❶

　会計係が小口現金を前渡ししたときは，**小口現金が増えた**ことになるので，資産の増加として前渡額を**小口現金勘定（資産）**の**借方**に記入します。

📖 例 題 01 ── 小口現金を前渡ししたとき

8月1日，会計係はインプレスト・システム（定額資金前渡法）を採用し，小口現金1,000円を小切手を振り出して用度係に前渡しした。

✏ 仕 訳 ┈┈┈
　8／1（小　口　現　金）　　　1,000　　　（当　座　預　金）　　　1,000

✒ 転 記 ┈┈┈

⊕	小　口　現　金（資産）	⊖
8／1 当座預金 1,000		

（2）　小口現金で支払ったとき… 小口現金のしくみ ❷

　用度係が小口現金で支払ったときは，小口現金出納帳に記入し，あとでまとめて報告します。**会計係は支払時には仕訳しません。**

📖 例 題 02 ── 小口現金で支払ったとき　　　　　　　　　（例題01の続き）

8月4日，用度係は切手代500円とバス代250円，事務用品代200円を小口現金で支払った。

✏ 仕 訳 ┈┈┈
　　　　　　　　　　　　仕 訳 な し

（3）　支払いの報告を受けたとき… 小口現金のしくみ ❸・❹

　会計係が用度係から一定期間における**支払いの報告を受けたとき**に，資産の減少として支払額を小口現金勘定の**貸方**に記入します。

📖 **例題 03**　　支払いの報告を受けたとき　　　　　　　　（例題 02 の続き）

8月7日，会計係は用度係から次のような支払いの報告を受けた。
　　　　通信費500円　　　旅費交通費250円　　　消耗品費200円

✏️ 仕　訳 ....

8 / 7（通　　信　　費）　　　500　　　（小　口　現　金）　　　　950
　　　（旅　費　交　通　費）　250
　　　（消　耗　品　費）　　　200

✏️ 転　記 ....

⊕　　　　　　小　口　現　金（資産）　　　⊖
8 / 1 当座預金 1,000 ｜ 8 / 7 諸　　　口　950

通　信　費	費用	：切手代，電話代，インターネット代などを処理する勘定
旅費交通費	費用	：電車代，新幹線代，バス代，タクシー代，宿泊代など出張旅費や交通費を処理する勘定
消耗品費	費用	：コピー用紙やボールペンなどの購入に要した費用を処理する勘定

（4）　小口現金を補給したとき… 小口現金のしくみ ❺

　会計係が小口現金を補給したときは，**小口現金が増えた**ことになるので，資産の増加として補給額を小口現金勘定の**借方**に記入します。

📖 **例題 04**　　小口現金を補給したとき　　　　　　　　（例題 03 の続き）

8月8日，会計係は用度係に小切手950円を振り出して小口現金を補給した。

✏️ 仕　訳 ....

8 / 8（小　口　現　金）　　　950　　　（当　座　預　金）　　　　950

✏️ 転　記 ....

⊕　　　　　　小　口　現　金（資産）　　　⊖
8 / 1 当座預金 1,000 ｜ 8 / 7 諸　　　口　950
　　8 当座預金　　950 ｜

（5） 報告と補給が同時のとき

　会計係が用度係から支払いの報告を受け，ただちに小口現金を補給したとき（上記 例題03 と 例題04 が同時に行われたとき）は，小口現金勘定の増減記録を省略できます。

📖 例 題 **05** 報告と補給が同時のとき （例題 02 の続き）

　8月7日，会計係は用度係から次のような支払いの報告を受けたので，ただちに小切手を振り出して小口現金を補給した。

　　　通信費500円　　　旅費交通費250円　　　消耗品費200円

✎ 仕 訳 ┈┈┈┈┈┈┈┈┈┈┈┈┈┈┈┈┈┈┈┈┈┈┈┈┈┈┈

　8／7（通　信　費）　　　500　　（当　座　預　金）　　　950
　　　　（旅 費 交 通 費）　　250
　　　　（消　耗　品　費）　　200

　　　（注）日商簿記3級で指定科目の中に「小口現金」がなければ，この仕訳をします。

> 例題05 の仕訳は，報告時の仕訳と補給時の仕訳の小口現金を相殺して1つの仕訳にすると考えます。
> ○ 報告時：（通　信　費）　　　500　　（小~~口~~現~~金~~）──────950
> 　　　　　　（旅費交通費）　　250
> 　　　　　　（消 耗 品 費）　　200　　（相殺）
> ○ 補給時：（小~~口~~現~~金~~）──────950　　（当座預金）　　　950

📋 確 認 問 題 **15** 　　　解答解説 → P289

　次の一連の取引について仕訳しなさい。なお，仕訳に用いる勘定科目は次の中から選ぶこと。

　勘定科目　　現金　　小口現金　　通信費　　旅費交通費

1．定額資金前渡法（インプレスト・システム）を採用し，小口現金1,000円を現金で用度係に前渡しした。
2．用度係から次のような支払いの報告を受けた。
　　　通信費500円　　　旅費交通費300円
3．用度係に，上記2．で支払報告を受けた金額の現金を渡して，小口現金の補給をした。

小口現金出納帳

　小口現金出納帳とは，用度係が管理する小口現金の補給と支払いの明細を記入する補助記入帳です。さまざまな形式がありますが，前述の例題をもとに一例を示します。

1　報告と補給が別の日に行われた場合（　例題 01　～　例題 04　）の記入例

小口現金出納帳

受　　入	×1年		摘　　要	支　払	内 — 通信費	訳 — 旅費交通費	消耗品費
1,000	8	1	小口現金受入				
		4	切手代	500 ➡ ❷	500		
		〃	バス代	250		250	
		〃	事務用品代	200			200
❸ ➡			合計	950	500	250	200
❹ ➡	7		次週繰越	50			❶
1,000				1,000			
❺ ➡ 50	8	8	前週繰越				
❻ ➡ 950		〃	本日補給				

❶　支払額だけでなく，勘定科目ごとの内訳も記入します。
❷　切手代は,「通信費」にも記入します。
❸　定期的に(本例は週末)支出額の合計を計算します(ここで会計係に報告します)。
❹　残額を次週に繰り越します。
❺　前週の繰越額を記入します。
❻　補給を受けた金額を記入します。

2 報告と補給が同時に行われた場合（ 例題 01・02・05 ）の記入例

小口現金出納帳

受　　入	×1年		摘　　要	支　払	内		訳
					通信費	旅費交通費	消耗品費
1,000	8	1	小口現金受入				
		4	切手代	500	500		
		〃	バス代	250		250	
		〃	事務用品代	200			200
			合計	950	500	250	200
950		7	本日補給　❶				
❷		〃	次週繰越	1,000			
1,950				1,950			
1,000	8	8	前週繰越				

❶ 報告した金額と同額の補給を受けます。
❷ 補給を受けたあとの金額（定額）を次週に繰り越します。

THEME 08 クレジット売掛金

① クレジット売掛金

クレジット・カードの普及にともなって，多くの企業でクレジット取引が行われています。クレジット取引とは，おおむね以下のような取引をいいます。

クレジット取引のしくみ

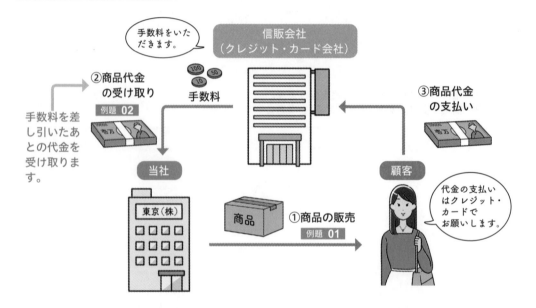

商品代金は，商品を購入した人（消費者）から受け取るのではなく，信販会社（クレジット・カード会社）から受け取ります。そして，信販会社（クレジット・カード会社）が後日，消費者から商品代金を回収します。

1　クレジット取引の処理

商品の販売時にクレジット・カードを提示されたときは，売掛金と区別して**クレジット売掛金勘定（資産）**で処理します。また，クレジット・カードの利用にともなう信販会社（クレジット・カード会社）に対する手数料の支払額は，原則として，商品の販売時に**支払手数料勘定（費用）**で処理します。

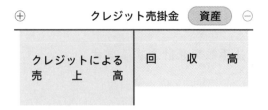

（1）　商品をクレジット・カードで販売したとき

　商品をクレジット・カードで販売したときは，信販会社（クレジット・カード会社）に対する**手数料の支払額を支払手数料勘定（費用）の借方に記入**し，**商品代金から支払手数料を差し引いた代金をあとで受け取る権利（債権）としてクレジット売掛金勘定（資産）の借方**に記入します。

📖 例題 01　商品をクレジット・カードで販売したとき

7月12日，商品3,000円をクレジット・カードにより販売した。なお，信販会社へのクレジット手数料は販売代金の1％であり，販売時に計上する。

🖊 **仕　訳**

7 / 12（クレジット売掛金）*2	2,970	（売　　　　上）	3,000
（支 払 手 数 料）*1	30		

　　＊1　3,000円×1％＝30円
　　＊2　3,000円－30円＝2,970円

✏ **転　記**

⊕	クレジット売掛金（資産）	⊖
7 /12 売　　上 2,970	

（2）　クレジット売掛金を回収したとき

　後日，クレジット売掛金を回収したときは，**代金を受け取る権利（債権）が消滅**するので、**クレジット売掛金勘定の貸方に記入**します。

📖 例題 02　クレジット売掛金を回収したとき　　（例題 01 の続き）

8月31日，　例題 01　のクレジット取引について，信販会社から1％の手数料を差し引いた手取額が当社の当座預金口座に入金された。

🖊 **仕　訳**

8 / 31（当 座 預 金）	2,970	（クレジット売掛金）	2,970

✏ **転　記**

⊕	クレジット売掛金（資産）	⊖
7 /12 売　　上 2,970	8 /31 当座預金 2,970

Supplement

入金時に支払手数料を計上する場合

例題 商品をクレジット・カードで販売したとき

商品3,000円をクレジット・カードにより販売した。なお，信販会社へのクレジット手数料は販売代金の1％であり，入金時に計上する。

仕訳

| （クレジット売掛金） | 3,000 | （売　　　上） | 3,000 |

例題 クレジット売掛金を回収したとき　　　　　　　（上記例題の続き）

上記，クレジット取引について，信販会社から1％の手数料を差し引いた手取額が当社の当座預金口座に入金された。

仕訳

| （当 座 預 金）*2 | 2,970 | （クレジット売掛金） | 3,000 |
| （支 払 手 数 料）*1 | 30 | | |

＊1　3,000円×1％＝30円
＊2　3,000円−30円＝2,970円

確認問題 16　　　　　　　　　　　　　　　　　　　　　解答解説 → P289

次の一連の取引について仕訳しなさい。なお，仕訳に用いる勘定科目は次の中から選ぶこと。

勘定科目　　当座預金　　クレジット売掛金　　売上　　支払手数料

1．商品を12,000円でクレジット・カードにより販売した。なお，信販会社へのクレジット手数料は販売代金の5％であり，販売時に計上する。

2．上記，クレジット取引について，手数料を差し引かれた手取額が信販会社より当社の当座預金口座に振り込まれた。

MEMO

THEME
09

手形取引

① 約束手形

　商品代金の受け払いには，現金や小切手のほかに手形(てがた)が使われることがあります。手形は，記載された金額の支払いを約束する証書で，手形法上，約束手形(やくそくてがた)と為替手形(かわせてがた)の2つがありますが，日商簿記3級では，**約束手形**を学習します。

1　約束手形とは

　約束手形とは，手形の作成者（**振出人(ふりだしにん)**）が特定の者（**名宛人(なあてにん)**）に対して，**約束した期日（支払期日または満期日）に手形金額を支払うことを約束した証券**です。手形金額は，当座預金口座から支払われます。

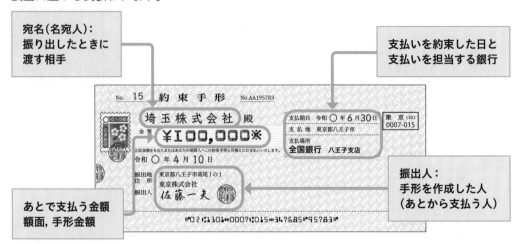

宛名（名宛人）：
振り出したときに
渡す相手

支払いを約束した日と
支払いを担当する銀行

あとで支払う金額
額面，手形金額

振出人：
手形を作成した人
（あとから支払う人）

　手形は，会社や自宅を支払場所として振り出すこともできますが，商取引では銀行を支払場所とした統一手形用紙でなければ通用しません。小切手とは，次のような点が異なります。

	小　切　手	約　束　手　形
受け取る人の指定	なし（持参人）	あり（名宛人）
支　　払　　日	振出日が支払日	振出日とは別に支払日あり

2　約束手形による債権・債務

　約束手形のやりとりによって，**手形金額を支払う義務（債務）をもつ者（支払人(しはらいにん)）**と受け**取る権利（債権）をもつ者（受取人(うけとりにん)）**が出てきます。手形の債務は**支払手形勘定（負債）**で処理し，手形の債権は**受取手形勘定(うけとりてがた)（資産）**で処理します。

受取手形と支払手形

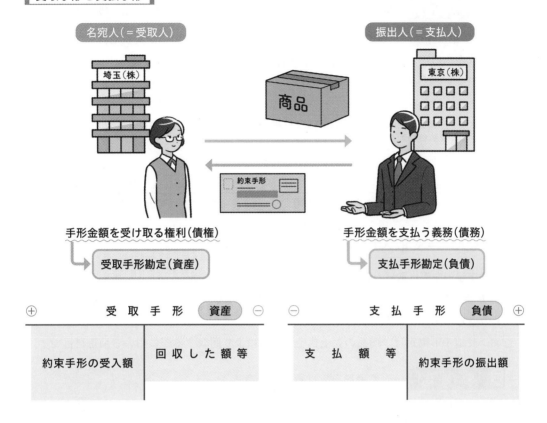

⊕	受 取 手 形	資産	⊖	⊖	支 払 手 形	負債	⊕
約束手形の受入額		回 収 し た 額 等		支 払 額 等		約束手形の振出額	

3 振出人（＝支払人）の処理

（1） 約束手形を振り出したとき

あとで手形金額を支払う義務（債務）が生じるので，負債の増加として支払手形勘定（**負債**）の**貸方**に記入します。

なお，支払手形勘定は，商品の仕入代金を手形により支払う際に用いる勘定科目です。

📖 例 題 01 　約束手形を振り出したとき

4月10日，東京㈱は，埼玉㈱から商品100円を仕入れ，代金は埼玉㈱を名宛人とする約束手形100円を振り出して支払った。

✎ 仕 訳 ....

4 /10（仕　　　　入）　　　100　　　（支 払 手 形）　　　100

✎ 転 記 ....

⊕	仕	入（費用）	⊖	⊖	支 払 手 形（負債）	⊕
4 /10 支払手形　100					4 /10 仕　　入　100	

（2） 約束手形の代金を支払ったとき

手形金額を支払う義務（債務）が消滅するので，負債の減少として支払手形勘定の**借方**に記入します。

例 題 02　約束手形の代金を支払ったとき　　　　　　　　　（例題01の続き）

6月30日，東京㈱は，かつて埼玉㈱宛に振り出した約束手形100円が支払期日になり，当座預金から代金100円が支払われた旨，全国銀行八王子支店から通知を受けた。

✎ 仕 訳 ....

　6/30（支 払 手 形）　　　　100　　　（当 座 預 金）*　　　　100

　　　　* 　手形代金は，所持人による取り立て依頼を受けて，銀行の当座預金口座からの引き落としによって支払われます。

✐ 転 記

⊕	当 座 預 金（資産）	⊖		⊖	支 払 手 形（負債）	⊕
××	×××	6/30 支払手形　100		6/30 当座預金　100	4/10 仕　入　100	

4　名宛人（＝受取人）の処理

（1）　約束手形を受け取ったとき

　あとで手形金額を受け取る権利（債権）が生じるので，資産の増加として受取手形勘定（資産）の**借方**に記入します。

　なお，受取手形勘定は，商品の売上代金を手形により回収する際に用いる勘定科目です。

例 題 03　約束手形を受け取ったとき

4月10日，埼玉㈱は，東京㈱に商品を100円で販売し，代金は東京㈱振出，埼玉㈱（当社）を名宛人とする約束手形100円で受け取った。

✎ 仕 訳 ....

　4/10（受 取 手 形）　　　　100　　　（売　　　　上）　　　　100

✐ 転 記

⊕	受 取 手 形（資産）	⊖		⊖	売　　　上（収益）	⊕
4/10 売　上　100					4/10 受取手形　100	

（2）　約束手形の代金を受け取ったとき

　手形金額を受け取る権利（債権）が消滅するので，資産の減少として受取手形勘定の**貸方**に記入します。

例 題 04　約束手形の代金を受け取ったとき　　　　　　　　　（例題03の続き）

6月30日，埼玉㈱は，取り立てを依頼していた東京㈱振出の約束手形100円が支払期日になり，当座預金口座に代金100円が入金された旨，全国銀行大宮支店から通知を受けた。

✎ 仕 訳 ....

　6/30（当 座 預 金）*　　　　100　　　（受 取 手 形）　　　　100

　　　　* 　手形代金は，所持人が銀行に取り立てを依頼し，銀行口座への振り込みによって受け取ります。

✐ 転 記

⊕	受 取 手 形（資産）	⊖		⊕	当 座 預 金（資産）	⊖
4/10 売　上　100		6/30 当座預金　100		6/30 受取手形　100		

確認問題 17

解答解説 → P289

次の取引について仕訳しなさい。なお，仕訳に用いる勘定科目は次の中から選ぶこと。

| 勘定科目 | 当座預金　　受取手形　　支払手形　　売上　　仕入 |

1．宮崎㈱は，大分㈱から商品3,000円を仕入れ，代金は大分㈱宛の約束手形を振り出して支払った。
2．宮崎㈱は，上記1．の手形が満期日となり，手形代金が当座預金から引き落とされた。
3．愛媛㈱は，岡山㈱へ商品1,500円を販売し，代金は先方振出の約束手形で受け取った。
4．愛媛㈱は，上記3．の手形が満期日となり，手形代金が当座預金に入金された。

5　手形取引に関する補助簿（テーマ14のSupplement参照）

受取手形勘定と支払手形勘定を用いた記録は，手形の種類や振出人・支払人の名称，金額，支払期日，てん末など，重要な情報として明細を記録し管理する必要があります。このような明細を記録したい場合は，補助簿として**受取手形記入帳・支払手形記入帳**を設けて記帳します。

ちょっと
ひといき

手形の起源

手形は，中世（12世紀ごろ）のイタリアで両替商が発行したのが始まりといわれています。現在，両替というと，紙幣を硬貨に替えることとして使われていますが，もともとは「自国の通貨を他国の通貨に替える」という意味なので，現在の為替ということばがあてはまると思います。

また，手形の語源は，字のまま「手の形」であり，字の書けない者が何かの約束をした際，その証拠として手の形や指の形を押したことからきているとされています。現在でも，印鑑を忘れたとき母印を押すのは，このなごりといわれています。

ここが POINT

①受取手形勘定と支払手形勘定は「商品売買取引によって生じた」手形債権・手形債務を表す勘定科目として用いる。

②手形代金の支払いや受け取りは，債権債務の当事者間で直接行うものではなく，取引銀行を通じて振り込みや引き落としによって行われる。

電子記録債権・債務

1　電子記録債権・債務

電子記録債権とは，電子的に記録・管理される債権をいい，従来の手形や売掛金を電子化したものを指します。

1　手形債権との比較

	手 形 債 権	電子記録債権
事 務 手 続 き	多 い	少ない
郵 送 コ ス ト	要	不 要
印 　 紙 　 税	要	不 要
紛 失 の リ ス ク	有	無
取 立 手 続 き	要	不 要
分 割 譲 渡 (割 引)*	不 可	可
発 生 (譲 渡) 手 数 料	──	要

＊　分割譲渡（割引）は日商簿記 2 級の範囲です。

　上記のように，電子記録債権は，従来の手形債権のデメリットを克服した新たな金銭債権です。

2 売掛金に関連して電子記録債権を記録した場合

電子記録債権は，電子債権記録機関が管理しているため，取引はすべてこの機関を通して行われます。

電子記録債権・電子記録債務のしくみ

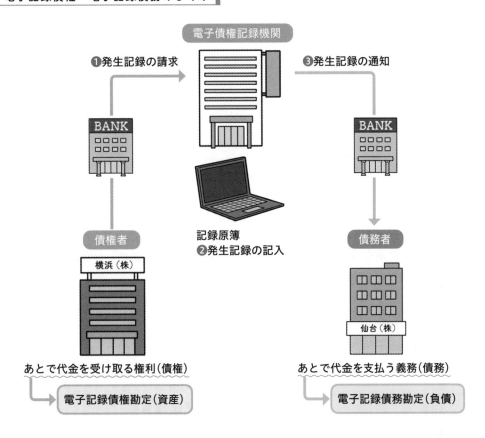

① 債権者である横浜(株)は，取引銀行を通じて電子債権記録機関の記録原簿に発生記録を行うことを請求します(この請求は，債務者である仙台(株)からもできます)。
② 電子債権記録機関は，記録原簿に発生記録を記入します。このときに，電子記録債権が生じます。
③ 電子債権記録機関は，取引銀行を通じて債務者である仙台(株)に，発生記録が行われたことを通知します。

なお，電子記録債権・債務の決済は，銀行を通して自動的に行われます。

3 債権者の処理

（1） 電子記録債権を記録したとき

　売掛金について，電子記録債権を記録した場合，債権者は売掛金を減少させるとともに，**あとで債権金額を受け取る権利（債権）が新たに生じる**ので，資産の増加として**電子記録債権勘定（資産）**の**借方**に記入します。

📖 例題 **01**　電子記録債権を記録したとき

8月2日，横浜㈱は，得意先仙台㈱に対する売掛金9,000円について，同社の承諾を得て，電子記録債権の発生記録を行った。

✎ 仕　訳 ⋯⋯⋯⋯⋯⋯⋯⋯⋯⋯⋯⋯⋯⋯⋯⋯⋯⋯⋯⋯⋯⋯⋯⋯⋯⋯⋯⋯⋯⋯⋯⋯⋯⋯⋯⋯⋯
　8／2（電 子 記 録 債 権）　　　9,000　　　（売　　掛　　金）　　　9,000

✎ 転　記

⊕	電子記録債権（資産）	⊖	⊕	売　　掛　　金（資産）	⊖
8／2 売 掛 金 9,000					8／2 電子記録債権 9,000

（2） 電子記録債権が決済されたとき

　電子記録債権が決済されたときは，**債権金額を受け取る権利（債権）が消滅する**ので，資産の減少として**電子記録債権勘定**の**貸方**に記入します。

📖 例題 **02**　電子記録債権が決済されたとき　　　　　（例題01の続き）

8月31日， 例題01 で発生した電子記録債権9,000円の支払期限が到来し，当座預金口座に入金された。

✎ 仕　訳 ⋯⋯⋯⋯⋯⋯⋯⋯⋯⋯⋯⋯⋯⋯⋯⋯⋯⋯⋯⋯⋯⋯⋯⋯⋯⋯⋯⋯⋯⋯⋯⋯⋯⋯⋯⋯⋯
　8／31（当 座 預 金）　　　9,000　　　（電 子 記 録 債 権）　　　9,000

✎ 転　記

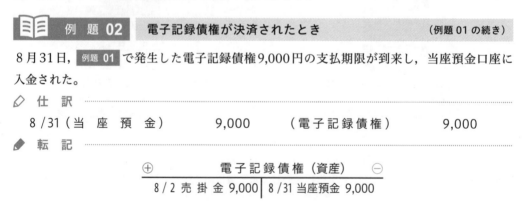

⊕	電子記録債権（資産）	⊖
8／2 売 掛 金 9,000		8／31 当座預金 9,000

4 債務者の処理

（1） 電子記録債務が記録されたとき

買掛金について，電子記録債務が記録された場合，債務者は買掛金を減少させるとともに，**あとで債務金額を支払う義務（債務）が新たに生じる**ので，負債の増加として**電子記録債務勘定（負債）**の**貸方**に記入します。

例 題 03 電子記録債務が記録されたとき

8月2日，仙台㈱は，仕入先横浜㈱に対する買掛金9,000円について，電子記録債務の発生記録が行われた旨の通知を受けた。

✎ 仕 訳
8 / 2 （買　掛　金）　　　　9,000　　　（電 子 記 録 債 務）　　　9,000

✎ 転 記

⊖　　買　掛　金（負債）　　⊕	⊖　　電子記録債務（負債）　　⊕
8 / 2 電子記録債務 9,000	8 / 2 買 掛 金 9,000

（2） 電子記録債務が決済されたとき

電子記録債務が決済されたときは，**債務金額を支払う義務（債務）が消滅する**ので，負債の減少として**電子記録債務勘定**の**借方**に記入します。

例 題 04 電子記録債務が決済されたとき （例題03の続き）

8月31日，仙台㈱は，電子記録債務9,000円の支払期限が到来したため，当座預金口座から引き落とされた。

✎ 仕 訳
8 / 31 （電 子 記 録 債 務）　　　9,000　　　（当　座　預　金）　　　9,000

✎ 転 記

⊖　　電子記録債務（負債）　　⊕
8 / 31 当座預金 9,000 ｜ 8 / 2 買 掛 金 9,000

確認問題 18

解答解説 → P290

次の一連の取引について，大阪㈱，福岡㈱それぞれの仕訳を示しなさい。なお，仕訳に用いる勘定科目は次の中から選ぶこと。

勘定科目　当座預金　売掛金　電子記録債権　買掛金　電子記録債務　売上　仕入

1．大阪㈱は，商品15,000円を福岡㈱に掛けで販売した。
2．大阪㈱は，上記の販売代金のうち10,000円につき，福岡㈱の承諾を得て発生記録の請求を行い，電子記録債権10,000円が生じた。
3．電子記録債権の支払期限が到来した。大阪㈱および福岡㈱は，それぞれ当座預金口座を通じて電子記録債権および電子記録債務が決済された。

その他の取引 I

1　貸付金・借入金

　お金を借りたり貸したりする取引を行った場合には，借りる側は，**借りたお金を返す義務（債務）**を負い，貸す側は，**貸したお金を返してもらう権利（債権）**が生じます。

貸付金と借入金

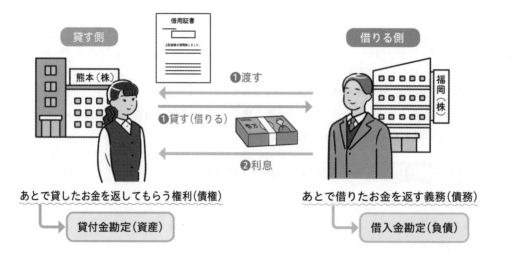

あとで貸したお金を返してもらう権利（債権）　　　あとで借りたお金を返す義務（債務）

貸付金勘定（資産）　　　　　　　　　　借入金勘定（負債）

---

❶　借りる側は**借用証書**を作成し，貸す側に渡します。貸す側はこれを期日まで保管します。借用証書には，返済する金額や期日（期間），利息等の契約条件を記載します。なお，借用証書に代えて，**約束手形を振り出す**こともあります。
　　また，借りる側は担保（土地，建物の権利証など）を，貸す側に預けます。貸す側はこれを期日まで預かります。なお，担保がない場合は，保証人をつけるなどして代替します。

❷　借りる側は契約に従って，貸す側に利息を支払います。貸す側は契約に従って，借りる側より**利息を受け取ります**。利息の受け払いのタイミングは，後払い，先払い，分割払いなど，いろいろあります。

　お金を貸す側は，**利息**を含めて多めにお金を返してもらえるメリットがあるからお金を貸します。何のメリットもなしにお金を貸すわけではありません。

1　貸す側の処理

　貸す側は，あとで貸したお金を返してもらう権利（債権）を貸付金勘定（**資産**）で，利息の受取額を受取利息勘定（**収益**）で処理します。

(1) お金を貸したとき

あとで貸したお金を返してもらう権利（債権）が生じるので，資産の増加として貸付金勘定（資産）の**借方**に記入します。

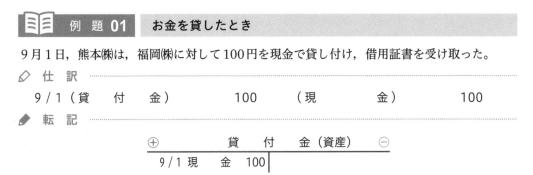

📖 例題 01 　 **お金を貸したとき**

9月1日，熊本㈱は，福岡㈱に対して100円を現金で貸し付け，借用証書を受け取った。

◇ 仕 訳 ··

9/1（貸　付　金）　　　　100　　　（現　　　　金）　　　　100

✐ 転 記 ··

⊕　　　　　貸　付　金（資産）　　⊖
9/1 現　金 100	

(2) 貸付金の利息を受け取ったとき

貸付金の利息は，収益の発生として受取利息勘定（収益）の**貸方**に記入します。

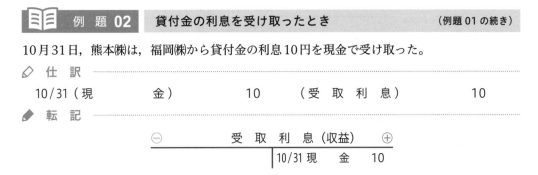

📖 例題 02 　 **貸付金の利息を受け取ったとき**　　　　　（例題01の続き）

10月31日，熊本㈱は，福岡㈱から貸付金の利息10円を現金で受け取った。

◇ 仕 訳 ··

10/31（現　　　　金）　　　　10　　　（受　取　利　息）　　　　10

✐ 転 記 ··

⊖　　　　　受　取　利　息（収益）　　⊕
	10/31 現　金　10

(3) 貸付金を返してもらったとき

貸したお金を返してもらう権利（債権）が消滅するので，資産の減少として貸付金勘定の**貸方**に記入します。

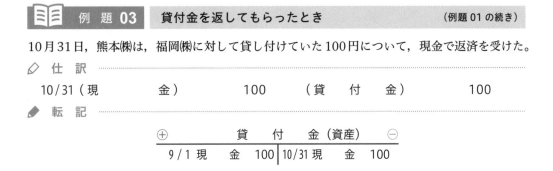

📖 例題 03 　 **貸付金を返してもらったとき**　　　　　（例題01の続き）

10月31日，熊本㈱は，福岡㈱に対して貸し付けていた100円について，現金で返済を受けた。

◇ 仕 訳 ··

10/31（現　　　　金）　　　　100　　　（貸　付　金）　　　　100

✐ 転 記 ··

⊕　　　　　貸　付　金（資産）　　⊖
9/1 現　金　100	10/31 現　金　100

2 借りる側の処理

借りる側は，あとで借りたお金を返す義務（債務）を借入金勘定（**負債**）で，利息の支払額を支払利息勘定（**費用**）で処理します。

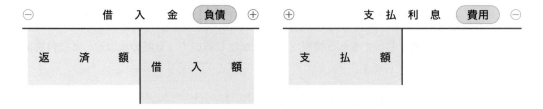

（1） お金を借りたとき

あとで借りたお金を返す義務（債務）が生じるので，負債の増加として借入金勘定（**負債**）の**貸方**に記入します。

📖 **例題 04**　　お金を借りたとき

9月1日，福岡㈱は，熊本㈱へ借用証書を渡し現金100円を借り入れた。

✏ 仕 訳
9 / 1 （現　　　金）　　　100　　　（借　入　金）　　　100

✏ 転 記

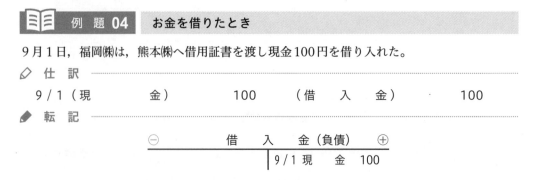

（2） 借入金の利息を支払ったとき

借入金の利息は費用の発生として**支払利息勘定**（**費用**）の**借方**に記入します。

📖 **例題 05**　　借入金の利息を支払ったとき　　　（例題04の続き）

10月31日，福岡㈱は，熊本㈱へ借入金の利息10円を現金で支払った。

✏ 仕 訳
10/31 （支 払 利 息）　　　10　　　（現　　　金）　　　10

✏ 転 記

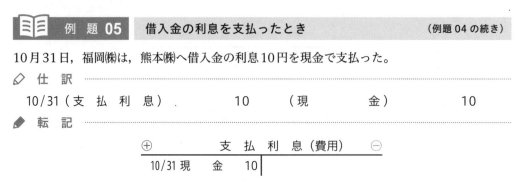

（3） 借入金を返したとき

借りたお金を返す義務（債務）が消滅するので，負債の減少として借入金勘定の**借方**に記入します。

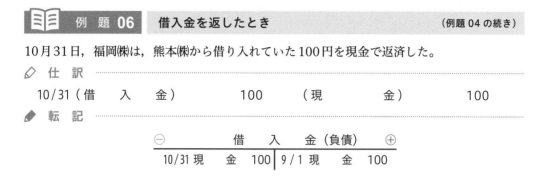

例 題 **06**　　借入金を返したとき　　　　　　　　　（例題 04 の続き）

10月31日，福岡㈱は，熊本㈱から借り入れていた100円を現金で返済した。

◇ 仕 訳

10/31（借 入 金） 100 （現 金） 100

✎ 転 記

	借　　入　　金（負債）　⊕
⊖

10/31 現　　金　100 ｜ 9 / 1 現　　金　100

確 認 問 題 **19**　　　　　　　　　　　解答解説 → P290

次の取引について仕訳しなさい。なお，仕訳に用いる勘定科目は次の中から選ぶこと。

勘定科目　　現金　　貸付金　　借入金

1．高知㈱は，徳島㈱に現金5,000円を貸し付けた。
2．高知㈱は，上記1．の貸付金について，現金で返済を受けた。
3．神奈川㈱は，静岡㈱から10,000円を借り入れ，現金を受け取った。
4．神奈川㈱は，上記3．の借入金を現金で返済した。

② 利息について

お金の貸し借りにおいて，借りる側は契約等にもとづいて貸す側に**利息**を支払います。貸す側は，契約等にもとづいて借りる側より**利息**を受け取ります。

1 利息金額の計算

簿記検定では，**年利率**★を用いて１年分の利息金額を計算します。借入期間が１年未満の場合には，月割計算や日割計算により，金額を求めます。

> **★年利率**
> 年利率とは，借入金額に対する１年分の利息の割合をいいます。

📖 例題 07 　利息金額の計算

(1) 借入金額10,000円について，利率年６％，借入期間１年として，１年分の利息金額を計算しなさい。

(2) 借入金額20,000円について，利率年４％，借入期間３か月として，３か月分の利息金額を計算しなさい。

✎ 利息金額の計算

(1) １年分の利息：借入金額10,000円×利率年６％＝600円

(2) ３か月分の利息：800円＊$\times \dfrac{3\,か月}{12\,か月}$＝200円

　　＊　借入金額20,000円×利率年４％＝800円（１年分の利息）

> 🖊 電卓の操作方法　－利息の計算－
>
> 例題 07 の(2)は次のように電卓を入力します。
>
> 20000 ［×］ 4 ［％］ ［×］ 3 ［÷］ 12 ［＝］ （200）
>
> または，20000 ［×］ 0.04 ［×］ 3 ［÷］ 12 ［＝］ （200）

2 利息の受け払いのタイミング

利息の受け払いのタイミングは契約内容によって異なります。

タイミング	契約内容
後払い （元利一括返済）	・返済時に元金とともに全額を支払う（受け取る）　例題 08・09
先払い	・契約時に全額を支払う（受け取る）　例題 10・11
分割払い	・3か月ごとに支払う（受け取る） ・半年ごとに支払う（受け取る）　　など

3 後払い（元利一括返済）の場合

（1） お金を貸した（借りた）とき

利息が後払い（元利一括返済）のため，お金を貸した（借りた）ときには利息はまだ受け払いしません。

📖 **例題 08**　　**お金を貸した（借りた）とき**

9月1日，熊本㈱は，福岡㈱に対して100円を貸し付け，利息10円は元本とともに返済時に受け取ることにした。熊本㈱と福岡㈱それぞれの仕訳を示しなさい。

✎ 仕訳（熊本㈱）
9 / 1 （貸 付 金）　　　100　　（現　　　　金）　　　100

✎ 仕訳（福岡㈱）
9 / 1 （現　　　　金）　　　100　　（借 入 金）　　　100

（2） お金を返してもらった（返した）とき

利息が後払い（元利一括返済）のため，お金を返してもらった（返した）ときに利息を受け払いします。

📖 **例題 09**　　**お金を返してもらった（返した）とき**　　　　（例題 08 の続き）

10月31日，熊本㈱は，福岡㈱に対する貸付金100円を利息10円とともに現金で返済を受けた。熊本㈱と福岡㈱それぞれの仕訳を示しなさい。

✎ 仕訳（熊本㈱）
10/31（現　　　　金）　　　110　　（貸 付 金）　　　100
　　　　　　　　　　　　　　　　　（受 取 利 息）　　　 10

✎ 仕訳（福岡㈱）
10/31（借 入 金）　　　100　　（現　　　　金）　　　110
　　　（支 払 利 息）　　　 10

4　先払いの場合

（1）　お金を貸した（借りた）とき

利息が先払いのため，お金を貸した（借りた）ときに利息を受け払いします。この場合は，貸付金額（借入金額）からあらかじめ利息を差し引いた金額を渡し（受け取り）ます。

📖 例題 10　お金を貸した（借りた）とき

9月1日，熊本㈱は，福岡㈱に対し100円を貸し付け，利息10円を差し引いた金額を現金で渡した。熊本㈱と福岡㈱それぞれの仕訳を示しなさい。

✎　仕訳（熊本㈱）

9 / 1	（貸　付　金）	100	（現　　　　金）	90
			（受 取 利 息）	10

✎　仕訳（福岡㈱）

9 / 1	（現　　　　金）	90	（借　入　金）	100
	（支 払 利 息）	10		

（2）　お金を返してもらった（返した）とき

利息が先払いのため，お金を返してもらった（返した）ときには利息を受け払いしません。

📖 例題 11　お金を返してもらった（返した）とき　　　　（例題10の続き）

10月31日，熊本㈱は，福岡㈱に対する貸付金100円につき，現金で返済を受けた。熊本㈱と福岡㈱それぞれの仕訳を示しなさい。

✎　仕訳（熊本㈱）

10/31	（現　　　　金）	100	（貸　付　金）	100

✎　仕訳（福岡㈱）

10/31	（借　入　金）	100	（現　　　　金）	100

> 後払いの場合：お金を返してもらった（返した）ときに利息を計上
> 先払いの場合：お金を貸した（借りた）ときに利息を計上

確認問題 **20**　　　　　　　　　　　　　　　解答解説 → P290

次の取引について仕訳しなさい。なお，仕訳に用いる勘定科目は次の中から選ぶこと。

【勘定科目】　現金　当座預金　貸付金　借入金　受取利息　支払利息

1．北海道㈱は，岩手㈱より6,000円を借り入れ，利息50円を差し引かれた残額を当座預金とした。
2．新潟㈱は，富山㈱に貸し付けていた5,000円を利息100円とともに，現金で受け取った。
3．長野㈱は，福井㈱に10,000円を期間3か月，利率年2％の条件で貸し付け，3か月分の利息を差し引いた残額を現金で福井㈱に渡した。

③ 役員貸付金・役員借入金

　一般的な金銭の貸し借りに関する貸付金・借入金と，会社内部の取締役や社長に対する金銭の貸し借りに関する貸付金と借入金は区別して処理します。

1 役員に対する貸付け・借入れ

　会社内部の取締役や社長等の役員に対する貸付け・借入れは，**役員貸付金勘定（資産）・役員借入金勘定（負債）**で処理します。

⊕	役員貸付金 資産	⊖		⊖	役員借入金 負債	⊕
貸付額	返済を受けた額			返済した額	借入額	

2 役員貸付金と役員借入金の処理

（1） 役員にお金を貸したとき

あとで貸したお金を役員から返してもらう権利（債権）が生じるので，資産の増加として役員貸付金勘定 (資産) の**借方**に記入します。

例 題 12　役員にお金を貸したとき

11月8日，熊本㈱は，取締役Aに1,000円を現金で貸し付けた。

✎ 仕 訳 ···

11 / 8 （役 員 貸 付 金）　　　1,000　　　（現　　　　金）　　　1,000

✐ 転 記

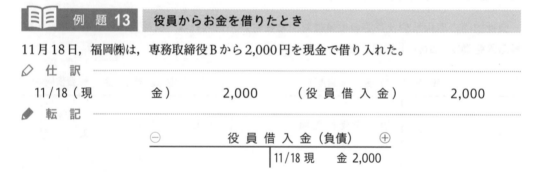

（2） 役員からお金を借りたとき

あとで借りたお金を役員に返す義務（債務）が生じるので，負債の増加として役員借入金勘定 (負債) の**貸方**に記入します。

例 題 13　役員からお金を借りたとき

11月18日，福岡㈱は，専務取締役Bから2,000円を現金で借り入れた。

✎ 仕 訳 ···

11 / 18 （現　　　　金）　　　2,000　　　（役 員 借 入 金）　　　2,000

✐ 転 記

確認問題 21

解答解説 → P290

次の取引について仕訳しなさい。なお，仕訳に用いる勘定科目は次の中から選ぶこと。

勘定科目　　現金　　当座預金　　役員貸付金　　役員借入金

1．仙台㈱は，取締役Cの依頼により現金10,000円を貸し付けた。
2．秋田㈱は，会社の資金が不足したため，社長Dより20,000円を借り入れ，当座預金とした。

④ 手形貸付金・手形借入金

　金銭の貸付けは，通常，借用証書で行われますが，これに代えて手形を使用することもあります。

1 　手形による借入れ・貸付け

　金銭の貸し借りの際，借用証書の代わりに**約束手形**を使用することがあります。この場合，借りる側は約束手形を振り出し，貸す側は受け取りますが，商品売買取引ではないので，支払手形勘定や受取手形勘定は使用せず，**手形貸付金勘定（資産）・手形借入金勘定（負債）**で処理します。

貸し借りの取引

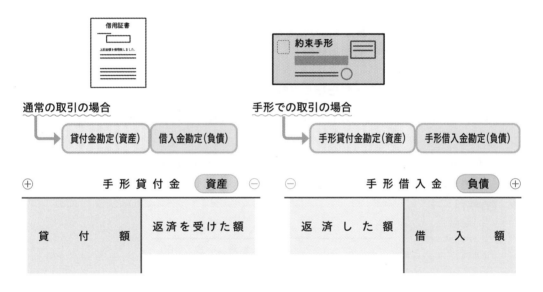

2 手形貸付金と手形借入金の処理

（1） 約束手形を受け取り，お金を貸したとき

手形による貸付けなので，資産の増加として**手形貸付金勘定 （資産）** の**借方**に記入します。

例 題 **14**	約束手形を受け取り，お金を貸したとき

12月8日，熊本㈱は，福岡㈱に対して100円を現金で貸し付け，約束手形を受け取った。

✎ 仕 訳 ....

12/8 （手 形 貸 付 金）＊ 　　　100 　　　（現　　　　金）　　　100

　　＊ 問題の指示により手形貸付金勘定に代えて，貸付金勘定を用いることもあります。

✏ 転 記 ....

⊕ 　　　手 形 貸 付 金 （資産）　　　 ⊖

12/8 現　　金　100 |

（2） 約束手形を振り出し，お金を借りたとき

手形による借入れなので，負債の増加として**手形借入金勘定 （負債）** の**貸方**に記入します。

例 題 **15**	約束手形を振り出し，お金を借りたとき

12月8日，福岡㈱は，熊本㈱から100円を現金で借り入れ，約束手形を振り出した。

✎ 仕 訳 ....

12/8 （現　　　　金）　　　100 　　　（手 形 借 入 金）＊ 　　　100

　　＊ 問題の指示により手形借入金勘定に代えて，借入金勘定を用いることもあります。

✏ 転 記 ....

⊖ 　　　手 形 借 入 金 （負債）　　　 ⊕

| 12/8 現　　金　100

確 認 問 題 **22**	解答解説 → P291

次の取引について仕訳しなさい。なお，仕訳に用いる勘定科目は次の中から選ぶこと。

勘定科目　　現金　　当座預金　　手形貸付金　　手形借入金　　支払利息

1．仙台㈱は，取引先山形㈱の依頼により現金5,000円を貸し付け，山形㈱が仙台㈱にあてて振り出した約束手形を受け取った。
2．秋田㈱は，約束手形を振り出して8,000円を借り入れ，利息700円を差し引かれた残額を当座預金とした。

ここが POINT

①金銭の貸し借りに関する債権債務は，貸付金勘定・借入金勘定で処理する。

②利息の計算は，条件（問題の指示）に従って行う。月割りや日割りの場合も同様である。

③取締役や社長等の役員に対する貸付金・借入金は，重要性を考慮し，役員貸付金勘定・役員借入金勘定で処理する。

④約束手形を用いた金銭の貸し借りは，手形貸付金勘定・手形借入金勘定（または，貸付金勘定・借入金勘定）で処理し，受取手形勘定や支払手形勘定は使用しない。

THEME 12 その他の取引 Ⅱ

1 有形固定資産の取得・売却・賃借

　土地や建物のように，企業が1年を超える長期間にわたって営業活動に使用するために所有する資産を，**固定資産**といいます。固定資産には有形のものや無形のもの（利用の権利）等がありますが，日商簿記3級では**有形固定資産**について学習します。

1 有形固定資産の種類（勘定科目）

　有形固定資産は，次の勘定科目を用いて分類します。

建　　　物	店舗，倉庫，事務所など
土　　　地	店舗，倉庫，事務所などの敷地
車 両 運 搬 具	運送用トラック，乗用車など
備　　　品	事務用机，棚，据付型金庫，パソコン，コピー機，その他使用するために所有する物品など

2 有形固定資産の取得

　有形固定資産を取得したときは，**取得原価**で勘定の借方に記入します。
　取得原価には，本体の代金に，購入手数料や使用の準備にかかる支払い額（**付随費用**といいます）を含めます。

取得原価 ＝ <u>本体の代金</u> ＋ <u>購入手数料など</u>
　　　　　　　購入代価　　　　　付随費用

> 取得原価は「**その資産を手に入れて，利用できるまでにかかった金額**」です。そのため，付随費用は有形固定資産の取得原価に含めます。

各種有形固定資産の付随費用の例は次のとおりです。

建　　　物：不動産業者への仲介手数料，登記料（登録免許税など），不動産取得税，
　　　　　　改装費用など

土　　　地：不動産業者への仲介手数料，登記料（登録免許税など），不動産取得税，
　　　　　　整地費用など

車両運搬具：購入手数料，登録手数料など

備　　　品：引取運賃（運搬費），据付費（搬入設置費用），セッティング費用など

（1）　有形固定資産を購入したとき

　有形固定資産を購入により取得したときは，資産の増加として**有形固定資産の勘定（資産）**
の**借方**に**取得原価**で記入します。

 例 題 01　　有形固定資産を購入したとき

5月1日，土地3,000円を購入し，代金は小切手を振り出して支払った。なお，購入にあたっ
て，登記料・手数料等の付随費用合計300円を現金で支払った。

◇ 仕　訳 ………………………………………………………………………………

　5／1（土　　　　地）*　　　3,300　　（当　座　預　金）　　　3,000
　　　　　　　　　　　　　　　　　　　（現　　　　金）　　　　300

　　　＊　購入代価3,000円＋付随費用300円＝取得原価3,300円

✎ 転　記 ………………………………………………………………………………

　　　　　　　　　⊕　　　　　土　　　地（資産）　　⊖
　　　　　　　　　　5／1 諸　　口 3,300 |

（2）　付随費用を追加で支払ったとき

　有形固定資産を利用するために追加で付随費用を支払ったときは，資産の増加として**有形
固定資産の勘定（資産）**の**借方**に記入します。

 例 題 02　　付随費用を追加で支払ったとき　　（例題 01 の続き）

5月5日，5月1日に購入した土地について，地ならし等の整地費用200円を現金で支払っ
た。

◇ 仕　訳 ………………………………………………………………………………

　5／5（土　　　　地）　　　200　　（現　　　　金）　　　200

✎ 転　記 ………………………………………………………………………………

　　　　　　　　　⊕　　　　　土　　　地（資産）　　⊖
　　　　　　　　　　5／1 諸　　口 3,300 |
　　　　　　　　　　　 5 現　　金　200 |

3　有形固定資産の売却

使用していた有形固定資産が不要になったときに，売却することがあります。

有形固定資産を売却したときは，**帳簿価額**を減らすため，売却時点で帳簿に記録してある金額（帳簿価額）を貸方に記入して減額します。帳簿価額とは，有形固定資産の取得価額から減価償却累計額を引いた勘定残高をいい，その時点における**帳簿上の実質的な価値**を表します。引き換えに受け取る金額（売却価額）との差額は，売却価額のほうが高いときは**固定資産売却益勘定（収益）**，売却価額のほうが低いときは，**固定資産売却損勘定（費用）**で処理します。

(注) 土地を除く有形固定資産は，減価償却の手続きが必要です。ここでは，帳簿価額の算定を考慮しない土地について例題を示します。なお，有形固定資産の帳簿価額に関してはテーマ20で学習します。

📖 例題 03　有形固定資産の売却　　　　　　　　　　　　（例題 02 の続き）

5月31日，所有している土地（帳簿価額3,500円）を4,000円で売却し，代金は現金で受け取った。

✏ 仕　訳 ………………………………………………………………………………

5 /31 （現	金）	4,000	（土	地）	3,500
			（固定資産売却益）*		500

＊　売却価額4,000円－帳簿価額3,500円＝500円（売却益）
　　固定資産売却益勘定に代えて，土地売却益勘定を用いることもあります。

✏ 転　記 ………………………………………………………………………………

⊕	現　　　金（資産）	⊖
5 /31 諸　　口 4,000		

⊖	固定資産売却益（収益）	⊕
	5 /31 現　　金 500	

⊕	土　　　地（資産）	⊖
5 / 1 諸　　口 3,300	5 /31 現　　金 3,500	
5 現　　金 200		

帳簿価額（帳簿上の実質的な価値）と売却価額を比べて，得したか（売却益），損したか（売却損）を考えます。

4 固定資産に関する補助簿（テーマ20で学習）

　土地や建物等の有形固定資産を管理するために作成する補助元帳を**固定資産台帳**といい、固定資産の取得から減価償却額、売却などの処分に至るまでの経緯を資産ごとに記録します。

　なお、固定資産台帳は定められた一定の様式がないので、自社のルールに従って作成することになります。

5 有形固定資産の賃借（利用料を支払って使わせてもらう：借りる）

　有形固定資産は高額なものも多いため、資金や管理・維持などを計画して所有しますが、自己の所有としないで、所有者と賃貸借契約（レンタル、リース等）を結び、利用料（費用）を支払って使用することもあります。この場合の支払額について、建物は**支払家賃勘定（費用）**、土地は**支払地代勘定（費用）**、その他については**賃借料勘定（費用）**などで処理します。

　また、賃貸借契約を結ぶ際、敷金や保証金、不動産業者に対する仲介手数料を支払います。この敷金や保証金は**差入保証金勘定（資産）**、仲介手数料は**支払手数料勘定（費用）**で処理します。

　なお、賃貸借契約を解除する際、差入保証金から原状回復のための金額が修繕費勘定（費用）として差し引かれ、残額が返金されます。

（1） 賃貸借契約を結んだとき

　敷金や保証金を支払ったときは，解約時に問題がなければ返金されるので，資産の増加として差入保証金勘定（**資産**）の**借方**に記入し，仲介手数料を支払ったときは，費用の発生として**支払手数料勘定**（**費用**）の**借方**に記入します。また，向こう１か月分の家賃を支払ったときは，費用の発生として**支払家賃勘定**（**費用**）の**借方**に記入します。

📖　例　題　04　｜　賃貸借契約を結んだとき

　４月１日，ビルの一部を借りるにあたり，敷金2,000円，不動産業者に対する仲介手数料1,000円，１か月分の家賃1,000円を小切手を振り出して支払った。

✎　仕　訳 ....

4／1（差 入 保 証 金）	2,000	（当 座 預 金）	4,000
（支 払 手 数 料）	1,000		
（支 払 家 賃）	1,000		

✎　転　記 ....

```
      ⊕          差 入 保 証 金（資産）        ⊖
      4／1 当座預金 2,000 |


      ⊕          支 払 手 数 料（費用）        ⊖
      4／1 当座預金 1,000 |


      ⊕          支 払 家 賃（費用）          ⊖
      4／1 当座預金 1,000 |
```

（2）賃貸借契約を解除したとき

　土地や建物等の賃貸借契約に関する敷金や保証金は，原則として契約を解除する際に返金されますが，原状回復費がかかる場合は，費用の発生として**修繕費勘定（費用）**の**借方**に記入したあとの残額が返金されます。

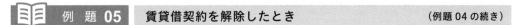

例題 05　賃貸借契約を解除したとき　　　　　　　　（例題 04 の続き）

２月８日，ビルの賃貸借契約を解除し，敷金2,000円から原状回復のための費用500円を差し引かれた残額が当座預金口座に振り込まれた。

◇ **仕　訳**

| 2/8 （当 座 預 金）* | 1,500 | （差 入 保 証 金） | 2,000 |
| （修　　繕　　費） | 500 | | |

　　＊　差入保証金2,000円 − 修繕費500円 ＝ 1,500円

✎ **転　記**

2 未収入金・未払金

　商品売買業において，商品代金の受け払いをあとで行うときは，売掛金勘定・買掛金勘定を使用しますが，有形固定資産の購入その他，**商品の仕入代金以外**を，あとで支払うときに生じる債務は原則として**未払金勘定（負債）**で，有形固定資産の売却その他，**商品の売上代金以外**を，あとで受け取るときに生じる債権は原則として**未収入金勘定（資産）**で処理します。

　　商 品 の 仕 入・売 上：**買掛金勘定・売掛金勘定**を使用
　　商品以外の購入・売却：**未払金勘定・未収入金勘定**を使用

111

1 未払金の処理

（1） 有形固定資産の購入代金をあとで支払うとき

　商品以外の物品を購入し，代金を後日支払うときは，原則として負債の増加として，買掛金勘定ではなく，**未払金勘定（負債）**の**貸方**に記入します。

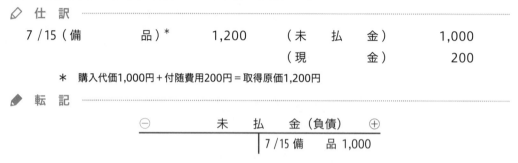

例　題　06　　有形固定資産の購入代金をあとで支払うとき

7月15日，備品1,000円を購入し，代金は月末に支払うことにした。なお，購入にあたって，送料・据付費等の付随費用合計200円を現金で支払った。

◇　仕　訳

7／15（備　　　　品）＊　　　1,200　　（未　払　金）　　　1,000
　　　　　　　　　　　　　　　　　　　（現　　　　金）　　　　200

　　　　＊　購入代価1,000円＋付随費用200円＝取得原価1,200円

✐　転　記

```
　　（－）　　　　未　払　金（負債）　　（＋）
　　　　　　　　　　　　│ 7／15 備　　品 1,000
```

（2） 代金を後日支払ったとき

　未払金を支払ったときは，負債の減少として，**未払金勘定**の**借方**に記入します。

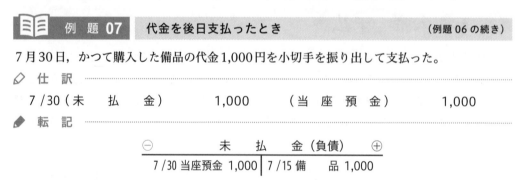

例　題　07　　代金を後日支払ったとき　　　　　　　　　（例題06の続き）

7月30日，かつて購入した備品の代金1,000円を小切手を振り出して支払った。

◇　仕　訳

7／30（未　払　金）　　　1,000　　（当　座　預　金）　　　1,000

✐　転　記

```
　　（－）　　　　未　払　金（負債）　　（＋）
　7／30 当座預金 1,000 │ 7／15 備　　品 1,000
```

2 未収入金の処理

（1） 有形固定資産の売却代金をあとで受け取るとき

商品以外の物品を売却し，代金を後日受け取るときは，原則として資産の増加として，売掛金勘定ではなく，**未収入金勘定 （資産）** の**借方**に記入します。

例 題 08 有形固定資産の売却代金をあとで受け取るとき

5月20日，所有している土地（帳簿価額3,500円）を3,200円で売却し，代金は月末に受け取ることにした。

◇ 仕 訳

5 /20（未 収 入 金）	3,200	（土 地）	3,500
（固定資産売却損）*	300		

＊ 売却価額3,200円 － 帳簿価額3,500円 ＝ △300円（売却損）
固定資産売却損勘定に代えて，土地売却損勘定を用いることもあります。

✎ 転 記

```
      ⊕        未 収 入 金 （資産）    ⊖
    5 /20 土   地 3,200 |
```

```
      ⊕           土        地 （資産）    ⊖
    ××      3,500 | 5 /20 諸    口 3,500
```

```
      ⊕        固定資産売却損 （費用）    ⊖
    5 /20 土   地 300 |
```

（2） 代金を後日受け取ったとき

未収入金を回収したときは，資産の減少として，**未収入金勘定**の**貸方**に記入します。

例 題 09 代金を後日受け取ったとき　　　　　　（例題 08 の続き）

5月31日，かつて売却した土地の代金3,200円を現金で受け取った。

◇ 仕 訳

5 /31（現 金）	3,200	（未 収 入 金）	3,200

✎ 転 記

```
      ⊕        未 収 入 金 （資産）    ⊖
    5 /20 土   地 3,200 | 5 /31 現   金 3,200
```

次の取引について仕訳しなさい。なお，仕訳に用いる勘定科目は次の中から選ぶこと。

勘定科目 　　現金　　当座預金　　差入保証金　　車両運搬具　　土地　　未払金
　　　　　　支払地代　　修繕費　　支払手数料

1．土地を購入し，代金2,000円のほかに仲介手数料200円，登記料40円を合わせて，小切手を振り出して支払った。

2．上記1．の土地の整地費用60円を現金で支払った。

3．土地の賃貸借契約を結び，保証金6,000円と仲介手数料3,000円，向こう半年分の地代18,000円を現金で支払った。

4．上記3．の土地の賃貸借契約を解除し，保証金6,000円から原状回復費2,000円が差し引かれた残額を現金で受け取った。

5．営業用の乗用車を購入し，車両価格1,500円と付随費用120円の合計額について，半額は現金で支払い，残りは来月に支払うことにした。

---

③　修繕と改良

1　修繕とは

　建物などの有形固定資産は使用するうえで，修理や保守を必要とします。有形固定資産の原状を回復する（現状を維持する）ことを**修繕**[★]といい，その支出額は**修繕費勘定（費用）**の**借方**に記入します。なお，この支出を**収益的支出**といいます。

> **★修繕**
> 　修繕は，たとえば窓ガラスが割れたので直す，壁のひび割れを直すなど元の状態に戻すことをいいます。

📖 **例　題 10**　　修繕（収益的支出）

5月10日，店舗の窓ガラスが破損したので，修繕のために500円を現金で支払った。

✏ **仕　訳** ……………………………………………………………………………

5 /10（修　繕　費）　　　　　500　　　（現　　　　金）　　　　　500

2 改良とは

建物の増築や改築を行うなど，有形固定資産の価値の増加や使用可能年数を延長させることを**改良**★といい，その支出額は**有形固定資産の帳簿上の価額に加算**します。なお，この支出を**資本的支出**といいます。

> **★改良**
> 改良は，たとえば防火扉を設置する，建物に対して耐震工事を行うなど資産の価値を高めることをいいます。

例 題 11 　改良（資本的支出）

6月13日，店舗の改築を行い，その代金3,000円は小切手を振り出して支払った。なお，これは建物の価値を増加させる効果をもつ支出である。

仕 訳

6 /13（建　　　　物）　　　3,000　　　（当 座 預 金）　　　3,000

ここが POINT

①有形固定資産を購入したときは，その内容により勘定科目を区別し，取得原価で記録する。

②取得原価は「その資産を手に入れて，利用できるまでにかかった金額」であり，本体の金額にさまざまな付随費用を加算して計算する。付随費用は，その資産の取得時に支払うとは限らない。

③未収入金勘定（資産），未払金勘定（負債）は，原則として商品売買以外の取引で用いられる勘定科目であり，特に，売掛金勘定や買掛金勘定との区別に注意する。

THEME
13

その他の取引Ⅲ

1　仮払金・仮受金

　内容や金額が未確定な場合の支払いを**仮払い**といい，預金口座への振り込みなどの内容がわからない場合の入金を**仮受け**といいます。

1　仮払いの処理

　従業員の出張等に必要な資金を前渡ししたり，事業用のICカードにチャージするなど，**支払時点では内容や金額が未確定な場合**，一時的に**仮払金勘定（資産）**の借方に記入し，あとで報告により内容や金額が判明したときに該当する科目に振り替え★ます。

> ★振り替え
> 　振り替えとは，ある勘定を減少させてほかの勘定に記入することをいいます。ここでは，仮払金勘定を減少させて，ほかの該当する勘定に記入することをいいます。

⊕	仮　払　金　資産	⊖
内容不明の支払額		判　明（精　算）額

仮払金

とりあえず，
旅費として
３万円を渡すわ

（1） 仮払いしたとき

内容等が未確定な支払いは，一時的に**仮払金勘定（資産）**の**借方**に記入します。

例 題 01　仮払いしたとき

11月10日，従業員の出張にあたり，旅費交通費の概算額300円を現金で前渡しした。

◇ 仕　訳 ....

11/10（仮　払　金）　　　　300　　　（現　　　　金）　　　　300

✎ 転　記 ....

```
  ⊕          仮　払　金（資産）        ⊖
11/10 現　金　300 │
```

（2） 内容が確定（判明）したとき

　仮払いした金額の**内容等が確定（判明）**したとき，**仮払金勘定（資産）**の**貸方**に記入してこれを消去するとともに，判明した勘定科目の借方に記入し，差額を現金等で精算します。

例 題 02　内容が確定（判明）したとき　　　　　　　（例題 01 の続き）

11月20日，従業員が出張より帰社し，出発時に概算払いした300円について，旅費交通費として450円を支払ったとの報告を受けた。不足額の150円は現金で支払った。

◇ 仕　訳 ....

11/20（旅 費 交 通 費）　　　　450　　　（仮　払　金）　　　　300
　　　　　　　　　　　　　　　　　　　　　（現　　　　金）*　　　150

　　　＊　お金が余ったときは，返してもらいます。

✎ 転　記 ....

```
  ⊕          仮　払　金（資産）        ⊖
11/10 現　金　300 │ 11/20 旅費交通費　300
```

2 仮受けの処理

　預金口座への振り込みなど，**受取時点ではその内容が不明な場合**，一時的に**仮受金勘定**<ruby>仮受金<rt>かりうけきん</rt></ruby>
(負債) の貸方に記入し，あとで内容が判明したときに該当する科目に振り替えます。

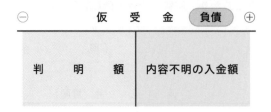

⊖	仮　受　金　**負債**	⊕
判　　明　　額	内容不明の入金額	

仮受金

（1）　内容不明の入金があったとき

　内容が不明な金銭の受け取り等があったときは，一時的に**仮受金勘定 (負債)** の**貸方**に記入します。

📖 例題 03 ｜ 内容不明の入金があったとき

11月15日，出張中の従業員より当座預金口座に200円の振り込みがあったが内容は不明である。

✏️ 仕　訳 ┈┈┈┈┈┈┈┈┈┈┈┈┈┈┈┈┈┈┈┈┈┈┈┈┈┈┈┈┈┈┈┈┈┈┈┈┈┈┈

11/15（当　座　預　金）　　　200　　　（仮　　受　　金）　　　200

✏️ 転　記 ┈┈┈┈┈┈┈┈┈┈┈┈┈┈┈┈┈┈┈┈┈┈┈┈┈┈┈┈┈┈┈┈┈┈┈┈┈┈┈

⊖	仮　受　金（負債）	⊕
	11/15 当座預金　200	

（2） 内容が判明したとき

仮受け金額の**内容等が判明**したときは，**仮受金勘定**の**借方**に記入して消去し，判明した勘定科目の貸方に記入します。

第2編 THEME 13 その他の取引Ⅲ

例題 04　内容が判明したとき　　　　　　　　　　（例題03の続き）

11月20日，従業員が出張より帰社し，先に内容不明として処理した200円の振込額は，売掛金の回収であったことが判明した。

✏ 仕 訳

11/20（仮　受　金）　　　　　200　　　（売　掛　金）　　　　　200

✎ 転 記

		仮　受　金（負債）	⊕
11/20 売 掛 金	200	11/15 当座預金	200

> 仮払金勘定・仮受金勘定は，一時的に仕訳に用いる「仮」の勘定です。「仮」の勘定なので，最終的に内容を確定（判明）させ，該当する科目に振り替えることによって，消去する必要があります。

確認問題 24　　　　　　　　　　　　　　　　　　解答解説 → P291

次の取引について仕訳しなさい。なお，仕訳に用いる勘定科目は次の中から選ぶこと。

勘定科目　現金　当座預金　売掛金　仮払金　仮受金　旅費交通費
　　　　　消耗品費

1．従業員の出張にあたり，旅費交通費の概算額2,000円を現金で渡した。
2．上記1．で概算払いした旅費交通費を精算し不足分200円を現金で支払った。
3．出張中の従業員から，当社の当座預金口座に1,500円の振り込みがあったが，その内容は不明である。
4．従業員が出張から帰社し，上記3．の振込額が売掛金の回収であると判明した。
5．事業用で使用するICカードに現金10,000円をチャージし，仮払金として処理した。
6．上記5．のICカードを電車での移動に2,000円，消耗品の購入に1,000円使用した旨の報告を受けた。

② 給　与

　従業員を雇用する場合は，「1か月間の労働に対して××円支払う」など，一定の条件にもとづいて労働契約を結びます。その他，交通費や手当の支給，社会保険制度等への加入などの手続きを行わなければなりません。

　一般に「給料」といえば，基本給（契約した労働の対価）を意味し，「給与」といえば給料に手当や賞与等その他の支給額を加えたものとされています。

　なお，従業員を雇用すること自体は，簿記上の取引には該当しないため，仕訳する必要はありません。

　ここでは，従業員の雇用に関して生じる立替払いや一時預かり，給料の支払いなどの処理について学習します。

1　一時的な立替払いや預り金の処理

　従業員や取引先のために，一時的に金銭の支払いを行うことがあります。これを「**立替払い**」といい，**あとで立て替えた金額を返してもらう権利（債権）**となります。このような債権は**立替金勘定（資産）**で処理します。また，従業員や取引先の金銭を一時的に預かった場合，**あとで預かった金額を返す義務（債務）**となります。このような債務は**預り金勘定（負債）**で処理します。

　なお，従業員に対して立て替えをしたり，金銭を一時的に預かったりした場合には，一般的に取引先に対する立替金などと区別するため，**従業員立替金勘定（資産）**と**従業員預り金勘定（負債）**で処理します。

2　従業員立替金の処理

（1）　従業員に対して立替払いしたとき

　従業員に対して立替払いしたときは，従業員から**あとで立て替えた金額を返してもらう権利（債権）が生じる**ので，資産の増加として**従業員立替金勘定（資産）**の**借方**に記入します。

📖 例題 **05**　　**従業員に対して立替払いしたとき**

5月10日，従業員私用の支払い50円を会社の現金で支払った。

✎ 仕 訳 ‥‥‥‥‥‥‥‥‥‥‥‥‥‥‥‥‥‥‥‥‥‥‥‥‥‥‥‥‥‥‥‥‥‥

　5 /10（従 業 員 立 替 金）*　　　　　50　　　（現　　　　　金）　　　　　50

　　*　従業員立替金勘定は，立替金勘定を用いることもあります。

✎ 転 記 ‥‥‥‥‥‥‥‥‥‥‥‥‥‥‥‥‥‥‥‥‥‥‥‥‥‥‥‥‥‥‥‥‥‥

<table>
<tr><td>⊕</td><td>従 業 員 立 替 金（資産）</td><td>⊖</td></tr>
<tr><td>5 /10 現　金　50</td><td></td><td></td></tr>
</table>

（2）　立替払いした金額を回収したとき

　従業員に対する立替金を回収したときは，**立て替えた金額を返してもらう権利（債権）が消滅する**ので，資産の減少として従業員立替金勘定の**貸方**に記入します。

📖 例題 **06**　　**立替払いした金額を回収したとき**　　　　（例題05の続き）

5月12日，従業員より，先日立替払いした50円を現金で回収した。

✎ 仕 訳 ‥‥‥‥‥‥‥‥‥‥‥‥‥‥‥‥‥‥‥‥‥‥‥‥‥‥‥‥‥‥‥‥‥‥

　5 /12（現　　　　　金）　　　　　50　　　（従 業 員 立 替 金）　　　　　50

✎ 転 記 ‥‥‥‥‥‥‥‥‥‥‥‥‥‥‥‥‥‥‥‥‥‥‥‥‥‥‥‥‥‥‥‥‥‥

<table>
<tr><td>⊕</td><td>従 業 員 立 替 金（資産）</td><td>⊖</td></tr>
<tr><td>5 /10 現　金　50</td><td>5 /12 現　金　50</td><td></td></tr>
</table>

3　従業員預り金の処理

（1）　従業員からお金を預かったとき

　従業員からお金を預かったときは，**あとで預かった金額を返す義務（債務）が生じる**ので，負債の増加として**従業員預り金勘定（負債）の貸方**に記入します。

📖 例題 **07**　　**従業員からお金を預かったとき**

6月24日，従業員の現金100円を一時的に会社の金庫に預かった。

✎ 仕 訳 ‥‥‥‥‥‥‥‥‥‥‥‥‥‥‥‥‥‥‥‥‥‥‥‥‥‥‥‥‥‥‥‥‥‥

　6 /24（現　　　　　金）　　　　　100　　　（従 業 員 預 り 金）*　　　　　100

　　*　従業員預り金勘定は，預り金勘定を用いることもあります。

✎ 転 記 ‥‥‥‥‥‥‥‥‥‥‥‥‥‥‥‥‥‥‥‥‥‥‥‥‥‥‥‥‥‥‥‥‥‥

<table>
<tr><td>⊖</td><td>従 業 員 預 り 金（負債）</td><td>⊕</td></tr>
<tr><td></td><td></td><td>6 /24 現　金　100</td></tr>
</table>

（2）　預かったお金を返したとき

　従業員から預かったお金を返したときは，**預かった金額を返す義務（債務）が消滅する**ので，負債の減少として**従業員預り金勘定の借方**に記入します。

📖 例 題 08　**預かったお金を返したとき**　　　　　　　　　　（例題 07 の続き）

6月30日，従業員から預かっていた現金100円を返した。

✏️ 仕 訳

6 /30（従 業 員 預 り 金）　　　　100　　　（現　　　　金）　　　　100

✏️ 転 記

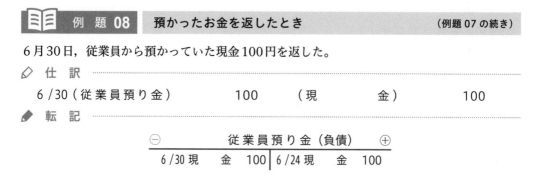

	⊖　　従業員預り金（負債）　　⊕	
6 /30 現　　金　100	6 /24 現　　金　100

4　給料の支払い

　給料は，所定の支給日に，契約条件に従って計算した金額を現金などで支払います。給料の支払額は，**給料勘定（費用）**で処理します。

（1）　給料の支払い

　給料を支払ったときは，費用として**給料勘定（費用）の借方**に記入します。なお，支給日前に給料を前貸ししたときは，一時的なものであることから，貸付金勘定などを用いずに従業員立替金勘定の借方に記入します。

📖 例 題 09　**給料の支払い**

7月25日，従業員に給料300円を現金で支払った。

✏️ 仕 訳

7 /25（給　　　　料）　　　　300　　　（現　　　　金）　　　　300

✏️ 転 記

	⊕　　　給　　　料（費用）　　⊖
7 /25 現　　金　300	

（2） 所得税や住民税，社会保険料等の徴収（預り）

　企業は，従業員に給料を支払うとき，従業員個人にかかる所得税，住民税，社会保険料を預かり，それらを差し引いた金額を支払います（従業員立替金がある場合には，これも差し引きます）。預かった金額は，それぞれ**所得税預り金勘定（負債）**，**住民税預り金勘定（負債）**，**社会保険料預り金勘定（負債）**で処理します。

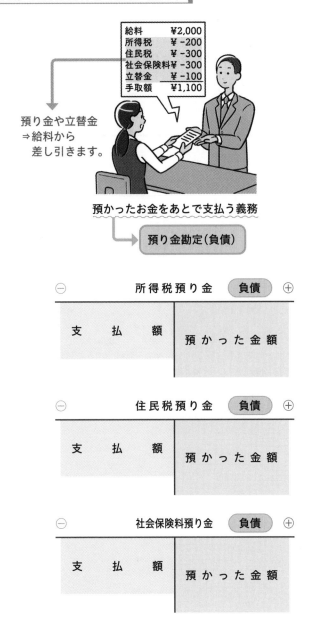

所得税や住民税，社会保険料等の徴収（預り）

給料	¥2,000
所得税	¥ -200
住民税	¥ -300
社会保険料	¥ -300
立替金	¥ -100
手取額	¥1,100

預り金や立替金
⇒給料から
　差し引きます。

預かったお金をあとで支払う義務

預り金勘定（負債）

8月25日，従業員に給料総額2,000円を支給し，源泉所得税200円と源泉住民税300円，社会保険料300円を控除した残額を現金で支払った。

✎ **仕 訳** ....

8 /25 （給　　　料）	2,000	（所 得 税 預 り 金）*	200
		（住 民 税 預 り 金）*	300
		（社会保険料預り金）*	300
		（現　　　　金）	1,200

　　*　所得税預り金勘定，住民税預り金勘定および社会保険料預り金勘定は，預り金勘定を用いることもあります。

✐ **転 記** ....

⊕	給　　料（費用）	⊖		⊖	所 得 税 預 り 金（負債）	⊕
8 /25 諸　口 2,000					8 /25 給　　料	200

	⊖	住 民 税 預 り 金（負債）	⊕
		8 /25 給　　料	300

	⊖	社会保険料預り金（負債）	⊕
		8 /25 給　　料	300

上記の仕訳は次の①・②の取引から考えます。

① 給料2,000円を支給する。

（給　　　料）	2,000	（現　　　　金）	2,000

② 従業員が納めるべき所得税200円と住民税300円，社会保険料300円を預かる。

（現　　　　金）	800	（所 得 税 預 り 金）	200
		（住 民 税 預 り 金）	300
		（社会保険料預り金）	300

∴ ①と②の現金を相殺した残額1,200円（＝2,000円－800円）を支給します。

（3） 所得税や住民税，社会保険料の納付

　給料支給時に預かった従業員の源泉所得税は税務署に，住民税は都道府県や市区町村などの地方自治体に，社会保険料は年金事務所等に納付します。

　なお，健康保険や厚生年金などの社会保険料の掛け金は，本来は従業員個人が支払うものですが，原則として，雇用主である企業が半額以上を負担することになっています。

　企業が年金事務所等に社会保険料を納めるときには，預かった従業員負担分と企業負担分をあわせて納付します。社会保険料の企業負担分は**法定福利費勘定（費用）**で処理します。

📖 例 題 11　所得税や住民税，社会保険料の納付　（例題 10 の続き）

　9月10日，従業員の所得税の源泉徴収額200円と住民税の源泉徴収額300円，社会保険料の預り金300円に，企業負担分300円を合わせて現金で納付した。

✏ 仕　訳

9 /10	（所 得 税 預 り 金）	200	（現　　　　金）	1,100
	（住 民 税 預 り 金）	300		
	（社 会 保 険 料 預 り 金）	300		
	（法 定 福 利 費）	300		

✒ 転　記

⊕　　　法 定 福 利 費（費用）　　　⊖
9 /10 現　　金　300

⊖　　　所 得 税 預 り 金（負債）　　　⊕
9 /10 現　　金　200 ｜ 8 /25 給　　料　200

⊖　　　住 民 税 預 り 金（負債）　　　⊕
9 /10 現　　金　300 ｜ 8 /25 給　　料　300

⊖　　　社会保険料預り金（負債）　　　⊕
9 /10 現　　金　300 ｜ 8 /25 給　　料　300

（4） 従業員に対する立替払いなどがあるとき

従業員に対する立替払いなどがあるときは，給料から従業員立替金も差し引いた金額を支給します。

例 題 12 従業員に対する立替払いなどがあるとき

9月25日，従業員に給料総額2,000円を支給し，源泉所得税200円，源泉住民税300円，社会保険料300円および9月20日に立替払いした100円を控除した残額を現金で支払った。

✎ 仕 訳

9 /25（給 料） 2,000	（所 得 税 預 り 金）*	200
	（住 民 税 預 り 金）*	300
	（社 会 保 険 料 預 り 金）*	300
	（従 業 員 立 替 金）*	100
	（現 金）	1,100

＊ 所得税預り金勘定，住民税預り金勘定および社会保険料預り金勘定は，預り金勘定，従業員立替金勘定は，立替金勘定を用いることもあります。

上記の仕訳は次の①～③の取引から考えます。
① 給料2,000円を支給する。
（給 料） 2,000 （現 金） 2,000
② 従業員が納めるべき所得税200円と住民税300円，社会保険料預り金300円を預かる。
（現 金） 800 （所 得 税 預 り 金） 200
（住 民 税 預 り 金） 300
（社会保険料預り金） 300
③ 9月20日に立替払いした100円を返してもらう。
（現 金） 100 （従 業 員 立 替 金） 100
∴ ①～③の現金を相殺した残金1,100円（＝2,000円－800円－100円）を支払います。

確 認 問 題 25 解答解説 → P291

次の一連の取引について仕訳しなさい。なお，仕訳に用いる勘定科目は次の中から選ぶこと。

勘定科目 現金 従業員立替金 所得税預り金 住民税預り金
社会保険料預り金 給料

1．従業員の私用の支払いについて，5,000円を現金で立替払いした。
2．従業員の給料総額230,000円を，所得税の源泉徴収分4,000円，住民税の源泉徴収分9,000円，社会保険料35,000円と，上記1．の立替分5,000円を差し引き，現金で支払った。

3 諸会費

　企業が会社の業務に関連して，さまざまな会費を支払う場合があります。この費用を諸会費といい，**諸会費勘定（費用）**で処理します。

　諸会費には同業者団体や，商工会，商友会，町内会，納税協会等のさまざまな団体が発行する納入通知書（請求書）により支払う年会費や組合費等が含まれます。

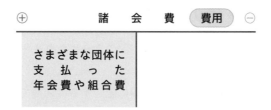

　例 題 13　　**諸会費**

10月31日，地域商友会の年会費1,200円の納入通知書が届いたので現金で支払った。

◇ 仕 訳

10/31	（諸　　会　　費）	1,200	（現　　　　金）	1,200

✐ 転 記

⊕	諸　　会　　費（費用）	⊖
10/31 現　金 1,200		

──────────── ここが POINT ────────────

①仮払金勘定・仮受金勘定は，一時的に仕訳に用いる「仮」の勘定。近い将来内容が判明するという前提だが，内容が判明しない間，仮払金勘定は便宜的に「資産」，仮受金勘定は「負債」に分類される。

②立替金勘定（資産）や預り金勘定（負債）は，相手先名や取引内容により，「○○立替金」「○○預り金」のように使用することが多い。

127

THEME
14

さまざまな帳簿の関係

1 さまざまな帳簿の関係

これまで学習した主要簿と補助簿の関係は，次のようになります。なお，補助簿は**補助記入帳**と**補助元帳**に分類できます。

補助記入帳とは，特定の取引の詳細を発生順に記録する補助簿で，補助元帳とは，勘定口座の内訳明細を記録する補助簿をいいます。

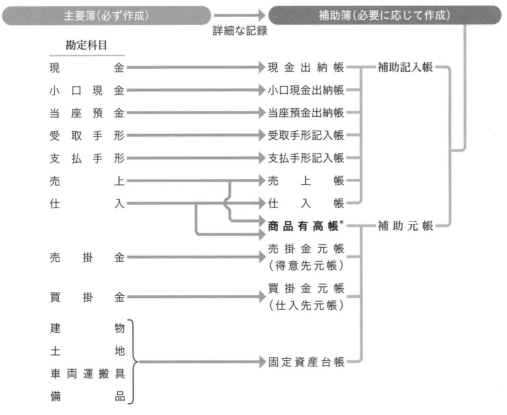

* 商品有高帳は，商品の在庫管理のために設ける帳簿なので，商品を仕入れたときや売り上げたとき，返品が行われたとき（仕入勘定や売上勘定を仕訳したとき）に記録を行います。
(注) 企業は，ここに示したすべての補助簿を用いるわけではなく，必要に応じて任意に補助簿を設けます。

主要簿は企業が最低限備えるべき必要な帳簿です。この主要簿に記録される内容をより充実させ，企業の日々の経営活動に役立てるために設けるのが補助簿です。
このように**主要簿を補助する**帳簿であることから**補助簿**とよばれています。

例題 01 補助簿の選択

次の取引にもとづいて仕訳を行い，各取引がいずれの補助簿に記録されるか，○をつけなさい。

(1) 兵庫㈱より売掛金50,000円につき約束手形を受け取った。

(2) 商品30,000円を仕入れ，代金は小切手を振り出して支払った。

(3) 大阪㈱の買掛金40,000円につき，小切手を振り出して支払った。

(4) 沖縄㈱に商品45,000円を掛けで売り上げた。

(5) 沖縄㈱へ売り上げた商品につき2,000円が返品され，掛け代金と相殺した。

✎ 仕 訳

各取引について仕訳を行い，**勘定科目**から記録する補助簿を選択します。

(1) **受取手形記入帳** ⟵ （受取手形） 50,000 （売 掛 金） 50,000 ⟶ **売 掛 金 元 帳**

(2) **仕 入 帳** ⟵┐（仕 入） 30,000 （当座預金） 30,000 ⟶ **当座預金出納帳**
　　商 品 有 高 帳[*]

(3) **買 掛 金 元 帳** ⟵ （買 掛 金） 40,000 （当座預金） 40,000 ⟶ **当座預金出納帳**

(4) **売 掛 金 元 帳** ⟵ （売 掛 金） 45,000 （売 上） 45,000 ┬⟶ **売 上 帳**
　　　　　　　　　　　　　　　　　　　　　　　　　　　　　　　　　　└⟶ **商 品 有 高 帳**[*]

(5) **売 上 帳** ⟵┐（売 上） 2,000 （売 掛 金） 2,000 ⟶ **売 掛 金 元 帳**
　　商 品 有 高 帳[*]

* 商品有高帳は，商品の在庫管理のために設ける帳簿なので，商品を仕入れたときや売り上げたとき，返品が行われたとき（仕入勘定や売上勘定を仕訳したとき）に記録を行います。

✎ 補助簿

	当座預金 出 納 帳	受取手形 記 入 帳	売掛金元帳	買掛金元帳	商品有高帳	売 上 帳	仕 入 帳
(1)		○	○				
(2)	○				○		○
(3)	○			○			
(4)			○		○	○	
(5)			○		○	○	

　東京㈱は，記帳にあたって下記(1)〜(8)までの補助簿を用いている。次の取引は，どの補助簿に記入されるか，○印をつけなさい。

1．奈良㈱から商品15,000円を仕入れ，代金のうち12,000円は約束手形を振り出して支払い，残額は掛けとした。
2．宮城㈱に対する売掛金7,000円を同社振出の約束手形で受け取った。
3．京都㈱に対する買掛金8,000円を，かつて受け取っていた送金小切手で支払った。
4．大阪㈱に商品30,000円を売り渡し，代金のうち25,000円は，同社振出の約束手形で受け取り，残額は同社振出の小切手で受け取った。

補助簿 ＼ 取引	1	2	3	4
(1)　現 金 出 納 帳				
(2)　仕 　　 入 　　 帳				
(3)　売 　　 上 　　 帳				
(4)　商 品 有 高 帳				
(5)　売 掛 金 元 帳				
(6)　買 掛 金 元 帳				
(7)　受 取 手 形 記 入 帳				
(8)　支 払 手 形 記 入 帳				

ここが POINT

①補助簿は，企業が必要に応じて設ける任意の帳簿である。
②取引内容から仕訳をイメージし，記帳する補助簿を選択する。

Supplement

主要簿（仕訳帳・総勘定元帳）の形式と記入例

　現在，会計ソフトを使用して会計記録を行うことが一般的であるため，以前に比べて帳簿の記録方法の重要度は低いのですが，ここに示しておきます。

1 仕訳帳

仕訳帳は，すべての取引を発生順に仕訳して記録する帳簿です。記入例は以下のとおりです。

日付欄に取引が発生した日付を記入します。

摘要欄に**勘定科目**と**小書き**を記入します。

元丁欄に転記先の総勘定元帳の勘定口座の番号を記入します。

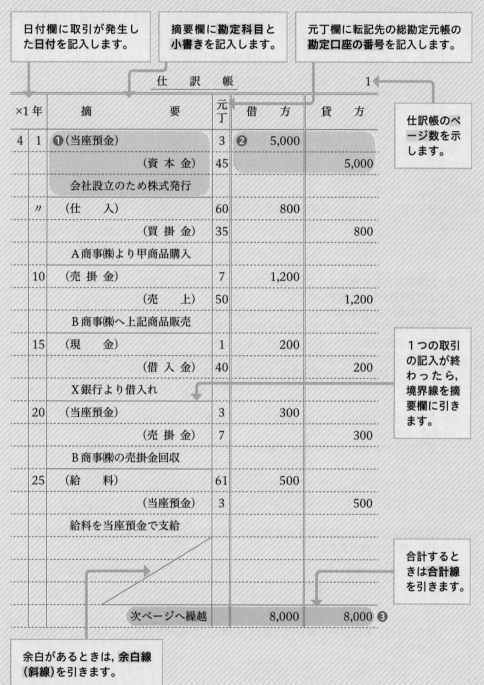

仕　訳　帳 1

×1年		摘　　　　要	元丁	借　方	貸　方
4	1	❶（当座預金）	3	❷ 5,000	
		（資　本　金）	45		5,000
		会社設立のため株式発行			
	〃	（仕　　入）	60	800	
		（買　掛　金）	35		800
		A商事㈱より甲商品購入			
	10	（売　掛　金）	7	1,200	
		（売　　上）	50		1,200
		B商事㈱へ上記商品販売			
	15	（現　　金）	1	200	
		（借　入　金）	40		200
		X銀行より借入れ			
	20	（当座預金）	3	300	
		（売　掛　金）	7		300
		B商事㈱の売掛金回収			
	25	（給　　料）	61	500	
		（当座預金）	3		500
		給料を当座預金で支給			
		次ページへ繰越		8,000	8,000 ❸

仕訳帳のページ数を示します。

1つの取引の記入が終わったら，境界線を摘要欄に引きます。

合計するときは合計線を引きます。

余白があるときは，**余白線（斜線）**を引きます。

仕　訳　帳　　　　　　2

×1年		摘　　　　要	元丁	借　方	貸　方	
		前ページより繰越		8,000	8,000	❹
	25	（支払家賃）	65	300		
		（当座預金）	3		300	
		家賃を当座預金から引落				
		〜〜〜〜（中　略）〜〜〜〜				
	28	（備　　品）❺諸　　口	30	1,300		
		（当座預金）	3		1,000	
		（未 払 金）	37		300	
		C商事㈱より備品購入				
				12,000	12,000	

帳簿を締め切るため（終わりにするため）, 二重線を引きます。

❶・摘要欄を左右半分に分けて, 左側を借方, 右側を貸方とします。
　・勘定科目はカッコ書きします。
　・通常は借方を上に, 貸方を1行下げて記入します。
　・勘定科目の下に小書き（取引内容を要約したもの）を記入します。
❷　金額は勘定科目に合わせて, 同じ行に記入します。
❸　仕訳帳のページを切り替えるときは,「次ページへ繰越」と記入し, 合計額を計算し記入します（「次ページへ」と記入することもあります）。
❹　新しいページの1行目に「前ページより繰越」と記入して, 前ページの合計額を記入します。
❺　勘定科目が複数のときには, 複数あるほうの最初の行に「諸口」と記入します。なお,「諸口」はカッコ書きしません。
　・貸方が複数の場合, 借方の勘定科目と同じ行に「諸口」と書きます。

28	（　　　　）	諸　　口		×××	
		（　　　　）			×××
		（　　　　）			×××

　・借方が複数であり, 貸方が1行の場合は, 貸方を先に記入し, 貸方の勘定科目と同じ行に「諸口」と書きます。

28	諸　　口	（　　　　）			×××
	（　　　　）			×××	
	（　　　　）			×××	

　・借方, 貸方ともに複数の場合は,「諸口」を同じ行に並べて記入し, 1行下げて借方から先に記入します。

28	諸　　口	諸　　口			
	（　　　　）			×××	
	（　　　　）			×××	
		（　　　　）			×××
		（　　　　）			×××

2　総勘定元帳

総勘定元帳は，設けられているすべての勘定口座を1つにまとめた帳簿です。

（1）　総勘定元帳とは

仕訳帳に仕訳を記入したのち，総勘定元帳に転記します。総勘定元帳には，通常，資産・負債・資本（純資産）・収益・費用の順に勘定を設けます。また，総勘定元帳は，単に元帳とよばれることもあり，貸借対照表・損益計算書を作成する際の資料となる重要な帳簿です。

（2）　総勘定元帳の記入例

総勘定元帳には2つの様式があり，その記入例は，次のとおりです。

①　標準式

標準式を簡略化したのがこれまでに学習したT字形式です。

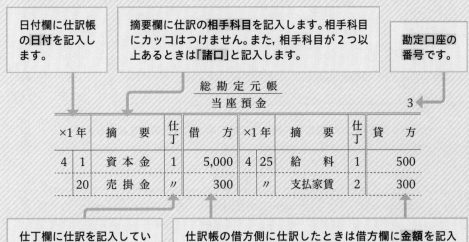

日付欄に仕訳帳の日付を記入します。

摘要欄に仕訳の相手科目を記入します。相手科目にカッコはつけません。また，相手科目が2つ以上あるときは「諸口」と記入します。

勘定口座の番号です。

総 勘 定 元 帳
当 座 預 金　　　　　　3

×1年		摘　　要	仕丁	借　　方	×1年		摘　　要	仕丁	貸　　方
4	1	資 本 金	1	5,000	4	25	給　　料	1	500
	20	売 掛 金	〃	300		〃	支払家賃	2	300

仕丁欄に仕訳を記入している仕訳帳のページ数を記入します。

仕訳帳の借方側に仕訳したときは借方欄に金額を記入し，仕訳帳の貸方側に仕訳したときは貸方欄に金額を記入します。

②　残高式

残高式の勘定口座への記入も，標準式と同じ要領で行います。

借/貸欄には，残高欄の金額が借方残高なら「借」，貸方残高なら「貸」と記入します。

総 勘 定 元 帳
当 座 預 金　　　　　　3

×1年		摘　　要	仕丁	借　　方	貸　　方	借／貸	残　　高
4	1	資 本 金	1	5,000		借	5,000
	20	売 掛 金	〃	300		〃	5,300
	25	給　　料	〃		500	〃	4,800
	〃	支払家賃	2		300	〃	4,500

残高欄には，取引後の残高を記入します。

3 仕訳帳と総勘定元帳の関係

仕訳帳と総勘定元帳が相互に照合できるように，仕訳帳には元丁欄，総勘定元帳には仕丁欄があります。

（1） 仕訳帳の元丁欄

仕訳帳から総勘定元帳の勘定口座に転記したとき，口座番号（または口座のページ数）を書き，転記済みの印とします。

（2） 総勘定元帳の仕丁欄

取引を仕訳した仕訳帳のページ数を記入し，仕訳帳との照合に役立てます。

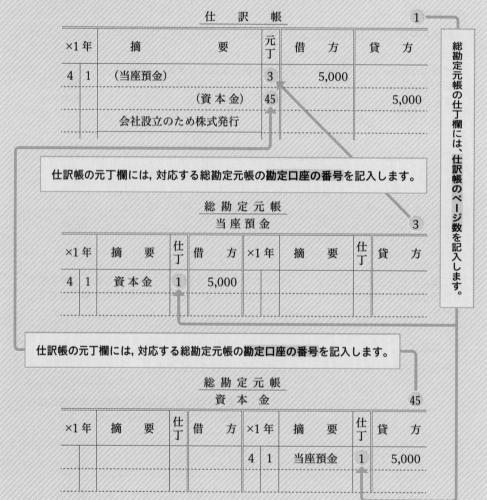

Supplement

補助簿（補助記入帳）

補助記入帳は，仕訳に用いた勘定科目ごとに，取引明細を日付順に記録する補助簿です。

1 現金出納帳（現金取引の明細）

現金出納帳は，仕訳に**現金勘定**を用いたときに，「増減した現金の内容」「誰から受け取ったのか」「誰に支払ったのか」など，現金取引の詳細を記録する補助記入帳です。

◇ 取引例（仕訳）

現金の増加：5 / 2　　（現　　　金）　500　（売　　　上）　500

現金の減少：5 / 8　　（買 掛 金）　300　（現　　　金）　300

✎ 現金出納帳への記入

現 金 出 納 帳

×1年		摘　　要	収　入	支　出	残　高
5	1	前月繰越	50		50
	2	兵庫㈱にA品売上, 送金小切手受取	500		550
	8	神戸商事㈱へ掛け代金支払		300	250

摘要欄には, 現金取引の詳細を記入します。

収入欄には, 現金の増加を記入します。

支出欄には, 現金の減少を記入します。

残高欄には, その日の残高を記入します。

2 当座預金出納帳（当座預金取引の明細）

当座預金出納帳は，仕訳に**当座預金勘定**を用いたときに，「どのように支払われたのか」「何の代金を預け入れたのか」「誰からの入金か」「誰に支払ったのか」など，当座預金取引の詳細を記録する補助記入帳です。なお，使用した小切手の番号も記録します。

◇ 取引例（仕訳）

当座預金の増加：6 / 5　　（当 座 預 金）　800　（売 掛 金）　800

当座預金の減少：6 / 9　　（仕　　　入）　650　（当 座 預 金）　650

✎ 当座預金出納帳への記入

当 座 預 金 出 納 帳

×1年		摘　　要	小切手番号	預　入	引　出	借/貸	残　高
6	1	前月繰越		400		借*	400
	5	横浜㈱より掛け代金振込		800		〃	1,200
	9	群馬㈱よりA品仕入	101		650	〃	550

摘要欄には, 当座預金取引の詳細を記入します。

預入欄には, 当座預金の増加を記入します。

引出欄には, 当座預金の減少を記入します。

残高欄には, その日の残高を記入します(ここでは, 借方残高)。

＊ 「借/貸」の欄は，残高が借方残高であるか貸方残高であるかを示します。

3　仕入帳（仕入取引の明細）

仕入帳は，仕訳に**仕入勘定**を用いたときに，「仕入れた商品はどのようなものか」「どのように返品したか」など，仕入取引の詳細を仕入原価で記録する補助記入帳です。

◇　取引例（仕訳）

仕入の増加：7／3　　（仕　　　入）　400　　（買　掛　金）　400
返　　　品：7／4　　（買　掛　金）　 50　　（仕　　　入）　 50

◆　仕入帳への記入

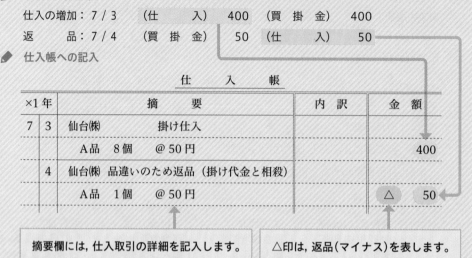

仕　　入　　帳

×1年		摘　　　　要	内　訳	金　　額
7	3	仙台㈱　　　　　　　掛け仕入		
		A品　8個　　@50円		400
	4	仙台㈱　品違いのため返品（掛け代金と相殺）		
		A品　1個　　@50円		△　50

摘要欄には，仕入取引の詳細を記入します。

△印は，返品（マイナス）を表します。

4　売上帳（売上取引の明細）

売上帳は，仕訳に**売上勘定**を用いたときに，「売り渡した商品はどのようなものか」「どのように返品されたか」など，売上取引の詳細を売価で記録する補助記入帳です。

◇　取引例（仕訳）

売上の増加：7／6　　（売　掛　金）　700　　（売　　　上）　700
返　　　品：7／7　　（売　　　上）　140　　（売　掛　金）　140

◆　売上帳への記入

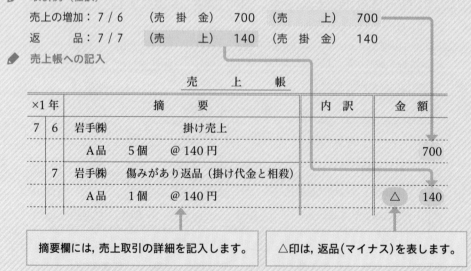

売　　上　　帳

×1年		摘　　　　要	内　訳	金　　額
7	6	岩手㈱　　　　　　　掛け売上		
		A品　5個　　@140円		700
	7	岩手㈱　傷みがあり返品（掛け代金と相殺）		
		A品　1個　　@140円		△　140

摘要欄には，売上取引の詳細を記入します。

△印は，返品（マイナス）を表します。

5 受取手形記入帳（受取手形の増減取引の明細）

受取手形記入帳は，仕訳に**受取手形勘定**を用いたときに，「増加した手形債権はどのような ものか」「その手形債権はどうなったか」など，受取手形が増減する取引の詳細を記録する補助記入帳です。

✎ 取引例（仕訳）

| 手形債権の増加： 8 / 1 | （受 取 手 形） | 900 | （売 掛 金） | 900 |
| てん末（減少）： 8 / 31 | （当 座 預 金） | 900 | （受 取 手 形） | 900 |

✎ 受取手形記入帳への記入

受 取 手 形 記 入 帳

×1年		手形種類	手形番号	摘 要	支払人	振出人または裏書人	振出日		満期日		支払場所	手形金額	てん末		
							月	日	月	日			月	日	摘 要
8	1	約	47	売掛金	大阪㈱	大阪㈱	8	1	8	31	関西銀行	900	8	31	当座入金

受取手形の増加に関する詳細を記入します。

受取手形の減少（てん末）を記入します。

6 支払手形記入帳（支払手形の増減取引の明細）

支払手形記入帳は，仕訳に**支払手形勘定**を用いたときに，「増加した手形債務はどのような ものか」「その手形債務はどうなったか」など，支払手形が増減する取引の詳細を記録する補助記入帳です。

✎ 取引例（仕訳）

| 手形債務の増加： 9 / 1 | （買 掛 金） | 600 | （支 払 手 形） | 600 |
| てん末（減少）： 9 /30 | （支 払 手 形） | 600 | （当 座 預 金） | 600 |

✎ 支払手形記入帳への記入

支 払 手 形 記 入 帳

×1年		手形種類	手形番号	摘 要	受取人	振出人	振出日		満期日		支払場所	手形金額	てん末		
							月	日	月	日			月	日	摘 要
9	1	約	58	買掛金	岡山㈱	当 社	9	1	9	30	山陽銀行	600	9	30	当座支払

支払手形の増加に関する詳細を記入します。

支払手形の減少（てん末）を記入します。

THEME

15 試算表

① 試算表とは

　試算表（Trial Balance：T/B） とは，総勘定元帳のすべての勘定の合計や残高を集計した一覧表をいいます。企業は，日々の活動の状況や記録が正しく行われているかどうかをチェックするため，毎日，毎週末，毎月末など必要に応じて試算表を作成します。

試算表とは

1　試算表の特徴

　試算表は，次の2つを一覧表にしたものです。

> ①　総勘定元帳のすべての勘定科目
> ②　勘定科目ごとの合計や残高などの金額

　　　　　　　　　　　　　　　　　　　　　　　　} 総勘定元帳の一覧表としての役割

　この2つを満たしていれば，その形式や表示順序などに決まりはありません。

2　試算表の形式

　試算表の形式に決まりはありませんが，「**中央に勘定科目を並べ，その左右（借方・貸方）に金額を表示する**」形式が多くみられます。ほかにも，勘定科目を左側に並べてその横に金額を表示する形式や，借方・貸方をT字形式で区別する形式などがあります。

3　試算表の種類

　試算表には，**残高試算表**，**合計試算表**，**合計残高試算表**の3種類があります。

残 高 試 算 表	勘定の**借方残高**または**貸方残高**を表示する試算表
合 計 試 算 表	勘定の**借方合計**と**貸方合計**を表示する試算表
合 計 残 高 試 算 表	勘定の**合計**と**残高**をどちらも表示する試算表

ここでは，おもに残高試算表の作成について学習します。

4　残高試算表の作成方法

　残高試算表は，各勘定の**借方残高**または**貸方残高**を表示する試算表です。したがって，各勘定の借方残高または貸方残高を計算し，**借方残高**は残高試算表の**借方**に，**貸方残高**は残高試算表の**貸方**に記入します。

現金勘定（資産）の場合

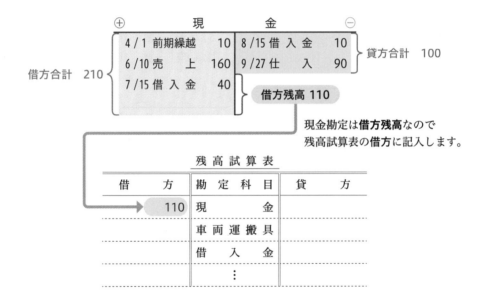

借入金勘定（負債）の場合

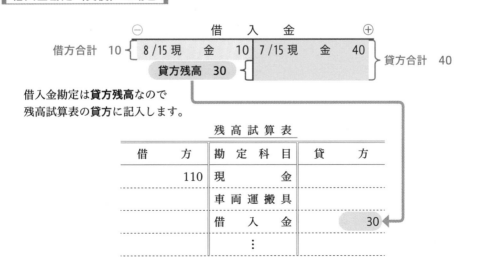

次の勘定にもとづいて，残高試算表を作成しなさい。

現　　　金				
4 / 1 前期繰越	400	6 /23 仕　　入	100
5 /19 借 入 金	200	9 /21 借 入 金	50
7 /18 売　　上	150	11/ 6 仕　　入	100
1 /20 売　　上	140	3 /25 諸　　口	100
2 /15 受取手数料	10		

車 両 運 搬 具		
4 / 1 前期繰越	100	

資　　本　　金		
		4 / 1 前期繰越	400

借　　入　　金		
9 /21 現　　金	50	5 /19 現　　金	200

売　　　　上		
		7 /18 現　　金	150
		1 /20 現　　金	140

繰越利益剰余金		
		4 / 1 前期繰越	100

仕　　　　入		
6 /23 現　　金	100	
11/ 6 現　　金	100	

受 取 手 数 料		
		2 /15 現　　金	10

支 払 家 賃		
3 /25 現　　金	25	

給　　　　料		
3 /25 現　　金	60	

支 払 利 息		
3 /25 現　　金	15	

✍残高試算表の作成

　各勘定の借方残高または貸方残高を計算し，借方残高は残高試算表の借方に，貸方残高は残高試算表の貸方に記入します。

◇残高試算表

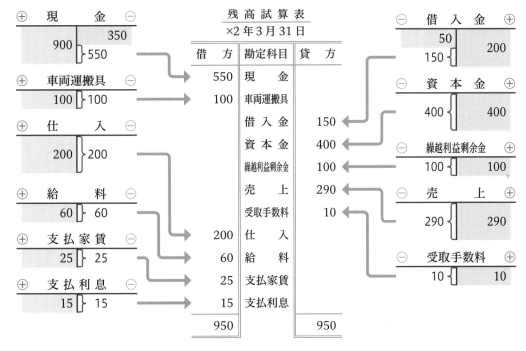

借　方	勘定科目	貸　方
550	現　　金	
100	車両運搬具	
	借入金	150
	資本金	400
	繰越利益剰余金	100
	売　上	290
	受取手数料	10
200	仕　入	
60	給　料	
25	支払家賃	
15	支払利息	
950		950

残　高　試　算　表
×2年3月31日

5 転記の正確性の検証

　仕訳は，借方と貸方の金額がつねに一致しています。また，転記のとき，ある勘定の借方に記入した金額は，必ずほかの勘定の貸方にも記入するので，すべての勘定の借方の総合計と貸方の総合計，さらに借方残高と貸方残高のそれぞれの総合計も必ず一致します（貸借平均の原理）。このことから，試算表の貸借（表の一番下の合計額）が一致するかどうかによって，転記の誤りの有無を検証・確認できます。ただし，誤った仕訳であっても金額が一致しているときや，勘定科目の誤りなどは，試算表では発見できません。

　試算表の貸借（表の一番下の合計額）が一致していなければ転記ミスがあることを表します。

合計試算表と合計残高試算表の作成方法

1　合計試算表

　合計試算表は，各勘定の**借方合計**と**貸方合計**を表示する試算表です。したがって，各勘定の借方合計と貸方合計を計算し，借方合計は合計試算表の借方に，貸方合計は合計試算表の貸方に記入します。

現金勘定（資産）の場合

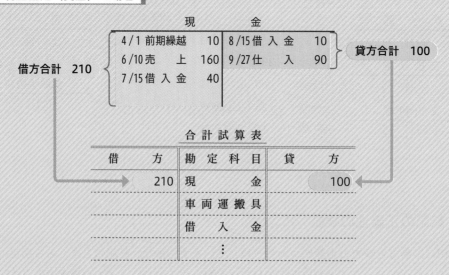

2　合計残高試算表

　合計残高試算表は，各勘定の**合計**と**残高**をどちらも表示する試算表です。したがって，各勘定の合計と残高を計算し，合計は合計欄に，残高は残高欄に記入します。

現金勘定（資産）の場合

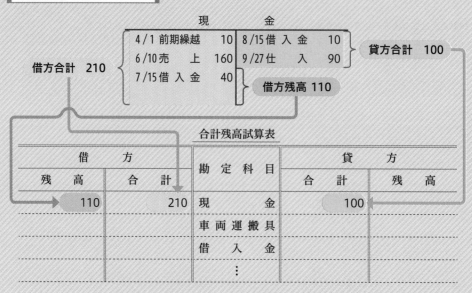

MEMO

次の期中取引につき，１．仕訳し，２．勘定に転記して，３．残高試算表を作成しなさい。商品売買の記帳は三分法による。

　なお，仕訳に用いる勘定科目は次の中から選ぶとともに，転記にあたっては，日付，相手科目，金額を記入すること。また，前期から繰り越された金額については記入済みである（会計期間×1年４月１日〜×2年３月31日）。

勘定科目　　　現金　　借入金　　資本金　　売上　　受取手数料　　仕入　　給料
　　　　　　　　支払利息

５月23日　　商品1,000円を仕入れ，代金は現金で支払った。

６月26日　　商品を2,000円で販売し，代金は現金で受け取った。

７月23日　　借入金500円を現金で返済した。

８月11日　　手数料1,500円を現金で受け取った。

９月29日　　給料700円を現金で支払った。

10月31日　　利息300円を現金で支払った。

12月16日　　商品1,400円を仕入れ，代金は現金で支払った。

１月14日　　商品を2,500円で販売し，代金は現金で受け取った。

２月５日　　商品を1,400円で販売し，代金は現金で受け取った。

１．期中仕訳

	借 方 科 目	金　　額	貸 方 科 目	金　　額
５月23日				
６月26日				
７月23日				
８月11日				
９月29日				
10月31日				
12月16日				
１月14日				
２月５日				

2．総勘定元帳

現 金	
4 / 1 前期繰越 5,000	

借 入 金	
	4 / 1 前期繰越 2,000

資 本 金	
	4 / 1 前期繰越 4,000

車 両 運 搬 具	
4 / 1 前期繰越 2,000	

繰越利益剰余金	
	4 / 1 前期繰越 1,000

仕 入	

売 上	

給 料	

受 取 手 数 料	

支 払 利 息	

3．残高試算表

残 高 試 算 表
×2 年 3 月 31 日

借 方	勘 定 科 目	貸 方
	現 金	
	車 両 運 搬 具	
	借 入 金	
	資 本 金	
	繰越利益剰余金	
	売 上	
	受 取 手 数 料	
	仕 入	
	給 料	
	支 払 利 息	

THEME
16

決　算

① 決算とは

1　決算の意味

簿記の手続きでは，期末日（会計期間の最終日）を迎えると，決算手続を行います。決算とは会計期間ごとに勘定の記録を整理して帳簿を締め切り，損益計算書と貸借対照表を作成する一連の手続きをいいます。

2　日常の手続きと決算の手続き

（1）　日常の手続き

日々の取引を仕訳帳に仕訳し，総勘定元帳の各勘定口座に転記して，5要素の増減の記録を行い，必要に応じて補助簿を設けて，明細等を記録します。また，定期的に試算表を作成し，記録に関する確認を行います。

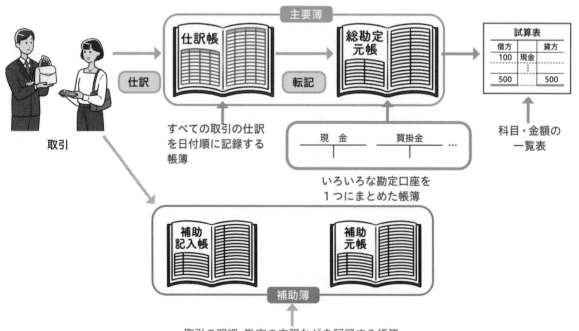

（2） 決算の手続き

　期末における勘定記録の一覧表として，**試算表（決算整理前残高試算表）**を作成します。次に，**決算整理**という各科目の確認と修正の手続きや**精算表**の作成等（**決算予備手続**）を経て，**帳簿を締め切り**（**決算本手続**），報告書である**損益計算書と貸借対照表**を作成します。

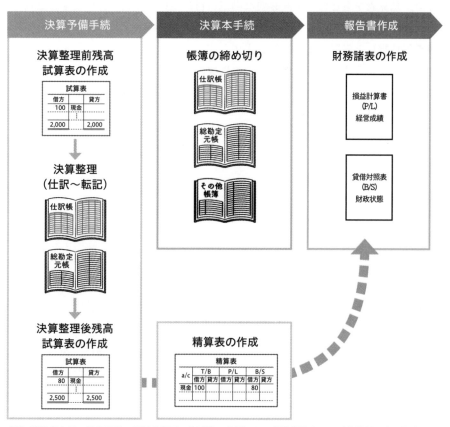

（注）精算表とは，勘定記録の確認や修正，修正後の金額による損益計算書および貸借対照表の作成までの計算の流れを，1つの表にまとめて示したものをいいます（テーマ25で学習します）。

3　決算日

　会計期間の末日を**決算日**といい，株式会社の場合は，会計期間をそれぞれが定めているため，決算日も3月31日や9月30日などさまざまです。

　なお，決算手続すべてを決算日当日に行うのではなく，外部報告（資料提出等）の期日まで，次期の会計期間の手続き（日常の手続き）と並行して行います。

② 決算整理

　決算は，総勘定元帳の勘定記録にもとづいて行われますが，「**記録した時点では正しい記録であっても，決算時に修正が必要な記録**」があります。

　そのため，試算表をもとにして，必要な勘定科目について修正を行います。これを**決算整理**といい，確認や修正をすることがらを**決算整理事項**といいます。なお，金額の修正は，仕訳（**決算整理仕訳**）と転記によって行います。

　日商簿記3級で学習する決算整理事項は主に次の7つです。

---

①　現金過不足（テーマ17）
②　売上原価（テーマ18）
③　貸倒れ（テーマ19）
④　減価償却（テーマ20）
⑤　貯蔵品（テーマ21）
⑥　当座借越（テーマ22）
⑦　経過勘定項目（テーマ23）

---

③ 決算整理後残高試算表

　決算整理前の勘定残高を一覧表にした決算整理前残高試算表の金額に，決算整理仕訳を行って，修正後の勘定残高を算定します。この**修正後の勘定残高に誤りがないかを検証するため**と，**財務諸表の基礎となる金額を把握するため**に作成する一覧表が**決算整理後残高試算表**です。詳しくはテーマ24で学習します。

④ 精算表

　決算において，試算表にもとづいた勘定記録の確認や修正，修正後の金額による損益計算書および貸借対照表の作成までの計算の流れを，1つの表にまとめたものを**精算表（Work Sheet：W/S）**といいます。本来の決算手続とは別に，**早期に計算結果（経営成績および財政状態）等を知るため**に作成します。

　なお，精算表の作成方法については，テーマ25で詳しく学習します。

⑤ 帳簿（勘定）の締め切り

　「**締め切り**」とは，決算整理仕訳・転記を行い，決算整理後残高試算表を作成し，すべての勘定の記録が正しいことを検証したあと，**勘定残高をゼロにして当期と次期の区切りをつける手続き**をいいます。

1 収益・費用の勘定の締め切り

損益計算書に記載する**収益・費用**の勘定は，最終的な残高を**損益勘定**に振り替えることにより締め切り，損益勘定で算定した**当期純利益（または当期純損失）**を繰越利益剰余金勘定に振り替えます。締め切りの流れを示すと，次のようになります。

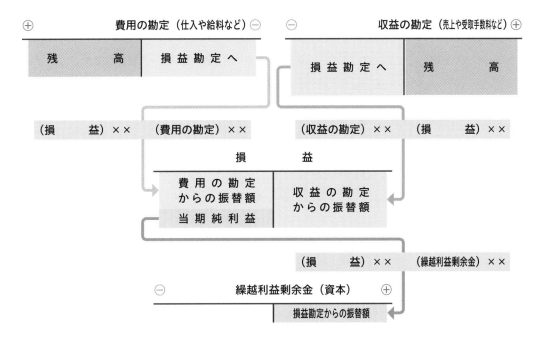

ここで，**振り替え**とは，ある勘定の金額を別の勘定に移すことをいいます。

パターン1●借方から借方への振り替え（例：費用の振り替え）

Aという勘定の借方120円をBという勘定の借方へ振り替えてみましょう。

パターン2●貸方から貸方への振り替え（例：収益の振り替え）

Dという勘定の貸方150円をCという勘定の貸方へ振り替えてみましょう。

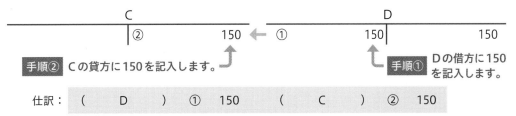

振り替えを行う際には，いったん移動元の勘定残高をゼロとし，移動先の勘定に金額を移します。これは，移動元の勘定と移動先の勘定に同じ金額が二重計上されることを防ぐためです。

2 資産・負債・資本（純資産）の勘定の締め切り

　貸借対照表に記載する**資産・負債・資本（純資産）**の勘定は，仕訳帳には仕訳を行わず総勘定元帳の各勘定に「**次期繰越**」と直接記入し，合計を一致させて締め切ります。また，この次期繰越の金額は，次期の期首において「**前期繰越**」と記入します。

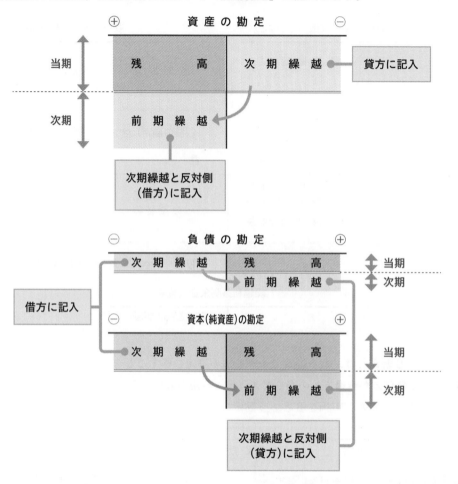

収益・費用の勘定の締め切り，資産・負債・資本（純資産）の勘定の締め切りについては，テーマ 26 で詳しく学習します。

6 財務諸表の作成

　帳簿の締め切りのあと，**外部報告用の報告書**として，**損益計算書**と**貸借対照表**を作成します。

　なお，財務諸表の作成方法についてはテーマ27で詳しく学習します。

1 損益計算書

損 益 計 算 書

東京㈱　　　　　　　×1年4月1日〜×2年3月31日　　　　　　　（単位：円）

費　　　用	金　　　額	収　　　益	金　　　額
売 上 原 価	11,500	売 上 高	26,000
給　　　料	8,820		
貸倒引当金繰入	120		
保 険 料	70		
減 価 償 却 費	900		
支 払 利 息	90		
当 期 純 利 益	4,500		
	26,000		26,000

2 貸借対照表

貸 借 対 照 表

東京㈱　　　　　　　　×2年3月31日　　　　　　　　　（単位：円）

資　　　産	金　　　額		負債及び純資産	金　　　額
現　　　金		31,000	買 掛 金	13,220
売 掛 金	10,000		借 入 金	5,000
貸 倒 引 当 金	△ 200	9,800	未 払 費 用	30
商　　　品		100	資 本 金	20,000
前 払 費 用		50	繰越利益剰余金	5,000
備　　　品	5,000			
減価償却累計額	△ 2,700	2,300		
		43,250		43,250

未処理事項と訂正事項

　決算の時に**未処理事項**と**訂正事項**がある場合，決算整理を行う前にこれらを処理する必要があります。未処理事項とは**取引の記入もれ**をいい，訂正事項とは**記録の誤り**をいいます。なお，期中に未処理事項や訂正事項を見つけた場合も，同様に処理する必要があります。

1　未処理事項

　未処理事項の仕訳を行わないと，決算整理で行う修正の処理を誤ってしまいます。さまざまな取引の記入もれが考えられるので，決算整理に先立って確認し，仕訳しなければなりません。

📖 例　題　**未処理事項**

×2年3月31日，決算日に売掛金500円を現金で回収していたが，未処理であった。

✎ 仕　訳

| ×2/ 3 /31（現 金） | 500 | （売 掛 金） | 500 |

2　訂正事項

　取引について誤った仕訳をして転記してしまうことがあります。未処理事項と同様に訂正事項の仕訳を行わないと，決算整理で行う修正の処理を誤ってしまいます。そのため，訂正事項を決算整理に先立って確認し，訂正の仕訳をしなければなりません。この仕訳を**訂正仕訳**といいます。

📖 例　題　**訂正事項**

得意先横浜㈱から売掛金100円を現金で回収した際に，貸方科目を売上と仕訳して転記していたので，これを訂正する。

✏ 訂正仕訳の考え方

①すでに行われている**誤った仕訳**を考えます。

| （現 金） | 100 | （売 上） | 100 |

②**誤った仕訳の貸借逆仕訳**を行い，誤った仕訳を取り消します。

| （売 上） | 100 | （現 金） | 100 |

③**正しい仕訳**を行います。

| （現 金） | 100 | （売 掛 金） | 100 |

上記②と③の仕訳をまとめたものが訂正仕訳です＊。

| （売 上） | 100 | ~~（現 金）~~ | ~~100~~ |
| ~~（現 金）~~ | ~~100~~ | （売 掛 金） | 100 |

⬇

| （売 上） | 100 | （売 掛 金） | 100 |

＊　なお，借方または貸方に同じ勘定科目が仕訳された場合には，仕訳の借方どうしまたは貸方どうしを合算して仕訳をまとめます。

MEMO

決算整理Ⅰ　現金過不足

1 現金過不足の処理（期中取引）

1 現金過不足とは

　現金に関する取引は頻繁に行われるため，現金の有高は絶えず変動します。そこで，定期的に実査を行い，現金の**実際有高**（または手許有高）と**帳簿残高**が一致しない（不足が生じている，または超過している）ときは，その金額を**現金過不足勘定**で処理します。このように，不一致が生じることを**現金過不足の発生**といいます。

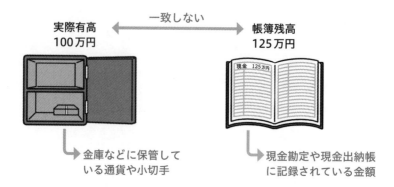

現金過不足

実際有高
100万円　　一致しない　　帳簿残高
125万円

金庫などに保管している通貨や小切手　　現金勘定や現金出納帳に記録されている金額

実際有高と帳簿残高が一致しない原因には，保管していた現金を紛失したり，帳簿に記録する際に，金額を間違えたりということなどがあります。

2　現金過不足の処理

　現金の実際有高と帳簿残高が一致しないときは，**原因がわかるまで不一致額を現金過不足勘定で処理**しておき，後日，調査により**原因が判明したときに適切な勘定に振り替え**ます。

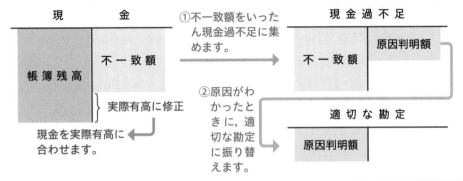

> 現金過不足勘定は，原因不明の不一致額を一時的に記録しておく「仮」の勘定です。そのため資産・負債・資本・収益・費用のどの要素にも当てはまりません。

（1）　実際有高が，帳簿残高よりも少ないとき（不足）

①　不一致（不足）が生じたとき

　現金の実際有高が帳簿残高より少ないときは，不足額を現金勘定の貸方と現金過不足勘定の借方に記入して，現金の帳簿残高を**実際有高に修正**します。

📖 例 題 01　不一致（不足）が生じたとき

6月10日，現金の実際有高を調べたところ100円で，帳簿残高125円より25円不足していることがわかった。

✎ 仕 訳

6 / 10 （現 金 過 不 足）　　　25　　　（現　　　　金）　　　25

✐ 転 記

⊕	現　　　金（資産）	⊖		現 金 過 不 足	
××	125	6 /10 現金過不足　25	→ 6 /10 現　金　25		

　　修正後帳簿残高100円
　　　（＝実際有高）

> **帳簿残高（帳簿の現金）を実際有高（実際の現金）に合わせる**ことを意識して，仕訳しましょう。その際，現金勘定から仕訳をしていきます。
>
> ❶実際有高（実際の現金）100円に合わせるため，帳簿残高（帳簿の現金）125円から25円分の現金勘定を減らす仕訳をします。
>
> 　　　　　　　　　　　　　　　　（現　　　金）　　25
>
> ❷空いている借方に現金過不足勘定を仕訳します。
>
> 　　（現金過不足）　　25　　　　（現　　　金）　　25

② **不一致（不足）の原因がわかったとき**

　現金過不足の原因がわかったときは，その金額を現金過不足勘定から適切な勘定に振り替えます。

📖 例題 02　　不一致（不足）の原因がわかったとき　　　　　（例題01の続き）

6月20日，現金過不足勘定25円（借方残高）の原因を調べたところ，買掛金の支払額25円の記帳もれが判明した。

✏ 仕 訳

　6 /20（買　　掛　　金）　　　　　　25　　　（現 金 過 不 足）　　　　　　25

✏ 転 記

⊖	買　　掛　　金（負債）	⊕		現 金 過 不 足	
6 /20 現金過不足　　25	×× ×××		6 /10 現　　金　　25	6 /20 買掛金　　25	

原因が判明したときは，**現金過不足勘定から**仕訳をします。
❶ 例題 01 で借方に仕訳していた**現金過不足勘定を貸方に仕訳して消去します。**

　　例題 01 の仕訳：（現金過不足）　　25　　　（現　　金）　　25

　　例題 02 の仕訳：　　　　　　　　　　　　　　（現金過不足）　　25

❷ **空いている借方に買掛金勘定（適切な勘定）を仕訳します。**

　　例題 02 の仕訳：（買　　掛　　金）　　25　　　（現金過不足）　　25

（2）　実際有高が，帳簿残高よりも多いとき（超過）

　① **不一致（超過）が生じたとき**

　　現金の実際有高が帳簿残高より多いときは，超過額を現金勘定の借方と現金過不足勘定の貸方に記入して，現金の帳簿残高を**実際有高に修正**します。

📖 例題 03　　不一致（超過）が生じたとき

6月10日，現金の実際有高を調べたところ140円で，帳簿残高125円より15円多いことがわかった。

✏ 仕 訳

　6 /10（現　　　　金）　　　　　　15　　　（現 金 過 不 足）　　　　　　15

✏ 転 記

⊕	現　　　　金	⊖		現 金 過 不 足	
×× 125	修正後帳簿残高140円			6 /10 現　　金　　15	
6 /10 現金過不足　　15	（＝実際有高）				

② 不一致（超過）の原因がわかったとき

現金過不足の原因がわかったときは，その金額を現金過不足勘定から適切な勘定に振り替えます。

📖 例 題 04　不一致（超過）の原因がわかったとき　　　　（例題 03 の続き）

6月25日，現金過不足勘定15円（貸方残高）の原因を調べたところ，売掛金の回収額15円の記帳もれが判明した。

✏️ 仕 訳 ┄┄┄

6 /25（現 金 過 不 足）　　　　　15　　　（売　　掛　　金）　　　　　15

✏️ 転 記 ┄┄┄

⊕	売　　掛　　金（資産）	⊖	現 金 過 不 足
	6 /25 現金過不足　15 ←	6 /25 売 掛 金　15	6 /10 現　　金　15

② 現金過不足の整理（決算整理）

現金過不足勘定は，**現金の実際有高と帳簿残高の不一致額を一時的に記録する仮の勘定**です。決算時に現金過不足勘定の残高があるときは，期中に生じた現金過不足が原因不明のままであることを意味するので，決算手続において原因を調べたうえで，該当する勘定に振り替えます。

1 現金過不足の整理

（1）　決算日に原因がわかったとき

すでに学習したように現金過不足勘定を**適切な勘定**に振り替えます（ 例題 02・04 参照）。

（2）　決算日になっても原因がわからないとき

① 借方残高のとき

現金過不足勘定の借方残高は，**原因不明の不足額**として，雑損勘定（費用）に振り替えます。

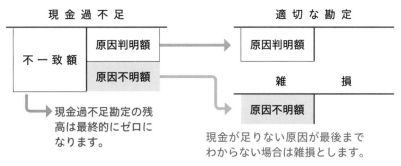

現金過不足勘定の残高は最終的にゼロになります。

現金が足りない原因が最後までわからない場合は雑損とします。

📖 例 題 05　　不一致（不足）が生じたとき（期中取引）

2月10日，現金の実際有高を調べたところ100円で，帳簿残高140円より40円不足していることがわかった。

✏ 仕 訳

2/10（現 金 過 不 足）　　　40　　　（現　　　　　金）　　　40

🖊 転 記

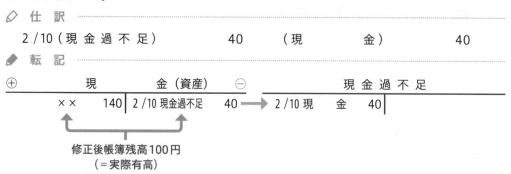

📖 例 題 06　　現金過不足の整理①（決算整理）　　　（例題 05 の続き）

3月31日，決算において，現金過不足勘定の借方残高40円のうち，25円は買掛金の支払額の記帳もれであることが判明したが，残額15円については原因が不明であるため雑損として処理した。

✏ 仕 訳

3/31（買　掛　金）　　　25　　　（現 金 過 不 足）　　　40
　　　（雑　　　　　損）　　　15

🖊 転 記

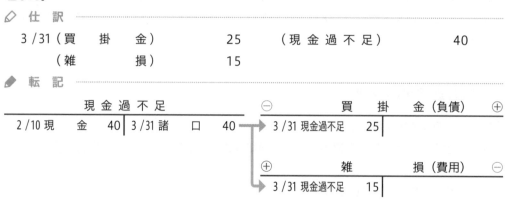

② **貸方残高のとき**

現金過不足勘定の貸方残高は、**原因不明の超過額**として、雑益勘定（収益）に振り替えます。

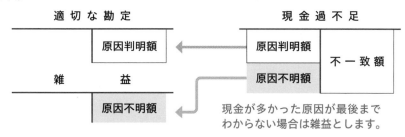

適切な勘定	現金過不足
原因判明額 ←	原因判明額　不一致額
雑　　益	原因不明額
原因不明額 ←	

現金が多かった原因が最後まで
わからない場合は雑益とします。

📖 **例題 07**　**不一致（超過）が生じたとき（期中取引）**

2月10日、現金の実際有高を調べたところ100円で、帳簿残高70円より30円多いことがわかった。

✏️ **仕　訳**

2/10（現　　　　金）　　　30　　（現 金 過 不 足）　　　30

✏️ **転　記**

⊕	現　　　金（資産）	⊖		現 金 過 不 足
×× 70	修正後帳簿残高100円			2/10 現　金　30 ←
2/10 現金過不足 30	（＝実際有高）			

📖 **例題 08**　**現金過不足の整理②（決算整理）**　　　（例題07の続き）

3月31日、決算において、現金過不足勘定の貸方残高30円のうち、20円は売掛金の回収額の記帳もれであることが判明したが、残額10円については原因が不明であるため雑益として処理した。

✏️ **仕　訳**

3/31（現 金 過 不 足）　　　30　　（売　　掛　　金）　　　20
　　　　　　　　　　　　　　　　　（雑　　　　益）　　　10

✏️ **転　記**

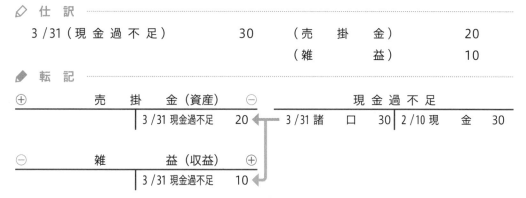

⊕	売　　掛　　金（資産）	⊖		現 金 過 不 足
	3/31 現金過不足 20 ←		3/31 諸　口 30	2/10 現　金　30

⊖	雑　　　益（収益）	⊕
	3/31 現金過不足 10	

現金過不足勘定は、決算手続を行い、最終的に残高をゼロにします。そのため、貸借対照表や損益計算書などの報告書には記載されません。

現金過不足の処理のまとめ

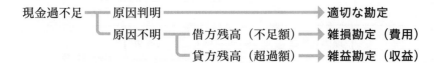

現金過不足 ┬ 原因判明 ──────────────→ 適切な勘定
　　　　　　└ 原因不明 ┬ 借方残高（不足額）→ 雑損勘定（費用）
　　　　　　　　　　　　└ 貸方残高（超過額）→ 雑益勘定（収益）

Supplement

現金の実査

　金庫やレジ等の中を実際に調べ，現金勘定残高と一致するかを確認します。なお，金庫の中には現金以外のものも保管されている場合があるので，分類しなければなりません。

① **現金となるもの**（通貨および通貨代用証券）

　　紙幣および硬貨，他人振出小切手，郵便為替証書，送金小切手　など

② **現金ではないもの**

　　他人振出の約束手形（受取手形），当社振出の小切手（当座預金），借用証書（貸付金），借用証書の控え（借入金）　など

③　決算日の現金実査にもとづく現金過不足の処理（決算整理）

　決算日に現金実査を行ったときに現金過不足が生じた場合は，決算手続中に原因を調査して，原因判明分は適切な勘定へ振り替え，原因不明分は雑損または雑益とします。なお，仕訳の方法として，いったん現金過不足勘定を用いて処理する方法もありますが，**一般的に現金過不足勘定を用いないで仕訳**します。

> 現金過不足勘定は，決算手続を行うことで最終的に残高がゼロとなり，報告書に記載されない勘定科目なので，決算日に現金実査を行う場合には，最初から現金過不足勘定は用いず仕訳すると考えます。

📖 例 題 09　決算日の現金実査にもとづく現金過不足の処理（決算整理）

3月31日，決算において，現金の実査を行ったところ200円不足していた。原因を調査したがわからなかったので，適当な科目に振り替えることとした。

◇ 仕　訳 ....

3 /31（雑　　　　損）　　　200　　　（現　　　　金）　　　200

✏ 転　記 ....

⊕	現	金（資産）	⊖	⊕	雑	損（費用）	⊖
前T/B	4,800	3/31 雑　損　200 →		3/31 現　金　200			

確認問題 28

解答解説 → P294

次の一連の取引を仕訳しなさい。なお，仕訳に用いる勘定科目は次の中から選ぶこと。

勘定科目　　現金　　現金過不足　　旅費交通費　　通信費　　雑損

1．期中において現金の実際有高を調べたところ，帳簿残高より1,000円不足していた。

2．期中において計上した上記1．の不足額のうち700円は交通費の記帳もれであることがわかった。

3．決算において，現金過不足勘定の借方残高300円は，原因がわからないため，雑損とした。

4．決算において，現金の不足額が1,000円発生した。原因を調べたところ，通信費の記帳もれであることがわかった。

ここが POINT

①現金過不足が生じたときは，必ず帳簿残高を実際有高に合わせる。その際，現金勘定を増やすのか（借方），減らすのか（貸方）を先に考え，その相手科目を現金過不足勘定とする。

②決算で生じた現金過不足は，原則として現金過不足勘定を用いないで仕訳する。

決算整理Ⅱ　売上原価

1　三分法の記帳

　三分法では，商品売買について，売上勘定・仕入勘定・繰越商品勘定の３つの勘定を使用し，売上高は**売上勘定**の貸方に売価で，仕入高は**仕入勘定**の借方に原価で記帳しています。

　期中において，**販売した商品の原価（引き渡しにより減少した商品の金額）**は記帳していないため，決算において**期末商品の在庫金額**を把握し，**売上原価**を計算するとともに，**繰越商品勘定**に期末商品の在庫金額を記録します。

2　売上原価および売上総利益の計算

1　売上原価とは

売上原価とは，**販売した商品の原価**をいいます。

売上原価 ＝ 期首商品棚卸高 ＋ 当期商品仕入高 － 期末商品棚卸高

期首在庫　　　　　　　仕入　　　　　　　期末在庫

　なお，期中にテーマ05で学習した商品有高帳を用いて商品の管理を行っている場合は，払出欄に記録した金額が売上原価となります。商品有高帳では，つねに商品の金額の増減を記帳しているため，期末商品の在庫金額も記録しています。

> 上記の計算式は，仕入れた商品から売れ残った商品を取り除き，売った商品の原価を計算する式です。

2　売上総利益とは

　売上総利益とは，**一会計期間における商品の売買益**をいいます。売上総利益は，一会計期間に販売した商品の売上高から売上原価を差し引いて計算します。

売上総利益 ＝ 売上高 － 売上原価

---

3 売上原価および売上総利益の計算

（1） 期首に在庫がないケース（第1期）

　たとえば，当期に1個100円のリンゴを5個仕入れ，1個あたり120円で販売したとします。仕入れたリンゴが，当期末に2個売れ残ったとすると，売上原価の金額と売上総利益の金額は次のようになります。

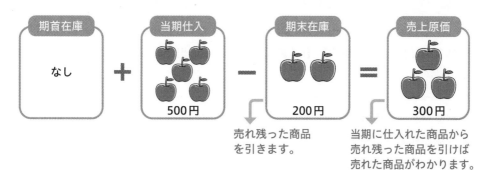

　売れ残った商品を引きます。

　当期に仕入れた商品から売れ残った商品を引けば売れた商品がわかります。

✎ 売上原価と売上総利益

① 売　上　高：(5個 − 2個) × @120円 = 360円
　　　　　　　　当期に売れた個数3個

② 売 上 原 価：500円 − 200円 = 300円

③ 売上総利益：360円 − 300円 = 60円
　　　　　　　　①売上高 ②売上原価

（2） 期首・期末の両方に在庫があるケース（第2期）

　たとえば，前期末に2個売れ残っていて，当期に再度1個100円のリンゴを5個仕入れ，1個あたり120円で販売したとします。そして，当期末に1個売れ残ったとすると，売上原価の金額と売上総利益の金額は次のようになります。

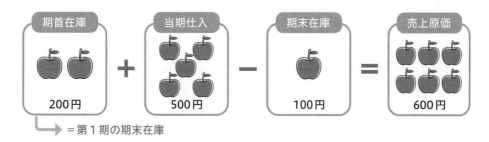

　= 第1期の期末在庫

✎ 売上原価と売上総利益

① 売　上　高：(2個 + 5個 − 1個) × @120円 = 720円
　　　　　　　　当期に売れた個数6個

② 売 上 原 価：200円 + 500円 − 100円 = 600円

③ 売上総利益：720円 − 600円 = 120円
　　　　　　　　①売上高 ②売上原価

③ 売上原価を算定するための仕訳（決算整理）

　売上原価の算定を，主要簿にどのように記帳するか（どの勘定で計算するか）については
いくつかの方法がありますが，ここでは**仕入勘定で算定する方法**を説明します。

　前ページの 3 (2)の数値を使って，売上原価を算定するための仕訳を示します。

📖 例 題 01 　売上原価を算定するための仕訳（決算整理）

3月31日，決算において，仕入勘定で売上原価を計算するための仕訳を行い，転記しなさい。
なお，期首商品棚卸高は200円，仕入勘定の金額は500円であり，期末商品棚卸高は100円
である。

Step1 期首商品棚卸高の振り替え

　期首商品棚卸高（前期繰越高）を，**繰越商品勘定**から**仕入勘定**の借方に振り替えて，仕入
勘定の残高を**商品の総額**とします。

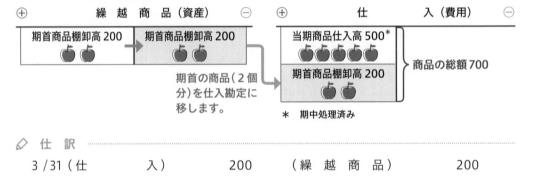

✐ 仕 訳

3 /31（仕　　　　　入）　　　200　　　（繰　越　商　品）　　　200

Step2 期末商品棚卸高の振り替え

　期末商品棚卸高（次期繰越高）を，**仕入勘定**から**繰越商品勘定**の借方に振り替え，商品の
総額から**売れ残った商品を差し引いて資産**とします。

　この結果，仕入勘定の借方残高が**売上原価**を示すことになります。

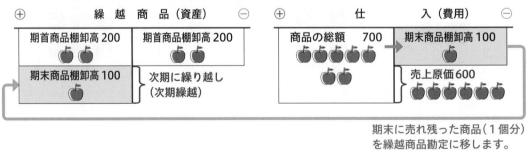

✐ 仕 訳

3 /31（繰　越　商　品）　　　100　　　（仕　　　　　入）　　　100

✎ 転 記

⊕		繰 越 商 品 （資産）				⊖	⊕		仕		入 （費用）		⊖
4 / 1	前期繰越	200	3 /31	仕　　入	200			当期商品仕入高	500	3 /31	繰越商品	100
3 /31	仕　　入	100	〃	次期繰越*1	100			3 /31 繰越商品	200	〃	損　　益*2	600
		300			300				700			700

*1　資産・負債・資本の勘定は次期繰越と記入して締め切ります。
*2　収益・費用の勘定の残高は，以下の仕訳により損益勘定に振り替え，締め切ります（テーマ26
　　で詳しく学習します）。
　　（収益の勘定）　××　　（損　　益）　××
　　（損　　益）　××　　（費用の勘定）　××

確認問題 **29**　　　　　　　　　　　　　　　　　　　　解答解説 → P294

　次の勘定の記録にもとづいて，売上原価を仕入勘定で計算する場合の決算整理仕訳を示し
なさい。なお，期末商品棚卸高は300円である。仕訳に用いる勘定科目は次の中から選ぶ
こと。

勘定科目　　繰越商品　　仕入

	繰 越 商 品					売	上	
前期繰越	200						売 掛 金	2,000

	仕	入	
現　金	1,000		

ここが **POINT**

(1)　仕入勘定で売上原価を計算するための仕訳は次のとおりである。
　①　期首商品の振り替え（繰越商品勘定などより）
　　（仕　　　　入）　×××　　（繰 越 商 品）　×××
　②　期末商品の振り替え（決算整理事項より）
　　（繰 越 商 品）　×××　　（仕　　　　入）　×××
(2)　(1)の仕訳を各勘定に転記することによって，各勘定の残高は次のような意味
　となる。
　・繰越商品：当期末の商品有高を示す。

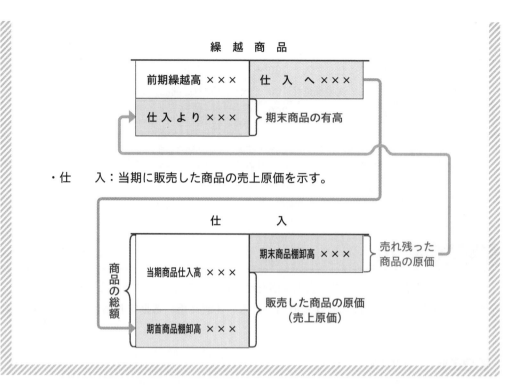

・仕　　入：当期に販売した商品の売上原価を示す。

 Supplement

売上原価勘定で計算する方法

　売上原価を，売上原価勘定で計算する方法もあります。この方法は，売上原価を計算するために売上原価勘定を別に設けて，そこに売上原価を計算するために必要な勘定の残高を集めます。

Step 1 **期首商品棚卸高（前期繰越高）**を，繰越商品勘定から売上原価勘定（費用）の借方に振り替えます。

　仕　訳 ....

　　　（売　上　原　価）　　　　200　　　（繰　越　商　品）　　　　200

166

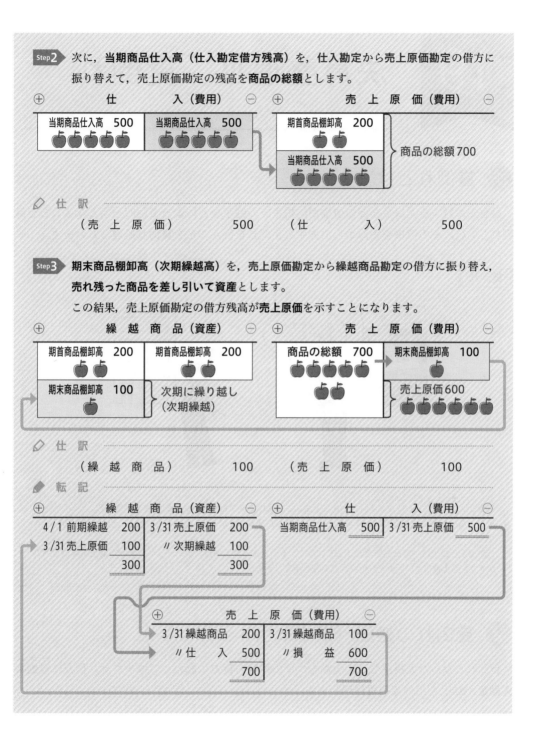

Step2 次に，**当期商品仕入高（仕入勘定借方残高）**を，仕入勘定から売上原価勘定の借方に振り替えて，売上原価勘定の残高を**商品の総額**とします。

⊕	仕　　　　入（費用）	⊖	⊕	売　上　原　価（費用）	⊖

当期商品仕入高　500	当期商品仕入高　500	期首商品棚卸高　200

当期商品仕入高　500 ｝商品の総額700

✎ 仕　訳

（売　上　原　価）　　　　500　　　　（仕　　　　入）　　　　500

Step3 **期末商品棚卸高（次期繰越高）**を，売上原価勘定から繰越商品勘定の借方に振り替え，**売れ残った商品を差し引いて資産**とします。

この結果，売上原価勘定の借方残高が**売上原価**を示すことになります。

⊕	繰　越　商　品（資産）	⊖	⊕	売　上　原　価（費用）	⊖

期首商品棚卸高　200	期首商品棚卸高　200	商品の総額　700	期末商品棚卸高　100

期末商品棚卸高　100	次期に繰り越し（次期繰越）		売上原価600

✎ 仕　訳

（繰　越　商　品）　　　　100　　　　（売　上　原　価）　　　　100

✎ 転　記

⊕	繰　越　商　品（資産）	⊖	⊕	仕　　　　入（費用）	⊖

4/1 前期繰越　200	3/31 売上原価　200	当期商品仕入高　500	3/31 売上原価　500
3/31 売上原価　100	〃 次期繰越　100		
300	300		

⊕	売　上　原　価（費用）	⊖

3/31 繰越商品　200	3/31 繰越商品　100
〃 仕　入　500	〃 損　益　600
700	700

THEME

19 決算整理Ⅲ　貸倒れ

① 貸倒れとは

　得意先に対する売掛金などの債権が，相手方の倒産などによって回収不能となることを**貸**
倒れといい，その債権を帳簿から消去する手続きを行うことを**貸倒れ処理**といいます。

貸倒れ

> 　債権とは，取引によって生じる「あとから現金などを受け取る権利」をいい，売掛金や受取手形，クレジット売
> 掛金，電子記録債権のほかに，未収入金，貸付金，立替金などがあり，いずれも貸倒れになる可能性がありま
> す。
> 　日商簿記3級では，商品売買業の活動により生じる売掛金と受取手形，クレジット売掛金，電子記録債権（こ
> の4つを**売上債権**といいます）の貸倒れ処理を学習します。

② 貸倒れの処理（期中取引）

　貸倒れとなった売掛金などの金額を，その勘定の貸方に記入して減少させ，借方に**貸倒損**
失勘定（費用）を用いて費用処理します。

📖　例　題　01　　貸倒れ処理（期中取引）

第1期の9月3日，得意先横浜㈱が倒産し，同社に対する売掛金150円を貸倒れ処理すること
にした（会計期間は×1年4月1日〜×2年3月31日）。

✎　仕　訳　..

　　9／3（貸　倒　損　失）　　　　150　　（売　　掛　　金）　　　　150

✏　転　記

　　　　　　　　　　　⊕　　貸　倒　損　失（費用）　　⊖
　　　　　　　　　9／3 売 掛 金 150 ┃

③ 貸倒れの見積り（決算整理）

　売上債権を扱う企業は，「**債権が回収できなくなるかもしれない**」と考えて，**貸倒れに備えます**。これは，外部の利害関係者に対し，**債権の管理を適切に行っていること**を知ってもらうことにもなります。

　期末に売上債権の残高がある場合，決算において，次期における**貸倒れの見積額**を計算し，**貸倒引当金**[かしだおれひきあてきん]★という勘定科目を用いてこれに備えます。

> **★貸倒引当金**
> 　貸倒引当金とは，貸倒れに備える準備金のことです。

1　貸倒れの見積り

　貸倒れの見積りは，受取手形や売掛金などの期末残高の合計（**売上債権の期末残高**）に対して行います。

（1）　見積額の計算

　売上債権の期末残高に過去の貸倒実績にもとづいて求めた**実績率**を乗じて貸倒れの見積額を計算します。日商簿記3級では問題文に「2％，4％」などと与えられるので，それを用いて計算します。

　　貸倒れの見積額 ＝ 売上債権の期末残高 × 実績率

（2）　決算整理仕訳

　見積額は，**貸倒引当金繰入勘定**[かしだおれひきあてきんくりいれ]（費用）の**借方**に記入するとともに**貸倒引当金勘定**（資産の評価勘定）を設けて，その**貸方**に記入します。

⊕　　　　貸倒引当金繰入　　(費用)　⊖	⊖　　　　貸倒引当金　(資産の評価勘定)　⊕
当期の繰入額	（取崩額） 貸倒れの見積額

169

資産の評価勘定とは，**資産の勘定に記録された金額を修正し，評価する役割をもつ勘定科目**です。評価勘定である貸倒引当金勘定に記録を行うことで，**実質的な資産価値（回収できると予想される金額＝帳簿価額）**を把握することができます。なお，資産の評価勘定は簿記の5要素のどれにも当てはまらない勘定科目です。

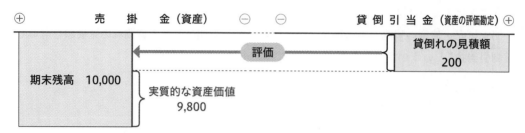

貸借対照表上は，売上債権から貸倒引当金を控除する形式で表示します。売上債権から貸し倒れると予想される金額を差し引くことにより評価し，**実質的な資産価値**を表示します。

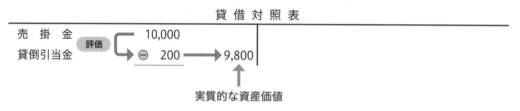

📖 **例　題　02　貸倒れの見積り（決算整理）**

第1期の3月31日，決算において，売掛金の期末残高10,000円に対し，実績率2%を用いて貸倒れを見積る。

✏️ **仕　訳**

3 /31（貸倒引当金繰入）＊　　　200　　　（貸　倒　引　当　金）　　　200

＊　売掛金の期末残高10,000円×実績率2%＝貸倒れの見積額200円

✒️ **転　記**

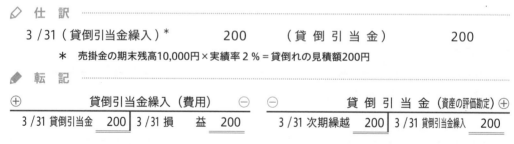

貸倒引当金繰入勘定（費用）は，実際に損した金額を表すものではなく，「見積った（予想した）」金額です。「今年の売上（収益）を得るために掛けで売り上げたが，期末までに回収が終わっていないため，回収する際に貸倒れの可能性がある」ときに計上します。

④　貸倒引当金残高がある場合の貸倒れ：貸倒れ金額≦貸倒引当金残高（期中取引）

期中に売掛金などの貸倒れが発生したとき，貸倒れの金額よりも貸倒引当金残高のほうが多い場合は，貸倒引当金を取り崩して充当するため**貸倒引当金勘定**の**借方**に記入します。

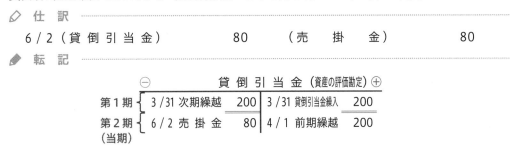

例題 **03**　貸倒引当金残高がある場合の貸倒れ：貸倒れ金額≦貸倒引当金残高（期中取引）（例題02の続き）

第2期の6月2日，得意先山梨㈱が倒産し，同社に対する売掛金80円を貸倒れとする。なお，貸倒引当金残高が200円ある（会計期間は×2年4月1日〜×3年3月31日）。

◇ 仕　訳

6 / 2 （貸 倒 引 当 金）　　　　　　80　　　（売　　掛　　金）　　　　　　80

✎ 転　記

貸 倒 引 当 金（資産の評価勘定）

		(−)		(+)	
第1期	3 /31 次期繰越	200	3 /31 貸倒引当金繰入	200
第2期（当期）	6 / 2 売 掛 金	80	4 / 1 前期繰越	200

⑤　貸倒れの見積り─差額補充法─（決算整理）

　決算で貸倒引当金を計上するにあたり，**貸倒引当金残高がある場合，貸倒れの見積額と貸倒引当金残高の差額（不足額）を補充する方法**を，**差額補充法**といいます。決算整理前の貸倒引当金残高は，前期の決算に設定した貸倒引当金の残り（取り崩さなかった金額）です。この金額について，当期の決算で差額を調整します。

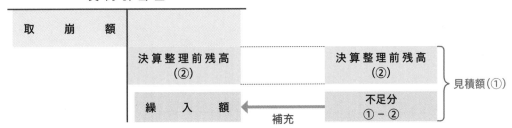

　差額補充法では，貸倒れの見積額と貸倒引当金残高とを比較します。このときの貸倒引当金残高は，前期の決算に設定した分の残りです。見積額と貸倒引当金残高のいずれが大きいかによって，その処理が異なります。

　貸倒引当金残高より見積額のほうが大きい場合は，貸倒引当金が不足していることを意味するので，**その差額（不足）分を当期の費用とするとともに，貸倒引当金残高に加算します。**

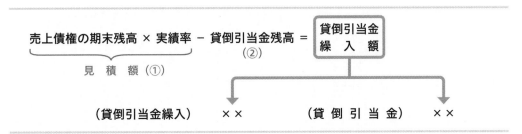

(注) 貸倒引当金残高より見積額のほうが小さい場合は，貸倒引当金残高が過大であることを意味するので，その差額分だけ貸倒引当金を減額するとともに，貸倒引当金戻入勘定（**収益**）に記入します。

171

第2期の3月31日，決算において，期末売掛金残高10,000円に対し実績率2％の貸倒引当金を差額補充法により設定する。なお，決算整理前の貸倒引当金勘定残高は120円であった。

✎ 仕 訳 ....

3 /31（貸倒引当金繰入）* 80 （貸 倒 引 当 金） 80

＊ 貸倒見積額：10,000円 × 2 ％ = 200円
　　繰入額：200円 − 120円 = 80円

✎ 転 記 ....

	⊕	貸倒引当金繰入（費用）	⊖	
第 1 期 {	3 /31 貸倒引当金	200	3 /31 損　　益	200
第 2 期 { (当期)	3 /31 貸倒引当金	80	3 /31 損　　益	80

	⊖	貸 倒 引 当 金（資産の評価勘定）	⊕	
第 1 期 {	3 /31 次期繰越	200	3 /31 貸倒引当金繰入	200
第 2 期 { (当期)	6 /2 売 掛 金	80	4 /1 前期繰越	200
	3 /31 次期繰越	200	3 /31 貸倒引当金繰入	80
		280		280

6 貸倒引当金残高がある場合の貸倒れ：貸倒れ金額＞貸倒引当金残高（期中取引）

　貸倒れた金額よりも貸倒引当金残高のほうが少ない場合，つまり，**貸倒引当金が不足する場合**は，不足分を**貸倒損失勘定（費用）**で処理します。

例 題 05 　貸倒引当金残高がある場合の貸倒れ：貸倒れ金額＞貸倒引当金残高（期中取引）（例題04の続き）

第3期の7月3日，得意先栃木㈱が倒産し，同社に対する売掛金250円を貸倒れとする。なお，貸倒引当金残高が200円ある（会計期間は×3年4月1日〜×4年3月31日）。

仕 訳

7 / 3 （貸 倒 引 当 金）	200	（売 　 掛 　 金）	250
（貸 倒 損 失）	50		

転 記

		貸 倒 引 当 金 （資産の評価勘定）⊕			
第1期	3 /31 次期繰越	200	3 /31 貸倒引当金繰入	200
	6 / 2 売 掛 金	80	4 / 1 前期繰越	200
第2期	3 /31 次期繰越	200	3 /31 貸倒引当金繰入	80
		280		280
第3期（当期）	7 / 3 売 掛 金	200	4 / 1 前期繰越	200

7 当期に販売した分の売掛金が貸し倒れた場合（期中取引）

　当期に発生した売掛金が貸し倒れた場合は，貸倒引当金残高があっても取り崩さずに，全額を**貸倒損失（費用）**として処理します。当期発生の債権に対しては，**決算を経ていないため，対象となる売上債権について貸倒れの見積りが行われていない**からです。

例 題 06 　当期に販売した分の売掛金が貸し倒れた場合（期中取引）

第3期の9月25日，得意先群馬㈱が倒産し，同社に対する当期販売分の売掛金300円を貸倒れとする。

仕 訳

9 /25 （貸 倒 損 失）	300	（売 　 掛 　 金）	300

8 前期以前に貸倒れ処理した債権の回収（期中取引）

　前期以前に貸倒れとして処理した債権は，当期には存在していません。その債権を回収したときは，その回収額を**償却債権取立益勘定（収益）**で処理します。

📖 　例 題 07　　前期以前に貸倒れ処理した債権の回収（期中取引）（例題01の続き）

第3期の10月12日，第1期（ 例題 01 ）に貸倒れとして処理していた横浜㈱に対する売掛金150円を，現金で回収した。

✏️ 仕 訳 ・・・

10/12（現　　　　金）　　　　150　　　　（償却債権取立益）　　　　150

✏️ 転 記 ・・・

⊖	償却債権取立益（収益）　 ⊕
	10/12 現　　金　150

　第1期（ 例題 01 ）ですでに横浜㈱に対する売掛金150円を貸倒れにより消去する仕訳を行っています。そのため，売掛金は当期には存在していません。したがって，売掛金勘定の代わりに償却債権取立益勘定（収益）で処理します。
　 例題 01 の仕訳：（貸 倒 損 失）　　　　150　　　　（売　掛　金）　　　　150
　　　　　　　　　　　　　　　　　　　　　　　　↑
　　　　　　　　　　　　　　　　　　　　　　すでに消滅している

解答解説 → P294

確認問題 30

次の一連の取引について仕訳しなさい。なお，仕訳に用いる勘定科目は次の中から選ぶこと。

勘定科目　　現金　　売掛金　　貸倒引当金　　償却債権取立益　　貸倒引当金繰入
　　　　　　　　貸倒損失

×1年10/3　　得意先愛媛㈱が倒産し，前期発生の売掛金800円が回収不能となった。なお，貸倒引当金残高はない。

×2年3/31　　決算にあたり，売掛金の期末残高13,000円に対し実績率法により2％の貸倒れを見積る。

×2年5/10　　得意先長野㈱が倒産し，前期発生の売掛金200円が回収不能となった。

×3年3/31　　決算にあたり，売掛金の期末残高25,000円に対し実績率2％の貸倒引当金を差額補充法により設定する。

×3年6/10　　得意先高知㈱が倒産し，当期発生の売掛金500円が回収不能となった。

×3年11/11　　得意先静岡㈱が倒産し，前期発生の売掛金700円が回収不能となった。

×3年12/25　　倒産した愛媛㈱に対する売掛金800円について，前々期において貸倒れとして処理していたが，本日，全額を現金で回収した。

ここがPOINT

①貸倒れの見積額から，貸倒引当金勘定の残高を差し引いた額が繰入額となる。

②貸借対照表に記載する貸倒引当金の額は，見積額と一致する。

決算整理Ⅳ　減価償却

1　有形固定資産の減価償却（決算整理）

1　減価償却とは

　テーマ12で学習した有形固定資産のうち，建物，備品および車両運搬具は，時の経過や使用により価値が減少していきます。たとえば，5年前に500,000円で取得したパソコンは，5年たった時点では，500,000円の価値はないと考えられます。

　そこで，決算において，価値の減少分を計算し，有形固定資産を使用する会計期間に費用として配分します。この手続きを**減価償却**といい，このとき計上する費用を**減価償却費**といいます。

　なお，土地は時の経過や使用により価値が減少しないため減価償却を行いません。

| 取得時 | 1年後 | 2年後 | 3年後 | 4年後 | 5年後 |

2　減価償却費の計算

（1）　減価償却の計算要素

　毎期の減価償却費を計算する際に必要な要素には，取得原価，耐用年数，残存価額などがあります。

取得原価	有形固定資産を取得し，使用するまでにかかる金額です。
耐用年数	有形固定資産が何年使用できるかを見積った年数をいいます。問題では「耐用年数○年」と与えられます。
残存価額	耐用年数が経過して処分するときに予想される売却価額をいいます。問題では「取得原価の○％」，または「残存価額はゼロ^{（注）}」などと与えられます。

（注）実務では，平成19年4月1日以降に新規に取得した有形固定資産について，残存価額をゼロとしています。

（2）　定額法による１年分の減価償却費の計算

　減価償却費の計算方法はいろいろありますが，日商簿記３級ではこのうち**定額法**（ていがくほう）について学習します。この方法は，**毎期一定額の減価償却費を計上する方法**で，次の計算式によって毎期の減価償却費を計算します。

$$
1年分（12か月分）の減価償却費 = \frac{取得原価 - 残存価額}{耐用年数}
$$

← 処分時に残る価値は差し引きます。

（注）定額法による減価償却費には，取得原価に償却率（残存価額がゼロの場合，「１」を耐用年数で割った数値）を掛けて計算する方法もあります。

📖 例題 01　減価償却費の計算

　決算（年１回）に際し，当期首に取得し，使用している備品（取得原価5,000円，耐用年数５年，残存価額は取得原価の10%）の減価償却を行うことになった。そこで，定額法により，１年目の決算における減価償却費を計算する。

✎ **減価償却費の計算**

残存価額500円

$$
\frac{5,000円 - （5,000円 \times 10\%）}{5年} = 900円（１年分の減価償却費）
$$

　上記 例題 01 では，耐用年数経過後（５年後）に500円（5,000円×10%）の価額が残るので，５年間で4,500円の価値が減少することになります。定額法では，この4,500円を５年間にわたり毎期一定額ずつ費用として配分します。

＊　有形固定資産の取得原価から減価償却累計額を差し引いた金額を**帳簿価額**といい，その時点における帳簿上の実質的な価値を示します。

（3）　期中に取得した場合の月割計算

　有形固定資産を会計期間の途中で取得し，使用する場合には，原則としてその期間に応じて次のように月割りで計算し，減価償却費を計上します。

期中取得分の減価償却費 ＝ １年分の減価償却費 × 期中使用月から決算日までの月数 ／ 12か月

　なお，実務では１日でも１か月とみなして，つまり月の途中で取得しても，月の初めに取得したものとして月割計算しますが，検定試験では問題の指示に従います。

📖　例題 02　減価償却費の月割計算

決算（年１回）に際し，当期11月１日に取得し，使用している備品（取得原価5,000円，耐用年数５年，残存価額は取得原価の10％）の減価償却を行うことになった。そこで，定額法により３月31日の決算における減価償却費を計算する。

✒　減価償却費の月割計算 ....

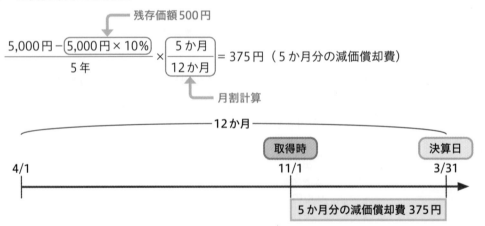

$$\frac{5{,}000円 - (5{,}000円 × 10\%)}{5年} × \frac{5か月}{12か月} = 375円（5か月分の減価償却費）$$

残存価額500円

月割計算

12か月

取得時　11/1　　決算日　3/31

4/1

5か月分の減価償却費 375円

3　減価償却の記帳方法（間接法）

　減価償却の記帳方法には，**直接法**と**間接法**の２つの方法がありますが，日商簿記３級では間接法を学習します。

　間接法とは，毎期の減価償却費を，**減価償却累計額勘定**（**資産の評価勘定**）の**貸方**に記入して有形固定資産の取得原価から**間接的に減額する記帳方法**をいいます。

　この減価償却累計額という勘定は，テーマ19で学習した貸倒引当金と同様に**資産の勘定に記録された金額を修正し，評価する役割をもつ資産の評価勘定**です。

　資産の評価勘定である減価償却累計額勘定に記録を行うことで，**実質的な資産価値（帳簿価額）を把握できます。**

　貸借対照表上は，固定資産から減価償却累計額を控除する形式で表示します。固定資産から減価償却した金額の累計を差し引くことにより評価し，**実質的な資産価値**を表示します。

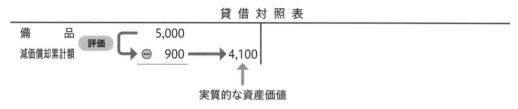

例題 03　減価償却の記帳（第1期）

×2年3月31日，決算（年1回）に際し，当期首に取得した備品（取得原価5,000円，耐用年数5年，残存価額は取得原価の10%）の減価償却について仕訳を示しなさい。なお，減価償却費は定額法により計算し，間接法で記帳する（会計期間は×1年4月1日〜×2年3月31日）。

✏️ 仕　訳 ....

| ×2/ 3 /31（減 価 償 却 費）* | 900 | （減価償却累計額） | 900 |

$$\ast \quad \frac{5,000円 - 5,000円 \times 10\%}{5 年} = 900円（1 年分）$$

（注）減価償却累計額は，備品減価償却累計額，建物減価償却累計額など，資産名を前につける場合もあります。

✏️ 転　記 ....

⊕	減 価 償 却 費（費用）	⊖	⊖	減価償却累計額（資産の評価勘定）	⊕
×2/3/31 減価償却累計額　900		×2/3/31 損　　益　900	×2/3/31 次期繰越　900		×2/3/31 減価償却費　900

📖 例 題 **04** 減価償却の記帳（第2期） （例題03の続き）

×3年3月31日，決算に際し，備品（取得原価5,000円，耐用年数5年，残存価額は取得原価の10%）の減価償却について仕訳を示しなさい。なお，減価償却費は定額法により計算し，間接法で記帳する（会計期間は×2年4月1日〜×3年3月31日）。

✏️ 仕 訳

×3/ 3 /31（減 価 償 却 費）*　　　900　　　（減価償却累計額）　　　900

$$* \quad \frac{5,000円-5,000円\times10\%}{5年}=900円（1年分）$$

✏️ 転 記

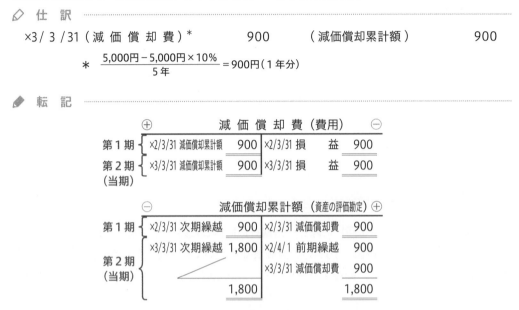

　減価償却費は費用の勘定であるため損益勘定に振り替えたのち締め切りますが，資産の評価勘定である減価償却累計額勘定はつねに貸方残高であることから，負債・資本と同様，借方に「次期繰越」と記入して締め切り，残高を次期に引き継ぎます。したがって，**減価償却費勘定（費用）**は第2期（当期）に**第2期のみの減価償却費**が記録されますが，**減価償却累計額勘定（資産の評価勘定）**は第2期（当期）に**第1期から第2期までの2期分の減価償却費が記録**されます。このように減価償却累計額勘定には，**毎期の減価償却費が累積する**ことになります。

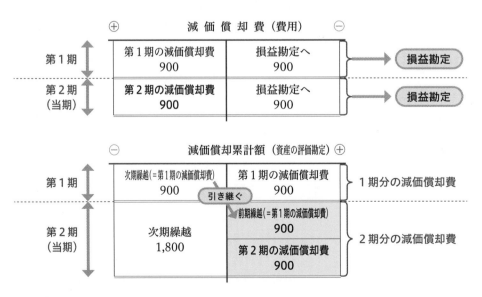

確認問題 31

解答解説 → P294

次の1．および2．について決算整理仕訳を示しなさい。なお，仕訳に用いる勘定科目は次の中から選ぶこと。

勘定科目 　減価償却累計額　　減価償却費

1．決算にあたり，以前より店舗として使用している建物（取得原価20,000円）の減価償却を行う。定額法，耐用年数30年，残存価額は取得原価の10%である。
2．当期の7月1日に購入し使用を開始した備品（取得原価5,000円）につき，決算にあたり減価償却を行う。定額法，耐用年数5年，残存価額ゼロで月割計算により減価償却費の計算を行う。なお，決算日は3月31日である。

2 減価償却している有形固定資産の売却（期中取引）

不要となった有形固定資産を売却したときは，帳簿価額と売却価額を比較し，売却損または売却益を計算します。

1 帳簿価額の計算

売却価額と比較する帳簿価額は次のように計算します。

取得原価 − 減価償却累計額 ＝ 帳簿価額
　　既償却額　　　売却時点の価値

なお，期中に売却した場合には，当期首より売却日までの減価償却費を月割りで計算し，上記の式で求めた帳簿価額からさらに減額します。

売却する有形固定資産を帳簿価額よりも高く売ったときは，差額を<ruby>固定資産売却益<rt>こ てい し さんばいきゃくえき</rt></ruby>勘定（**収益**），安く売ったときは差額を<ruby>固定資産売却損<rt>こ てい し さんばいきゃくそん</rt></ruby>勘定（**費用**）で処理します。

2 売却したときの仕訳

有形固定資産を売却したときは，有形固定資産の勘定の**貸方**に取得原価を記入すると同時に，減価償却累計額勘定の**借方**に**既償却額**を記入します。そして帳簿価額と売却価額との差額を固定資産売却益勘定（収益）の**貸方**または，固定資産売却損勘定（費用）の**借方**に記入します。

📖 例題 05　売却したときの仕訳　　　（例題 04 の続き）

×3年4月1日（期首）に備品（取得原価5,000円，既償却額1,800円）を3,000円で売却し，代金は現金で受け取った（記帳は間接法による）。

✎ 仕 訳

```
×3/4/1 （現        金）   3,000   （備      品）   5,000
       （減価償却累計額）   1,800
       （固定資産売却損）＊   200
```

```
＊  帳簿価額：5,000円 − 1,800円 ＝ 3,200円
    売却損益：3,000円 − 3,200円 ＝ △200円（売却損）
    または，仕訳の貸借差額
```

減価償却累計額勘定は，備品（固定資産）の価値の減少額を記録しておく勘定ですが，その備品を売却すれば，価値の減少額を記録しておく必要がなくなるので，減価償却累計額勘定の借方に既償却額を記入することで減額します。

確認問題 **32**　　　　　　　　　　　　　　　　解答解説 → P295

次の取引について仕訳しなさい。なお，仕訳に用いる勘定科目は次の中から選ぶこと。

勘定科目　　現金　　未収入金　　備品　　減価償却累計額　　固定資産売却益
　　　　　　固定資産売却損

1．備品（取得原価2,000円，減価償却累計額1,440円）を売却し，代金600円は現金で受け取った。
2．×4年4月1日に，備品（購入日：×1年4月1日，取得原価：3,000円，減価償却方法：定額法，耐用年数：5年，残存価額：ゼロ）を1,000円で売却し，代金は月末に受け取ることにした。なお，決算日は3月31日である。

Supplement

有形固定資産の期中売却

　不要となった備品や車両などの有形固定資産を売却したときは，売却価額と帳簿価額を比較して売却損益を計算しなければなりません。

　本テキストでは，期首売却を前提としたため，帳簿価額の計算は次のように学習しました。

> 帳簿価額 ＝ 取得原価 － 減価償却累計額
> 　　　　　　　　　　　既償却額

　しかし，有形固定資産は，**期中（期の途中）に売却**することもあります。

　有形固定資産を期中に売却したときは，決算日ごとに計上した減価償却費（減価償却累計額勘定）とは別に，**期首から売却日までの価値の減少分として減価償却費を計算したうえで帳簿価額を求めなければなりません。**

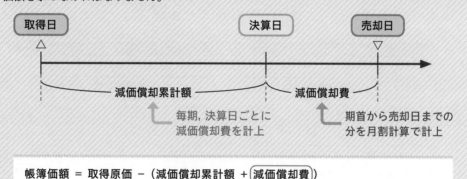

> 帳簿価額 ＝ 取得原価 －（減価償却累計額 ＋ 減価償却費）
> 　　　　　　　　　　　　既償却額　　　　　　　　期首から売却日までの分

　期首から売却日までの減価償却費は，有形固定資産を期中に取得したときと同じように，**月割計算**します。

> 　　　　　　　　　　　　　　　　　　　　　　月割計算
> 期中売却時の減価償却費 ＝ 1年分の減価償却費 × 期首から売却日までの月数
> 　　　　　　　　　　　　　　　　　　　　　　　　　12か月

　なお，1か月未満の場合には切り上げて1か月とみなして月割計算しますが，検定試験では問題の指示に従ってください。

　備品（取得原価：5,000円，耐用年数：5年，残存価額：取得原価の10%）を2年間使用し，すでに2期（決算は年1回，3月31日）にわたって減価償却をしてきたが，この備品を当期の5月31日に3,000円で売却し，代金は現金で受け取った。なお，減価償却費の計算は定額法，記帳は間接法を用いており，決算日の翌日から売却した日までの減価償却費は月割計算する。

✍ 仕 訳

5 /31（現　　　　金）	3,000	（備　　　　品）	5,000
（減価償却累計額）	1,800		
（減 価 償 却 費）	150		
（固定資産売却損）	50		

① 減価償却累計額の計算

$$\underbrace{\frac{5,000円 - 5,000円 \times 10\%}{5年}}_{1年分の減価償却費　900円} \times 2年(期) = 1,800円$$

② 減価償却費の計算

$$\underbrace{\frac{5,000円 - 5,000円 \times 10\%}{5年}}_{1年分の減価償却費　900円} \times \frac{2か月}{12か月} = 150円$$

③ 固定資産売却損の計算

　5,000円 -（1,800円 + 150円）= 3,050円（帳簿価額）

　3,000円 - 3,050円 = △50円（売却損）

③ 減価償却費の月次計上

　減価償却費の計上は，会計期末の決算日に1年分を一括して行う方法と，毎月末に月割で行う方法があります。

　毎月，財政状態や経営成績を把握するために月次決算を行う場合，減価償却費を月次計上します。

　なお，検定試験では，問題文に指示がない限り，決算日に1年分を一括して行う方法で減価償却費を計上します。

📖 例 題 **06**　　**減価償却費の月次計上①**

×1年4月30日，当期首（4月1日）に取得し，使用している備品（取得原価5,000円，耐用年数5年，残存価額は取得原価の10%）の減価償却を，毎月末に定額法で行い，間接法で記帳する場合の仕訳をしなさい。

✏️ 仕 訳 ·····

4／30（減 価 償 却 費）* 　　　 75 　　　（減価償却累計額）　　　 75

$$* \quad \frac{5,000円 - 5,000円 \times 10\%}{5年} \times \frac{1\text{か月}}{12\text{か月}} = 75円$$

📖 例 題 **07**　　**減価償却費の月次計上②**

×2年3月31日，決算（年1回）に際し，当期首に取得し，使用している備品（取得原価5,000円，耐用年数5年，残存価額は取得原価の10%）の減価償却について仕訳を示しなさい。なお，減価償却は毎月末に定額法で行い，間接法により記帳している（2月までの減価償却費の計算は適正に行われている）。

✏️ 仕 訳 ·····

3／31（減 価 償 却 費）* 　　　 75 　　　（減価償却累計額）　　　 75

$$* \quad \frac{5,000円 - 5,000円 \times 10\%}{5年} \times \frac{1\text{か月}}{12\text{か月}} = 75円$$

🖋️ 転 記

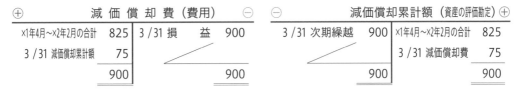

⊕	減 価 償 却 費（費用）	⊖		⊖	減価償却累計額（資産の評価勘定）	⊕
×1年4月～×2年2月の合計	825	3／31 損　益	900	3／31 次期繰越	900	×1年4月～×2年2月の合計	825
3／31 減価償却累計額	75					3／31 減価償却費	75
	900		900		900		900

確認問題 **33**　　　　　　　　　　　　　　　　　　　解答解説 → P295

決算整理仕訳を示しなさい。なお，仕訳に用いる勘定科目は次の中から選ぶこと。

勘定科目　　減価償却累計額　　減価償却費

　決算にあたり，備品について定額法で減価償却を行う（2月までの減価償却費の計算は毎月末に適正に行われている）。決算日は3月31日。間接法。取得原価18,000円。耐用年数5年。残存価額ゼロ。

ちょっと
ひといき

備忘価額

実務では平成19年4月1日以降に取得した新規取得の有形固定資産について残存価額が廃止されました。したがって，期首に取得原価100,000円の備品（耐用年数5年）を取得した場合，減価償却費は次のようになります。

　100,000円 ÷ 5年 = 20,000円（1年目〜4年目までの減価償却費）

　20,000円 − 1円 = 19,999円（5年目の減価償却費）

実務では耐用年数が経過したときに1円を残した額まで償却することができます。この1円のことを備忘価額（または残存簿価）といいます。5年目以降も使用し続ける場合，5年目に20,000円を減価償却費とすると，残額がゼロとなってしまいます。ゼロでは「ない（存在しない）」ことになるので，1円だけ残します。

④　固定資産台帳

　固定資産台帳とは，土地や建物等の有形固定資産を管理するために作成する補助簿をいい，固定資産の取得原価や減価償却費，帳簿価額などを種類ごとに記録します。

　なお，固定資産台帳は定められた一定の様式がないので，自社のルールに従って作成することになります。ここでは，2つの例を示します。

✎ 例1

固 定 資 産 台 帳
×3年3月31日現在　　　　　　　　　　［備品］

取得年月日	名称	期末数量	耐用年数	取得原価	減価償却累計額			期末帳簿価額
					期首残高	当期償却額	期末残高	
×1年4月1日	備品A	1	5年	5,000	900	900	1,800	3,200
×1年11月1日	備品B	1	5年	5,000	375	900	1,275	3,725
×2年4月1日	備品C	2	3年	3,000	0	1,000	1,000	2,000
小　計				13,000	1,275	2,800	4,075	8,925

例2

固 定 資 産 台 帳
×3 年 3 月 31 日現在　　　　　　　　　　　　　　　　　　［備品］

取得年月日	名称	期末数量	耐用年数	期首(期中取得)取得原価	期首減価償却累計額	差引期首(期中取得)帳簿価額	当期減価償却費
×1 年 4 月 1 日	備品A	1	5 年	5,000	900	4,100	900
×1 年11月 1 日	備品B	1	5 年	5,000	375	4,625	900
×2 年 4 月 1 日	備品C	2	3 年	3,000	0	3,000	1,000
小　　　計				13,000	1,275	11,725	2,800

Supplement

そのほかの固定資産台帳

　固定資産台帳には，前記の固定資産の種類ごとに記録する様式のほかに，固定資産を1件ごとに記録する様式もあります。その例を以下に示します。

固 定 資 産 台 帳　　　　　　　　　　　　　［備品］

名　　　称	備品A	取 得 価 額	5,000 円
用　　　途	営業用	耐 用 年 数	5 年
数　　　量	1	残 存 価 額	10%
取 得 年 月 日	×1 年 4 月 1 日	償 却 方 法	定額法

年　月　日	摘　　要	取得原価	減価償却累計額	残　高
×1 年 4 月 1 日	普 通 預 金 に よ り 購 入	5,000		5,000
×2 年 3 月31日	減 価 償 却 費		900	4,100
×3 年 3 月31日	減 価 償 却 費		900	3,200

ここが POINT

①有形固定資産の減価償却については，計算方法などが示されるので，**必ず確認**する。

②減価償却費は，有形固定資産が**期中取得の場合，月割計算**する。取得のタイミングに注意する。

③減価償却累計額勘定は，有形固定資産の価値減少分を記録した**評価勘定**なので，有形固定資産が**売却などでなくなるとき**に**同時に取り崩す**。

④問題に指示がない限り，減価償却費は決算日に1年分を一括して計上する。

THEME

21 決算整理Ⅴ　貯蔵品

1 租税公課（期中取引）

建物や土地を所有することで**固定資産税**を，自動車を所有することで**自動車税**を，それぞれの所在地等に納めなければなりません。これらは，企業の活動に必要な税金であり，まとめて**租税公課勘定**（費用）で処理することが一般的です。

また，多額の金銭の授受を証する領収書等には，収入印紙を貼りつけます。収入印紙の購入による**印紙税**の支払額は，費用として**租税公課勘定**（費用）で処理します。

⊕	租　税　公　課	費用	⊖
費 用 と な る 税 金 の 支 払 額			

1 固定資産税と自動車税の処理

固定資産税や自動車税は，地方自治体が税額を計算して，定められた納付時期に合わせて納税通知書が送られてきます。一般的に支払ったときに，費用として**租税公課勘定**（費用）の**借方**に記入します。

📖 例 題 **01**　固定資産税の処理（期中取引）

6月20日，固定資産税の納税通知書2,000円を受け取ったので，小切手を振り出して支払った。

✏ 仕 訳 --

6 /20（租 税 公 課）＊　　2,000　　（当 座 預 金）　　2,000

　　＊　租税公課勘定に代えて，固定資産税勘定など，その税金の名称を勘定科目として用いることもあります。

✏ 転 記 --

⊕	租　税　公　課（費用）	⊖
6 /20 当座預金 2,000		

2　印紙税の処理

収入印紙を購入したことによる印紙税の支払額は**租税公課勘定（費用）**の**借方**に記入します。

 例 題 **02**　　印紙税の処理（期中取引）

11月30日，郵便局で収入印紙600円を購入し，現金を支払った。

✎ 仕 訳

11／30（租 税 公 課）*　　　　600　　　（現　　　　金）　　　　600

　　　＊　租税公課勘定に代えて，印紙税勘定など，その税金の名称を勘定科目として用いることもあります。

✎ 転 記

<table>
<tr><td>⊕</td><td colspan="2">租 税 公 課（費用）</td><td>⊖</td></tr>
<tr><td></td><td>6／20 当座預金 2,000</td><td></td><td></td></tr>
<tr><td></td><td>11／30 現　金　600</td><td></td><td></td></tr>
</table>

Supplement

収入印紙と切手

　収入印紙や切手は，郵便局その他コンビニ等の取扱店舗で購入します。ほぼ同じ大きさの紙片なので，まちがえないように注意が必要です。

　簿記では，収入印紙の購入は**租税公課勘定（費用）**，切手の購入は**通信費勘定（費用）**で処理します。

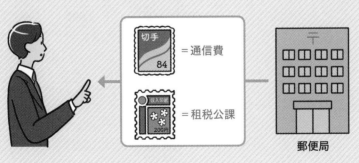

2　貯蔵品（決算整理・再振替仕訳）

1　決算整理

　期末に**未使用の収入印紙や切手**，新幹線の回数券等がある場合，これらは換金性が高いことから，租税公課勘定と通信費勘定から**貯蔵品勘定（資産）**の借方に振り替えます。

例題03　貯蔵品の決算整理

×2年3月31日，決算において，郵便切手の未使用分300円と収入印紙の未使用分200円があった。なお，通信費の期中支払額は3,000円，租税公課の期中支払額は2,600円であった。

✎ 仕 訳 ·····

| 3 /31（貯　蔵　品） | 500 | （通　信　費） | 300 |
| | | （租　税　公　課） | 200 |

✎ 転 記 ·····

```
    ⊕        貯　蔵　品（資産）      ⊖
  3 /31 諸  口  500 │ 3 /31 次期繰越  500

    ⊕        通　信　費（費用）      ⊖
  期中合計    3,000 │ 3 /31 貯蔵品    300
                   │  〃  損   益  2,700
            3,000  │              3,000

    ⊕        租　税　公　課（費用）  ⊖
  期中合計    2,600 │ 3 /31 貯蔵品    200
                   │  〃  損   益  2,400
            2,600  │              2,600
```

2 再振替仕訳

　前期から繰り越された貯蔵品は，**期首の日付**でもとの通信費勘定と租税公課勘定に振り替えます。このことを**再振替**（または**振り戻し**）といい，このときに行う仕訳を**再振替仕訳**といいます。なお，再振替仕訳は**決算整理仕訳**（ 例題 03 ）**の貸借逆仕訳**です。

📖 例 題 04 貯蔵品の再振替仕訳 （例題03の続き）

×2年4月1日，期首において，前期より当期に貯蔵品として繰り越された郵便切手300円と収入印紙200円について再振替仕訳を行う。

✏️ **仕 訳**

4/1（通　信　費）	300	（貯　蔵　品）	500
（租　税　公　課）	200		

✏️ **転 記**

再振替仕訳を行うことにより，**当期の費用として再び通信費と租税公課を計上します。**

当期の費用として再び計上 →	（通　信　費）	300	（貯　蔵　品）	500
	（租　税　公　課）	200		

切手や収入印紙は短期間に使用することが多いため購入時には費用として処理し，未使用分があれば貯蔵品に振り替えます。翌期においても切手や収入印紙は短期間で使用することが多いため，再振替仕訳により再び費用計上します。

確認問題 34

解答解説 → P295

次の一連の取引を仕訳しなさい。なお，仕訳に用いる勘定科目は次の中から選ぶこと。

勘定科目 現金　貯蔵品　通信費　租税公課

1．郵便切手2,880円と収入印紙5,000円を購入し，代金は現金で支払った。

2．本日決算につき，未使用の郵便切手720円と収入印紙2,000円を次期に繰り越す。

3．期首になり，上記2．の未使用分について再振替仕訳を行う。

THEME
22

決算整理Ⅵ　当座借越

1　当座借越（決算整理・再振替仕訳）

1　決算整理

　当座借越契約を銀行と結んでいて，当座預金残高を超えて小切手の振り出しや引き落とし等が行われると，当座預金勘定が貸方残高となることをテーマ06で学習しました。期末時点で当座預金勘定が**貸方残高**となっている場合，**一時的な銀行からの借り入れ**と考え，その残高を**当座借越勘定（負債）**または**借入金勘定（負債）**の貸方に振り替えます。

📖　例　題　01　　当座借越の決算整理　　　　　　　　　（テーマ06 例題07 の続き）

×2年3月31日，本日決算につき，当座預金勘定の貸方残高100円を当座借越勘定に振り替える。

✏️　仕　訳 ....

　3/31（当　座　預　金）　　　　100　　　（当　座　借　越）　　　　100

✏️　転　記 ....

　　　　　　　　　⊕　　　　　当　座　預　金（資産）　　⊖
　　　　　　　3/31 当座借越　　100 ┃ 貸方残高　　　　　100

　　　　　　　　　⊖　　　　　当　座　借　越（負債）　　⊕
　　　　　　　3/31 次期繰越　　100 ┃ 3/31 当座預金　　100

2 再振替仕訳

翌期の期首において，前期から繰り越された当座借越は，もとの当座預金勘定に振り替えます（**再振替仕訳**）。なお，再振替仕訳は**決算整理仕訳（ 例題 01 ）の貸借逆仕訳**です。

📖 例 題 02   当座借越の再振替仕訳   （例題 01 の続き）

×2年4月1日，期首において，前期より当期に当座借越として繰り越された100円について再振替仕訳を行う。

✏️ 仕 訳 ....

    4 / 1（当 座 借 越）   100   （当 座 預 金）   100

✏️ 転 記 ....

⊕	当 座 預 金（資産）	⊖
	4 / 1 当座借越 100	

⊖	当 座 借 越（負債）	⊕
3 /31 次期繰越 100	3 /31 当座預金 100	
4 / 1 当座預金 100	4 / 1 前期繰越 100	

確 認 問 題 35   解答解説 → P295

次の一連の取引を仕訳しなさい。なお，仕訳に用いる勘定科目は次の中から選ぶこと。

勘定科目   当座預金   当座借越

1．決算にあたり，当座預金勘定の貸方残高3,000円を当座借越勘定に振り替えた。なお，当社は限度額20,000円の当座借越契約を結んでいる。
2．期首になり，上記1．の当座借越について再振替仕訳を行う。

決算整理Ⅶ
経過勘定項目

1　費用および収益の記録

　簿記では，企業の経営成績を明らかにするために，当期の活動に費やした事柄（支払う内容）は費用の勘定科目で，また，その見返りとして得られた事柄（受け取る内容）は収益の勘定科目で記録しています。

1　契約により継続する取引

　受け取りや支払いの時点で取引が完了する費用や収益もありますが，契約により，**一定期間にわたり継続する（取引が繰り返される）費用や収益**もあります。

　（例）費用：給料，保険料，支払家賃，支払地代，支払利息　など
　　　　収益：受取家賃，受取地代，受取利息　など

2　費用や収益の記録

　費用や収益は，一定の日に受け払いをまとめて行うことがあり，費用は支払額で記録，収益は受取額で記録しますが，記録した金額は，以下の理由から必ずしも当期の損益計算書に計上すべき金額とは限りません。

　⑴　次期以降の分まで受け取ったり，支払ったりしているため，次期以降の分が記録に含まれている。
　⑵　当期の分なのに，受け払いが行われていないため，記録していない。

　この場合，そのままにしておくと正しい損益計算を行うことができません。したがって，決算整理において**当期に計上すべき費用や収益に修正する手続き**を行います。

3 費用の前払いと収益の前受け

次期以降の費用を当期中に前もって支払っている場合，記録している費用の金額の中に，次期以降の分が含まれているので，それを当期の費用から控除します。

また，次期以降の収益を当期中に前もって受け取っている場合，記録している収益の金額の中に，次期以降の分が含まれているので，それを当期の収益から控除します。

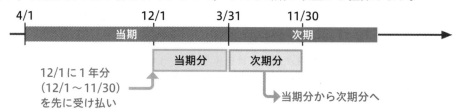

当期末において，費用から控除した金額は「前払いした費用として」貸借対照表の資産に，収益から控除した金額は「前受けした収益として」貸借対照表の負債に経過的に計上します。

4 費用の未払いと収益の未収

当期の費用の金額に不足分がある場合，不足分の金額を計上（加算）します。
また，当期の収益の金額に不足分がある場合も，不足分の金額を計上（加算）します。

当期末において，費用に加算した金額は「未払いの費用として」貸借対照表の負債に，収益に加算した金額は「未収の収益として」貸借対照表の資産に経過的に計上します。

これら，「前払費用」，「前受収益」，「未払費用」，「未収収益」を総称して**経過勘定項目**といいます。

1 決算整理

　当期に支払った費用に次期以降の分が含まれているときは，当期の費用から控除しなければなりません。これを**費用の前払い**といいます。

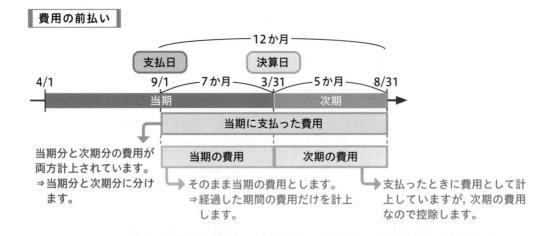

費用の前払い

　費用や収益は経過した期間に対応した金額だけを計上しなければいけません。たとえば，9月1日に1年分の保険料をまとめて支払っていたとしても，支払日から決算日までが7か月間（9月1日から3月31日）ならば経過した7か月分の保険料だけを当期の費用とする必要があります。そして，残りの経過していない5か月（翌年の4月1日から8月31日）分については，次期になってから費用として計上できるように調整します。

　当期に費用として支払った額のうち，**次期以降の費用（前払分）**は，費用の勘定から控除して，**前払費用の勘定 (資産)** ★へ振り替えます。

★**前払費用の勘定（資産）**
　次期以降の費用を当期に先に支払っているということは，次期以降の分を**前払い**していることになります。つまり，先に代金を支払い，**あとでサービスの提供を受けることができる権利**が生じていることになります。したがって，費用の前払いは「**前払○○**」という名称で，**資産**として処理します。

　以下，保険料を例に示します。

例題 01 費用の前払い（第 1 期）

×2年3月31日，決算において，前払分を調整する。なお，保険料勘定には，当期の9月1日に向こう1年分を現金で支払った金額である120円が記録されている（会計期間は×1年4月1日〜×2年3月31日）。

✎ **仕 訳**

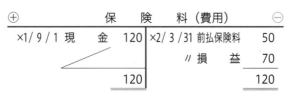

×2/ 3 /31（前 払 保 険 料）＊　　50　　（保　険　料）　　50

＊　$120円 \times \dfrac{5か月}{12か月} = 50円$

✎ **転 記**

```
 ⊕        保  険  料（費用）        ⊖
×1/ 9 / 1 現  金  120 │×2/ 3 /31 前払保険料  50
                     │  〃    損  益  70
              ─────  │           ─────
               120   │            120
```

```
 ⊕       前 払 保 険 料（資産）      ⊖
×2/ 3 /31 保 険 料  50 │×2/ 3 /31 次期繰越  50
```

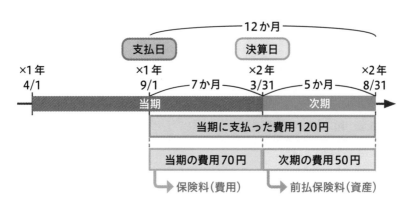

保険料勘定借方の120円には，次期分が含まれているので，決算時に次期分を控除し，保険料勘定残高を**当期分だけに修正**します。なお，前払保険料は，**次期における保険契約によるサービスを受ける権利**なので，**資産**となります。

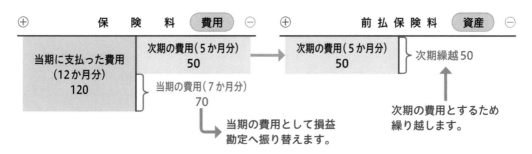

第 3 編

THEME 23 決算整理Ⅶ　経過勘定項目

2 次期の処理

（1） 再振替仕訳

次期に繰り越された前払費用は，期首の日付でもとの勘定に振り替えます（**再振替仕訳**）。

📖 例題 02	再振替仕訳（第2期）	（例題01の続き）

×2年4月1日，前期末の決算において計上された前払保険料50円を振り替える。

✎ 仕 訳

×2/4/1（保　険　料）　　　　50　　（前 払 保 険 料）　　　50

✎ 転 記

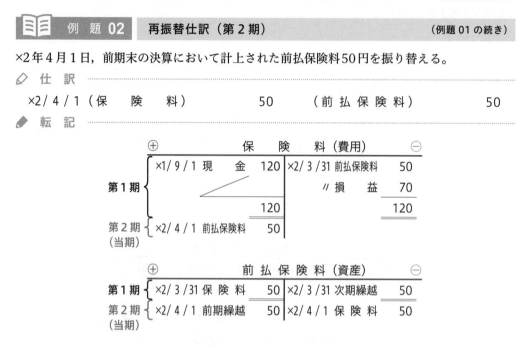

期首に再振替仕訳を行うことで，支払いをしなくても50円の保険料という×2年4月1日から×2年8月31日までの5か月分の費用が発生します。

（2） 期中取引

契約した期間が経過したら，新たに契約を結び，保険料を支払います。

📖 例題 03	期中取引：保険料の支払い（第2期）	（例題02の続き）

×2年9月1日，向こう1年分の保険料120円を現金で支払った。

✎ 仕 訳

×2/9/1（保　険　料）　　　120　　（現　　　　金）　　120

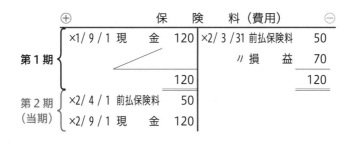

🖊 転　記

	保　　険　　料（費用）	⊖
第1期	×1/9/1 現　金　120	×2/3/31 前払保険料　50
		〃 損　益　70
	120	120
第2期（当期）	×2/4/1 前払保険料　50	
	×2/9/1 現　金　120	

	前 払 保 険 料（資産）	⊖
第1期	×2/3/31 保　険　料　50	×2/3/31 次期繰越　50
第2期（当期）	×2/4/1 前期繰越　50	×2/4/1 保　険　料　50

（3）決　算

当期に支払った費用に次期分が含まれているので，これを当期の費用から控除します。

📖 例題 **04**　　**費用の前払い（第2期）**　　　　　（例題03の続き）

×3年3月31日，決算において，前払分を調整する。なお，保険料勘定には，前期に支払った当期分50円と，当期の9月1日に向こう1年分を現金で支払った金額120円の合計額である170円が記録されている（会計期間は×2年4月1日〜×3年3月31日）。

✏ 仕　訳

×3/3/31（前 払 保 険 料）＊　　　50　　　（保　　険　　料）　　　50

$$＊\quad（170円-50円）\times\frac{5か月}{12か月}=50円$$

🖊 転　記

	保　　険　　料（費用）	⊖
第1期	×1/9/1 現　金　120	×2/3/31 前払保険料　50
		〃 損　益　70
	120	120
第2期（当期）	×2/4/1 前払保険料　50	×3/3/31 前払保険料　50
	×2/9/1 現　金　120	〃 損　益　120
	170	170

	前 払 保 険 料（資産）	⊖
第1期	×2/3/31 保　険　料　50	×2/3/31 次期繰越　50
第2期（当期）	×2/4/1 前期繰越　50	×2/4/1 保　険　料　50
	×3/3/31 保　険　料　50	×3/3/31 次期繰越　50
	100	100

次の一連の取引について仕訳しなさい。なお，仕訳に用いる勘定科目は次の中から選ぶこと。

勘定科目　　現金　　前払保険料　　保険料

×1年6/1　火災保険に加入し，向こう1年分の保険料3,600円を現金で支払った。
×2年3/31　決算において，未経過分を前払計上する。
×2年4/1　再振替仕訳を行う。

③ 収益の前受け

1 決算整理

当期に受け取った収益に次期以降の分が含まれているときは，当期の収益から控除しなければなりません。これを**収益の前受け**といいます。

収益の前受け

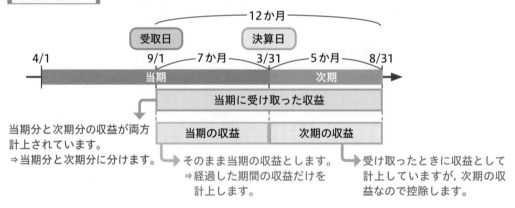

当期に収益として受け取った額のうち，**次期以降の収益（前受分）**は，収益の勘定から控除して，**前受収益の勘定（負債）**★へ振り替えます。

> **★前受収益の勘定（負債）**
> 次期以降の収益を当期に先に受け取っているということは，次期以降の分を**前受け**していることになります。つまり，先に代金を受け取り，**あとでサービスを提供する義務**が生じていることになります。したがって，収益の前受けは「**前受○○**」という名称で**負債**として処理します。

以下，受取地代を例に示します。

例 題 05 収益の前受け（第1期）

×2年3月31日，決算において，前受分を調整する。なお，受取地代勘定には，当期の9月1日に向こう1年分を現金で受け取った金額である120円が記録されている（会計期間は×1年4月1日〜×2年3月31日）。

 仕 訳

×2/ 3 /31（受 取 地 代）　　　50　　　（前 受 地 代）*　　　50

$$* \quad 120円 \times \frac{5か月}{12か月} = 50円$$

✏️ 転 記

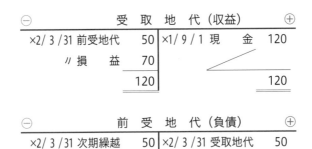

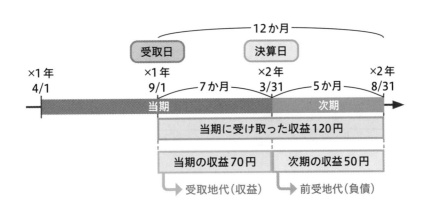

　受取地代勘定貸方の120円には，次期分が含まれているので，決算時に次期分を控除し，受取地代勘定残高を**当期分だけに修正**します。なお，前受地代は，**次期に土地を貸す義務**なので，**負債**となります。

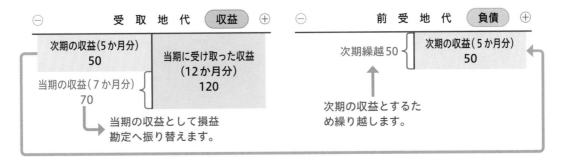

201

2　次期の処理

（1）　再振替仕訳

次期に繰り越された前受収益は，期首の日付でもとの勘定に振り替えます（**再振替仕訳**）。

例題 06　再振替仕訳（第2期）　　　　　　　　　　　（例題05の続き）

×2年4月1日，前期末の決算において繰り越された前受地代50円を振り替える。

✎ 仕 訳

×2/ 4 / 1 （前 受 地 代）　　　　　50　　　（受 取 地 代）　　　　　50

✎ 転 記

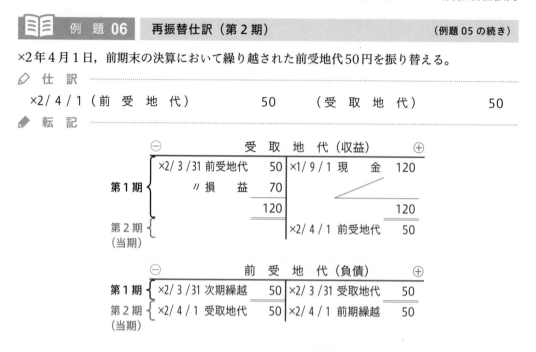

期首に再振替仕訳を行うことで，受け取りがなくても50円の受取地代という×2年4月1日から×2年8月31日までの5か月分の収益が発生します。

（2）期中取引

契約した期間が経過したら，新たに契約を結び，地代を受け取ります。

例題 07　期中取引：地代の受け取り（第2期）　　　　　　（例題06の続き）

×2年9月1日，向こう1年分の地代120円を現金で受け取った。

✎ 仕 訳

×2/ 9 / 1 （現　　　　　金）　　　120　　　（受 取 地 代）　　　120

🖋 **転 記**

		受 取 地 代（収益）			⊕
第1期	×2/ 3 /31 前受地代	50	×1/ 9 / 1 現　金	120	
	〃 損　益	70			
		120		120	
第2期（当期）			×2/ 4 / 1 前受地代	50	
			×2/ 9 / 1 現　金	120	

		前 受 地 代（負債）			⊕
第1期	×2/ 3 /31 次期繰越	50	×2/ 3 /31 受取地代	50	
第2期（当期）	×2/ 4 / 1 受取地代	50	×2/ 4 / 1 前期繰越	50	

（3） 決 算

当期に受け取った収益に次期分が含まれているので，これを当期の収益から控除します。

📖 **例 題 08　収益の前受け（第2期）**　　　　　　　　（例題07の続き）

×3年3月31日，決算において，前受分を調整する。なお，受取地代勘定には，前期に受け取った当期分50円と，当期の9月1日に向こう1年分を現金で受け取った金額120円の合計額である170円が記録されている（会計期間は×2年4月1日〜×3年3月31日）。

✏ **仕 訳**

×3/ 3 /31（受 取 地 代）　　　50　　　（前 受 地 代）*　　　50

$$* \quad （170円-50円）\times \frac{5か月}{12か月} = 50円$$

🖋 **転 記**

		受 取 地 代（収益）			⊕
第1期	×2/ 3 /31 前受地代	50	×1/ 9 / 1 現　金	120	
	〃 損　益	70			
		120		120	
第2期（当期）	×3/ 3 /31 前受地代	50	×2/ 4 / 1 前受地代	50	
	〃 損　益	120	×2/ 9 / 1 現　金	120	
		170		170	

		前 受 地 代（負債）			⊕
第1期	×2/ 3 /31 次期繰越	50	×2/ 3 /31 受取地代	50	
第2期（当期）	×2/ 4 / 1 受取地代	50	×2/ 4 / 1 前期繰越	50	
	×3/ 3 /31 次期繰越	50	×3/ 3 /31 受取地代	50	
		100		100	

次の一連の取引について仕訳しなさい。なお，仕訳に用いる勘定科目は次の中から選ぶこと。

勘定科目 現金 前受家賃 受取家賃

×1年7/1 建物の賃貸借契約を結び，向こう1年分の家賃3,000円を現金で受け取った。
×2年3/31 決算において，未経過分を前受計上する。
×2年4/1 再振替仕訳を行う。

4 費用の未払い

1 決算整理

当期にすでに発生している費用を，契約によりまだ支払っていないときは，当期分の費用を計上しなければなりません。これを**費用の未払い**といいます。

費用の未払い

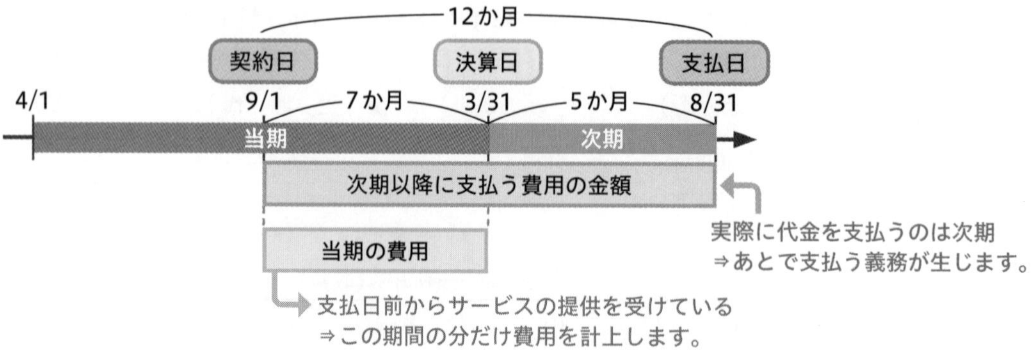

> 通常は，代金の受払日に費用や収益を帳簿に記録しますが，費用や収益の代金の受払日が次期であるために，当期に費用や収益を帳簿に記録していないことがあります。しかし，代金の受け払いが行われていなくても，契約日から決算日までの期間にサービスの提供を受けている（または提供している）のであれば，費用や収益を当期分として計上する必要があります。

当期の費用としてすでに発生しているにもかかわらず，まだ支払っていないため，**未計上となっている費用（未払分）**は，費用の勘定の借方と**未払費用の勘定（負債）**の貸方に記入します。

> **★未払費用の勘定（負債）**
> 契約日から決算日までの期間分はすでにサービスの提供を受けているため費用を計上しますが，支払いは次期なので**未払い**となっています。つまり，**あとで代金を支払う義務**が生じていることになります。したがって，費用の未払いは「**未払○○**」という名称で**負債**として処理します。

以下，支払家賃を例に示します。

📖 例 題 09　費用の未払い（第1期）

×2年3月31日，決算において，当期未払分を調整する。なお，当期の9月1日に，建物の賃貸借契約（期間1年，月額10円）を結び，契約期間満了時（毎期8月31日）にまとめて支払うことになっている（会計期間は×1年4月1日〜×2年3月31日）。

✏️ **仕　訳** ·····

×2/ 3 /31（支 払 家 賃）　　　　70　　　（未 払 家 賃）*　　　　70

　　　*　10円×7か月＝70円

✏️ **転　記** ·····

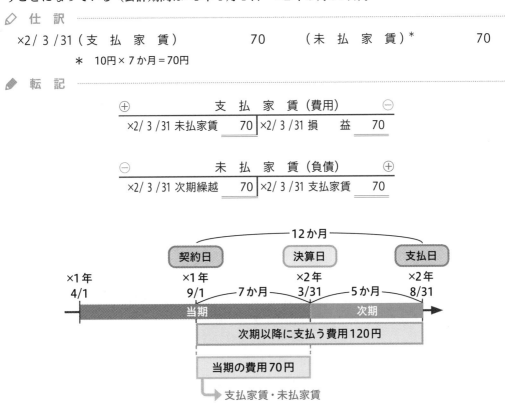

家賃をまだ支払っていないため，当期の費用が未計上となっています。そこで決算時に，**当期分の支払家賃を計上**します。なお，未払家賃は，**次期に家賃を支払う義務**なので，**負債**となります。

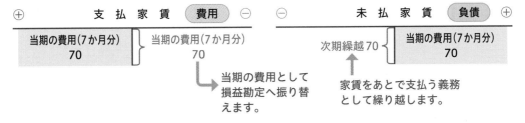

2 次期の処理

（1） 再振替仕訳

次期に繰り越された未払費用は，期首の日付でもとの費用の勘定に振り替えます（**再振替仕訳**）。

📖 例 題 **10** 　再振替仕訳（第2期）　　　　　　　　　　　　　　（例題09の続き）

×2年4月1日，前期末の決算において繰り越された未払家賃70円を振り替える。

✏️ 仕 訳 ....

×2/ 4 / 1（未 払 家 賃）　　　　　70　　　（支 払 家 賃）　　　　　70

✏️ 転 記 ....

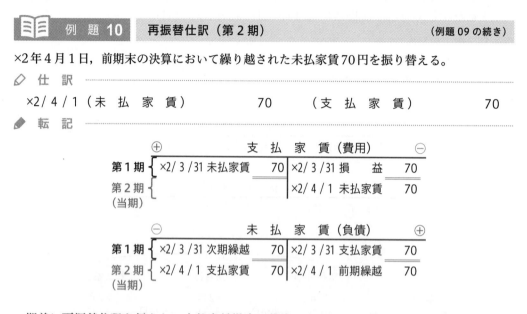

期首に再振替仕訳を行うと，支払家賃勘定の貸方に記入され，後日，支払いが行われたときに，支払額に含まれる前期7か月分をマイナスすることになります。

（2） 期中取引

契約期間が満了したら，契約に従い支払いを行います。その後，新たに契約を結びます。

📖 例 題 **11** 　期中取引：家賃の支払い（第2期）　　　　　　　（例題10の続き）

×2年8月31日，1年分の家賃120円を現金で支払った。

✏️ 仕 訳 ....

×2/ 8 /31（支 払 家 賃）　　　　120　　　（現　　　　金）　　　　120

✏️ 転 記 ....

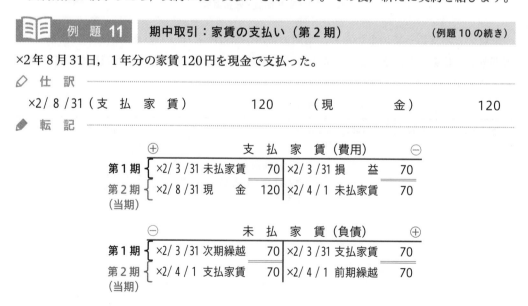

8月31日に家賃の支払額120円（1年分）を記入すると，期首の再振替仕訳によって貸方に前期7か月分の70円が記入されているため，当期5か月分のみを費用計上できます。

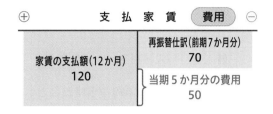

（3） 決 算

当期にすでに発生している費用をまだ支払っていないので，当期分の費用を計上します。

例 題 **12** **費用の未払い（第2期）** （例題11の続き）

×3年3月31日，決算において，当期未払分を調整する。なお，建物の賃貸借契約は継続しており，支払家賃勘定の借方残高50円は，当期の8月31日に×1年9月1日から×2年8月31日までの1年分を現金で支払った金額120円から前期末未払分70円を差し引いた差額である（会計期間は×2年4月1日〜×3年3月31日）。

📎 仕 訳

×3/ 3 /31（支 払 家 賃）　　　70　　　（未 払 家 賃）*　　　70

$$* \quad 120円 \times \frac{7か月}{12か月} = 70円$$

📎 転 記

		支 払 家 賃（費用）			
第1期	×2/ 3 /31 未払家賃	70	×2/ 3 /31 損　　益	70
第2期（当期）	×2/ 8 /31 現　　金	120	×2/ 4 / 1 未払家賃	70
	×3/ 3 /31 未払家賃	70	×3/ 3 /31 損　　益	120
		190		190

		未 払 家 賃（負債）			
第1期	×2/ 3 /31 次期繰越	70	×2/ 3 /31 支払家賃	70
第2期（当期）	×2/ 4 / 1 支払家賃	70	×2/ 4 / 1 前期繰越	70
	×3/ 3 /31 次期繰越	70	×3/ 3 /31 支払家賃	70
		140		140

次の一連の取引について仕訳しなさい。なお，仕訳に用いる勘定科目は次の中から選ぶこと。

| 勘定科目 | 当座預金　　借入金　　未払利息　　支払利息 |

×2年2/1　銀行から借入れを行い，40,000円を当座預金とした（利率年9％，利払日1/31）。

×2年3/31　決算において，支払利息について当期経過分を未払計上する。

×2年4/1　再振替仕訳を行う。

5　収益の未収

1　決算整理

当期にすでに発生している収益を，契約によりまだ受け取っていないときは，当期分の収益を計上しなければなりません。これを**収益の未収**といいます。

| 収益の未収 |

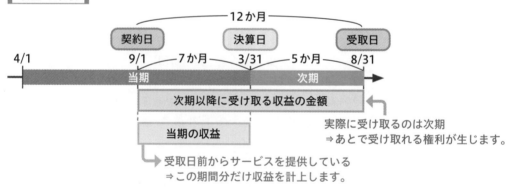

当期の収益としてすでに発生しているにもかかわらず，まだ受け取っていないため，**未計上となっている収益（未収分）**は，**未収収益の勘定（資産）**★の借方と収益の勘定の貸方に記入します。

> **★未収収益の勘定（資産）**
> 契約日から決算日までの期間はすでにサービスを提供しているため収益を計上しますが，代金の受け取りは次期なので**未収**となっています。つまり，**あとで代金を受け取る権利**が生じていることになります。したがって，収益の未収は「**未収○○**」という名称で**資産**として処理します。

以下，受取地代を例に示します。

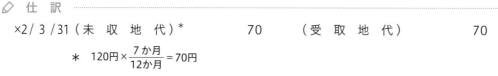

例 題 **13** 収益の未収（第1期）

×2年3月31日，決算において，当期未収分を調整する。なお，当期の9月1日に土地の賃貸借契約（期間1年，年額120円）を結び，受け取りは契約期間満了時（毎期8月31日）にまとめて行うことになっている（会計期間は×1年4月1日～×2年3月31日）。

✏️ 仕 訳

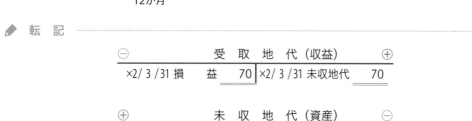

×2/ 3 /31（未 収 地 代）* 　　　70　　　（受 取 地 代）　　　70

* $120円 \times \dfrac{7か月}{12か月} = 70円$

✒️ 転 記

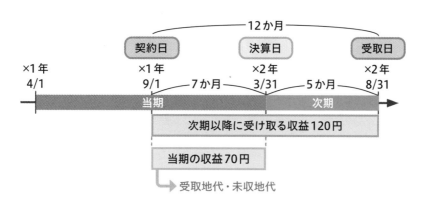

⊖	受 取 地 代（収益）	⊕
×2/ 3 /31 損　益　70	×2/ 3 /31 未収地代　70	

⊕	未 収 地 代（資産）	⊖
×2/ 3 /31 受取地代　70	×2/ 3 /31 次期繰越　70	

地代をまだ受け取っていないため，当期の収益は未計上となっています。そこで決算時に，**当期分の受取地代を計上します**。なお，未収地代は，**次期に地代を受け取ることができる権利**なので，**資産**となります。

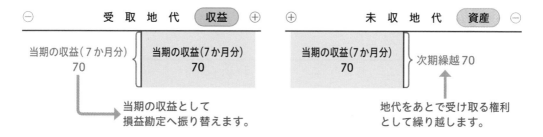

⊖	受 取 地 代　収益	⊕		⊕	未 収 地 代　資産	⊖
当期の収益（7か月分）70	当期の収益（7か月分）**70**			当期の収益（7か月分）**70**	次期繰越 70	

当期の収益として損益勘定へ振り替えます。

地代をあとで受け取る権利として繰り越します。

2 次期の処理

（1） 再振替仕訳

次期に繰り越された未収収益は，期首の日付でもとの収益の勘定に振り替えます（**再振替仕訳**）。

例 題 14　収益の未収（再振替仕訳）　　　　　　　　　　（例題13の続き）

×2年4月1日，前期末の決算において繰り越された未収地代70円を振り替える。

📝 **仕 訳** ⋯⋯⋯⋯⋯⋯⋯⋯⋯⋯⋯⋯⋯⋯⋯⋯⋯⋯⋯⋯⋯⋯⋯⋯⋯⋯⋯⋯⋯⋯⋯⋯⋯⋯⋯⋯⋯

　×2/ 4 / 1 （受　取　地　代）　　　　70　　　（未　収　地　代）　　　　70

✏️ **転 記** ⋯⋯⋯⋯⋯⋯⋯⋯⋯⋯⋯⋯⋯⋯⋯⋯⋯⋯⋯⋯⋯⋯⋯⋯⋯⋯⋯⋯⋯⋯⋯⋯⋯⋯⋯⋯⋯

⊖	受　取　地　代（収益）		⊕
×2/ 3 /31 損　　益	70	×2/ 3 /31 未収地代	70
×2/ 4 / 1 未収地代	70		

⊕	未　収　地　代（資産）		⊖
×2/ 3 /31 受取地代	70	×2/ 3 /31 次期繰越	70
×2/ 4 / 1 前期繰越	70	×2/ 4 / 1 受取地代	70

期首に再振替仕訳を行うと，受取地代の借方に記入され，後日，受け取りが行われたときに，受取額に含まれる前期7か月分をマイナスすることになります。

（2） 期中取引

契約期間が満了したら，契約に従い現金などの受け取りを行います。その後，新たに契約を結びます。

例 題 15　期中取引：地代の受け取り（第2期）　　　　　　（例題14の続き）

×2年8月31日，1年分の地代120円を現金で受け取った。

📝 **仕 訳** ⋯⋯⋯⋯⋯⋯⋯⋯⋯⋯⋯⋯⋯⋯⋯⋯⋯⋯⋯⋯⋯⋯⋯⋯⋯⋯⋯⋯⋯⋯⋯⋯⋯⋯⋯⋯⋯

　×2/ 8 /31 （現　　　　金）　　　120　　　（受　取　地　代）　　　120

✏️ **転 記** ⋯⋯⋯⋯⋯⋯⋯⋯⋯⋯⋯⋯⋯⋯⋯⋯⋯⋯⋯⋯⋯⋯⋯⋯⋯⋯⋯⋯⋯⋯⋯⋯⋯⋯⋯⋯⋯

⊖	受　取　地　代（収益）		⊕
×2/ 3 /31 損　　益	70	×2/ 3 /31 未収地代	70
×2/ 4 / 1 未収地代	70	×2/ 8 /31 現　　金	120

⊕	未　収　地　代（資産）		⊖
×2/ 3 /31 受取地代	70	×2/ 3 /31 次期繰越	70
×2/ 4 / 1 前期繰越	70	×2/ 4 / 1 受取地代	70

8月31日に地代の受取額120円（1年分）を記入すると，期首の再振替仕訳によって借方に前期7か月分の70円が記入されているため，当期5か月分のみを収益計上できます。

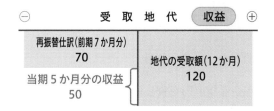

（3） 決　算

当期にすでに発生している収益をまだ受け取っていないので，当期分の収益を計上します。

📖 例　題 16　　収益の未収（第2期）　　　　　　　　　　　（例題15の続き）

×3年3月31日，決算において，当期未収分を調整する。なお，土地の賃貸借契約は継続しており，受取地代勘定の貸方残高50円は，当期の8月31日に×1年9月1日から×2年8月31日までの1年分を現金で受け取った金額120円から前期未収分70円を差し引いた差額である（会計期間は×2年4月1日〜×3年3月31日）。

✏️ 仕　訳

×3/ 3 /31（未　収　地　代）＊　　　　70　　　（受　取　地　代）　　　　70

$$＊ \quad 120円 \times \frac{7か月}{12か月} = 70円$$

✒️ 転　記

⊖	受　取　地　代（収益）			⊕
×2/ 3 /31 損　　益	70		×2/ 3 /31 未収地代	70
×2/ 4 / 1 未収地代	70		×2/ 8 /31 現　　金	120
×3/ 3 /31 損　　益	120		×3/ 3 /31 未収地代	70
	190			190

⊕	未　収　地　代（資産）			⊖
×2/ 3 /31 受取地代	70		×2/ 3 /31 次期繰越	70
×2/ 4 / 1 前期繰越	70		×2/ 4 / 1 受取地代	70
×3/ 3 /31 受取地代	70		×3/ 3 /31 次期繰越	70
	140			140

次の一連の取引について仕訳しなさい。なお，仕訳に用いる勘定科目は次の中から選ぶこと。

勘定科目 現金 貸付金 未収利息 受取利息

×1年12/ 1 秋田㈱に現金4,000円を貸し付けた。利息の受取日は翌年の11/30，1年分の利息は180円である。

×2年3 /31 決算において，受取利息について当期の経過分を未収計上する。

×2年4 / 1 再振替仕訳を行う。

⑥ 決算整理（まとめ）

1 決算整理仕訳

決算で行う未処理事項や訂正事項，決算整理事項の仕訳は決算修正仕訳ともいいます。ここまで学習した内容をまとめると次のようになります。

（1） 未処理事項や訂正事項の処理

記入もれや訂正があれば，その仕訳を決算整理仕訳に先立って行います。

（2） 主な決算整理事項

決算整理前の勘定残高の資料および決算整理事項の指示に従って，それぞれの仕訳を行います。

① 現金過不足

現金過不足勘定の残高は，原因を調べて該当する科目に振り替えます。原因が不明な場合は，雑損または雑益とします。

現金過不足勘定の借方残高について原因が不明なため雑損とした。

| （雑　　　損） | ××× | （現 金 過 不 足） | ××× |
| 費　用⊕ | | 仮の科目⊖ | |

現金過不足勘定の貸方残高について原因が不明なため雑益とした。

| （現 金 過 不 足） | ××× | （雑　　　益） | ××× |
| 仮の科目⊖ | | 収　益⊕ | |

② 売上原価

　三分法による記帳では，決算整理前の繰越商品勘定残高は期首商品棚卸高，仕入勘定残高は当期商品の純仕入高を表します。期末商品棚卸高を調べて，繰越商品（資産）を修正し，期中の売上原価（費用）を仕入勘定または売上原価勘定で算定します。

売上原価を仕入勘定で算定した。

（仕　　　入）	×××	（繰 越 商 品）	×××
費　用⊕		期首商品棚卸高・資産⊖	
（繰 越 商 品）	×××	（仕　　　入）	×××
期末商品棚卸高・資産⊕		費　用⊖	

③ 貸倒引当金

　売上債権（受取手形および売掛金，電子記録債権，クレジット売掛金）の期末残高に対し，実績率を用いて貸倒れを見積ります。貸倒引当金勘定残高があるときは，見積額との差額を補充するために繰り入れます。

期末売上債権残高に対し2％の貸倒れを見積った（差額補充法）。

| （貸倒引当金繰入） | ××× | （貸 倒 引 当 金） | ××× |
| 費　用⊕ | | 資産の評価勘定⊕ | |

④ 減価償却

　有形固定資産（建物，備品，車両運搬具）について，指示された条件（償却方法：定額法，耐用年数，残存価額など）に従って減価償却費を計算し，間接法により帳簿価額を減額します。

建物について，定額法（耐用年数10年，残存価額ゼロ）により減価償却を行った。

| （減 価 償 却 費） | ××× | （減価償却累計額） | ××× |
| 費　用⊕ | | 資産の評価勘定⊕ | |

⑤ 貯蔵品

　通信費として処理した切手と，租税公課として処理した収入印紙のうち，期末未使用分を減額し，貯蔵品（資産）として処理します。

郵便切手と収入印紙の未使用分を貯蔵品とした。

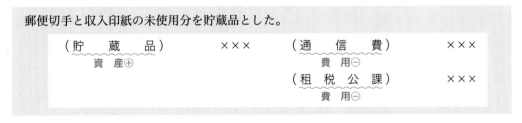

（貯 蔵 品）	×××	（通 　信 　費）	×××
資　産⊕		費　用⊖	
		（租 税 公 課）	×××
		費　用⊖	

⑥ **当座借越**

　銀行と当座借越契約を結んでいる場合で，当座預金勘定が貸方残高であった場合，当座借越勘定（負債）か借入金勘定（負債）に振り替えます。

当座預金勘定の貸方残高を当座借越勘定に振り替えた。

（ 当 座 預 金 ） 資　産　⊕	×××	（ 当 座 借 越 ） 負　債　⊕	×××

⑦ **経過勘定項目**

　費用と収益の諸勘定について，次期以降の分が含まれていれば減算し，当期の不足分があれば加算して，適正な「当期分」に修正します。

保険料のうち未経過分を前払分として処理した。

（ 前 払 保 険 料 ） 資　産　⊕	×××	（ 保 　 険 　 料 ） 費　用　⊖	×××

受取地代のうち未経過分を前受分として処理した。

（ 受 　 取 　 地 　 代 ） 収　益　⊖	×××	（ 前 　 受 　 地 　 代 ） 負　債　⊕	×××

支払家賃について当期分を未払分として計上した。

（ 支 　 払 　 家 　 賃 ） 費　用　⊕	×××	（ 未 　 払 　 家 　 賃 ） 負　債　⊕	×××

受取地代について当期分を未収分として計上した。

（ 未 　 収 　 地 　 代 ） 資　産　⊕	×××	（ 受 　 取 　 地 　 代 ） 収　益　⊕	×××

Supplement

棚卸表

　決算では，あらかじめ決算整理事項をまとめた棚卸表を作成します。

棚　卸　表　　　　　　　　　　×年3月31日

修正科目	摘　　　要	金　　額
繰 越 商 品	A品　@500円×100個	50,000
貸 倒 引 当 金	売掛金残高　100,000円×2％	2,000

MEMO

THEME

24 決算整理後残高試算表

1 決算整理後残高試算表

　決算整理前残高試算表（決算整理前の勘定残高）に決算整理仕訳等を反映させて，**決算整理後残高試算表**を作成します。これにより，**決算整理の転記に誤りがないかを検証する**と同時に，**当期の経営成績と財政状態を表す財務諸表に記載する金額を把握**します。

例題 01　決算整理後残高試算表の作成

次に示す決算整理前残高試算表および決算整理事項にもとづいて，(1)決算整理仕訳を行い，(2)決算整理後残高試算表を作成しなさい。なお，会計期間は×1年4月1日から×2年3月31日までの1年間である。

〈決算整理前残高試算表〉

決算整理前残高試算表
×2年3月31日

借　方	勘　定　科　目	貸　方
31,000	現　　　　　金	
10,000	売　　掛　　金	
200	繰　越　商　品	
5,000	備　　　　　品	
	買　　掛　　金	13,220
	借　　入　　金	5,000
	貸　倒　引　当　金	80
	減価償却累計額	1,800
	資　　本　　金	20,000
	繰越利益剰余金	500
	売　　　　　上	26,000
11,400	仕　　　　　入	
8,820	給　　　　　料	
120	保　　険　　料	
60	支　払　利　息	
66,600		66,600

〈決算整理事項〉

　1．期末商品棚卸高は100円であった。売上原価は仕入勘定で計算する。

2．売掛金の期末残高に対して200円の貸倒れを見積り，差額補充法により120円を繰り入れる。

3．備品について900円の減価償却費を計上する。

4．保険料の前払額が50円ある。

5．借入金の利息について30円の未払額がある。

◆ 解答・解説

(1) 決算整理仕訳

	借 方 科 目	金 額	貸 方 科 目	金 額
1.	仕　　　　入	200	繰 越 商 品	200
	繰 越 商 品	100	仕　　　　入	100
2.	貸倒引当金繰入	120	貸 倒 引 当 金	120
3.	減 価 償 却 費	900	減価償却累計額	900
4.	前 払 保 険 料	50	保　　険　　料	50
5.	支 払 利 息	30	未 払 利 息	30

(2) 決算整理後残高試算表

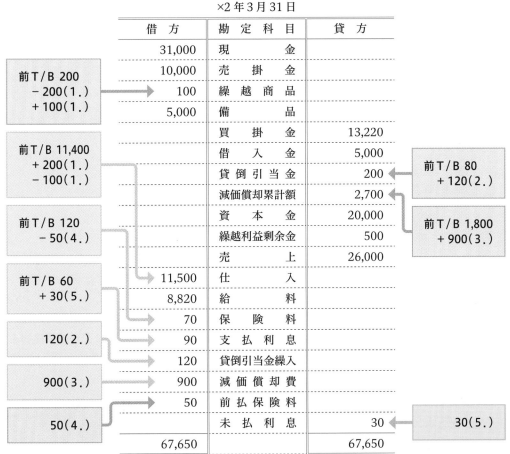

決算整理後残高試算表
×2 年 3 月 31 日

借 方	勘 定 科 目	貸 方
31,000	現　　　　金	
10,000	売　　掛　　金	
100	繰 越 商 品	
5,000	備　　　　品	
	買　　掛　　金	13,220
	借　　入　　金	5,000
	貸 倒 引 当 金	200
	減価償却累計額	2,700
	資　　本　　金	20,000
	繰越利益剰余金	500
	売　　　　上	26,000
11,500	仕　　　　入	
8,820	給　　　　料	
70	保　　険　　料	
90	支 払 利 息	
120	貸倒引当金繰入	
900	減 価 償 却 費	
50	前 払 保 険 料	
	未 払 利 息	30
67,650		67,650

前T/B 200
−200(1.)
+100(1.)

前T/B 11,400
+200(1.)
−100(1.)

前T/B 120
−50(4.)

前T/B 60
+30(5.)

120(2.)

900(3.)

50(4.)

前T/B 80
+120(2.)

前T/B 1,800
+900(3.)

30(5.)

次の決算整理前残高試算表と決算整理事項にもとづいて，１．決算整理仕訳を行い，２．決算整理後残高試算表を作成しなさい。会計期間は×1年4月1日から×2年3月31日までの1年間である。なお，仕訳に用いる勘定科目は次の中から選ぶこと。

勘定科目　繰越商品　　貯蔵品　　未収利息　　貸倒引当金　　減価償却累計額
　　　　　　　受取利息　　仕入　　通信費　　貸倒引当金繰入　　減価償却費

決算整理前残高試算表
×2年3月31日

借　方	勘　定　科　目	貸　方
500	現　　　　　金	
5,000	売　掛　金	
1,000	貸　付　金	
4,000	繰　越　商　品	
2,000	備　　　　　品	
	買　掛　金	3,800
	貸　倒　引　当　金	70
	減価償却累計額	600
	資　本　金	5,000
	繰越利益剰余金	500
	売　　　　　上	37,000
	受　取　利　息	30
28,000	仕　　　　　入	
2,400	給　　　　　料	
3,600	支　払　家　賃	
500	通　信　費	
47,000		47,000

〈決算整理事項〉

(1) 売掛金の期末残高に対し実績率法により2％の貸倒れを見積る。差額補充法による。

(2) 期末商品棚卸高は2,500円である。売上原価は「仕入」勘定で計算する。

(3) 備品について，残存価額はゼロ，耐用年数は10年として，定額法により減価償却を行う。

(4) 郵便切手の未使用高は50円である。

(5) 貸付金は2月1日に貸付期間3か月，年利12％の条件で貸し付けたもので，利息は元金とともに返済時に受け取ることになっている。

1．決算整理仕訳

	借 方 科 目	金 額	貸 方 科 目	金 額
(1)				
(2)				
(3)				
(4)				
(5)				

2．決算整理後残高試算表

決算整理後残高試算表
×2 年 3 月 31 日

借 方	勘 定 科 目	貸 方
	現　　　　金	
	売　掛　金	
	貸　付　金	
	繰　越　商　品	
	貯　蔵　品	
	（　　　）利　息	
	備　　　品	
	買　掛　金	
	貸 倒 引 当 金	
	減価償却累計額	
	資　本　金	
	繰越利益剰余金	
	売　　　上	
	受　取　利　息	
	仕　　　入	
	給　　　料	
	支　払　家　賃	
	通　信　費	
	貸倒引当金繰入	
	減 価 償 却 費	

THEME 25 精算表

1 精算表

　決算において，決算整理前残高試算表（前T/B）に決算修正事項（未処理事項等および決算整理事項）を反映し，表を用いて経営成績や財政状態を計算します。この表のことを**精算表（Work Sheet：W/S）**といい，これは，**決算において前T/Bから損益計算書・貸借対照表の作成までを一覧できる表**です。ここでは，8桁精算表の作成について学習します。

精 算 表

勘 定 科 目	残高試算表		修 正 記 入		損益計算書		貸借対照表	
	借 方	貸 方	借 方	貸 方	借 方	貸 方	借 方	貸 方
					費用 収益		資産	負債 資本

決算整理前の金額の一覧です。	修正による増減（決算整理仕訳等）を記入します。	借方に費用，貸方に収益を記入します。	借方に資産，貸方に負債，資本および評価勘定を記入します。

例題 01　精算表の作成

次の決算整理事項にもとづいて，精算表を完成しなさい。

〈決算整理事項〉

1．期末商品棚卸高は100円であった。売上原価は仕入勘定で計算する。

2．売掛金の期末残高に対して200円の貸倒れを見積り，差額補充法により120円を繰り入れる。

3．備品について900円の減価償却費を計上する。

4．保険料の前払額が50円ある。

5．借入金の利息について30円の未払額がある。

精　算　表

勘 定 科 目	残高試算表		修 正 記 入		損 益 計 算 書		貸 借 対 照 表	
	借 方	貸 方	借 方	貸 方	借 方	貸 方	借 方	貸 方
現　　　　金	31,000							
売　掛　金	10,000							
繰 越 商 品	200							
備　　　品	5,000							
買　掛　金		13,220						
借　入　金		5,000						
貸 倒 引 当 金		80						
減価償却累計額		1,800						
資　本　金		20,000						
繰越利益剰余金		500						
売　　　上		26,000						
仕　　　入	11,400							
給　　　料	8,820							
保　険　料	120							
支 払 利 息	60							
	66,600	66,600						
貸倒引当金繰入								
減 価 償 却 費								
前 払 保 険 料								
未 払 利 息								
当期純（　　　）								

Step1 残高試算表欄に**決算整理前の試算表**の金額を記入します。本問ではすでに記入済みです。

精　算　表

勘 定 科 目	残高試算表		修 正 記 入		損 益 計 算 書		貸 借 対 照 表	
	借 方	貸 方	借 方	貸 方	借 方	貸 方	借 方	貸 方
現　　　　　金	31,000							
売　　掛　　金	10,000							
繰　越　商　品	200							
備　　　　　品	5,000							
買　　掛　　金		13,220						
借　　入　　金		5,000						
貸 倒 引 当 金		80						
減価償却累計額		1,800						
資　　本　　金		20,000						
繰越利益剰余金		500						
売　　　　　上		26,000						
仕　　　　　入	11,400							
給　　　　　料	8,820							
保　　険　　料	120							
支 払 利 息	60							
	66,600	66,600						
貸倒引当金繰入								
減 価 償 却 費								
前 払 保 険 料								
未 払 利 息								
当期純（　　　）								

Step2 修正記入欄に**決算整理仕訳**の金額を記入します。このとき，残高試算表にない勘定科目は追加しますが，本問では，貸倒引当金繰入・減価償却費・前払保険料・未払利息の４つが記入済みです。

決算整理仕訳

1.	仕　　　　　入	200	繰 越 商 品	200
	繰 越 商 品	100	仕　　　　　入	100
2.	貸倒引当金繰入	120	貸 倒 引 当 金	120
3.	減 価 償 却 費	900	減価償却累計額	900
4.	前 払 保 険 料	50	保　　険　　料	50
5.	支 払 利 息	30	未 払 利 息	30

精　算　表

勘 定 科 目	残高試算表		修 正 記 入		損益計算書		貸借対照表	
	借　方	貸　方	借　方	貸　方	借　方	貸　方	借　方	貸　方
現　　　　　金	31,000							
売　　掛　　金	10,000							
繰　越　商　品	200		100	200				
備　　　　　品	5,000							
買　　掛　　金		13,220						
借　　入　　金		5,000						
貸 倒 引 当 金		80		120				
減価償却累計額		1,800		900				
資　　本　　金		20,000						
繰越利益剰余金		500						
売　　　　　上		26,000						
仕　　　　　入	11,400		200	100				
給　　　　　料	8,820							
保　　険　　料	120			50				
支　払　利　息	60		30					
	66,600	66,600						
貸倒引当金繰入			120					
減 価 償 却 費			900					
前 払 保 険 料			50					
未　払　利　息				30				
当期純（　　　）								

Step3 残高試算表欄の金額と修正記入欄の金額を加減算します。借方どうしは**加算**，貸借逆
のものは**減算**します。

勘定科目を5要素に分類して修正後の残高を**貸借対照表欄**と**損益計算書欄**に記入しま
す。なお，修正がないものについては，そのまま記入します。

①**貸借対照表欄に資産・負債・資本・評価勘定の金額**を記入します。

その際，**貸借対照表**の表示に合わせ，**借方に資産，貸方に負債と資本**を記入します。

なお，**貸倒引当金勘定**や**減価償却累計額勘定**といった**評価勘定**は，**貸借対照表欄**の
貸方に記入します。

精 算 表

勘 定 科 目	残高試算表 借方	残高試算表 貸方	修正記入 借方	修正記入 貸方	損益計算書 借方	損益計算書 貸方	貸借対照表 借方	貸借対照表 貸方
資産 現　　　金	31,000						31,000	
売　掛　金	10,000						10,000	
繰 越 商 品	200		⊕ 100	⊖ 200			100	
備　　　品	5,000						5,000	
負債 買　掛　金		13,220						13,220
借　入　金		5,000						5,000
評価勘定 貸 倒 引 当 金		80		⊕ 120				200
減価償却累計額		1,800		⊕ 900				2,700
資本 資　本　金		20,000						20,000
繰越利益剰余金		500						500

②**損益計算書欄に収益・費用の金額**を記入します。

　　その際，**損益計算書**の表示に合わせ，**貸方に収益，借方に費用**を記入します。

精 算 表

勘 定 科 目	残高試算表 借方	残高試算表 貸方	修正記入 借方	修正記入 貸方	損益計算書 借方	損益計算書 貸方	貸借対照表 借方	貸借対照表 貸方
収益 売　　　上		26,000				26,000		
費用 仕　　　入	11,400		⊕ 200	⊖ 100	11,500			
給　　　料	8,820				8,820			
保　険　料	120			⊖ 50	70			
支 払 利 息	60		⊕ 30		90			

Step4 決算整理事項で新たに追加された勘定科目は，**貸借対照表欄に資産・負債・資本の金額**を記入し，**損益計算書欄に収益・費用の金額**を記入します。

精 算 表

勘 定 科 目	残高試算表 借方	残高試算表 貸方	修正記入 借方	修正記入 貸方	損益計算書 借方	損益計算書 貸方	貸借対照表 借方	貸借対照表 貸方
費用 貸倒引当金繰入			120		120			
減 価 償 却 費			900		900			
資産 前 払 保 険 料			50				50	
負債 未 払 利 息				30				30

Step5 損益計算書欄と貸借対照表欄それぞれの借方の合計金額と貸方の合計金額の差額により，**当期純利益または当期純損失を算定**し，**所定の場所に記入**します。

① 当期純利益または当期純損失の算定

当期純利益：損益計算書欄が「借方合計＜貸方合計」のとき。

また，

貸借対照表欄が「借方合計＞貸方合計」のとき。

当期純損失：損益計算書欄が「借方合計＞貸方合計」のとき。

また，

貸借対照表欄が「借方合計＜貸方合計」のとき。

精　算　表

勘 定 科 目	残高試算表		修 正 記 入		損 益 計 算 書		貸 借 対 照 表	
	借 方	貸 方	借 方	貸 方	借 方	貸 方	借 方	貸 方
現　　　　金	31,000						31,000	
〜〜〜								
売　　　　上		26,000				26,000		
仕　　　　入	11,400		200	100	11,500			
給　　　　料	8,820				8,820			
保　険　料	120			50	70			
支 払 利 息	60		30		90			
	66,600	66,600						
貸倒引当金繰入			120		120			
減 価 償 却 費			900		900			
前 払 保 険 料			50				50	
未 払 利 息				30				30
当期純（　　　）								

借方合計 21,500 ＜ 貸方合計 26,000　　　　借方合計 46,150 ＞ 貸方合計 41,650

∴当期純利益4,500 *

＊　26,000円 − 21,500円 = 4,500円
　　または，
　　46,150円 − 41,650円 = 4,500円

② 記入する場所

勘定科目欄の一番下に「当期純利益」または「当期純損失」と記入し，

当期純利益の場合：損益計算書欄の**借方**と貸借対照表欄の**貸方**に記入

当期純損失の場合：損益計算書欄の**貸方**と貸借対照表欄の**借方**に記入

精　算　表

勘定科目	残高試算表		修正記入		損益計算書		貸借対照表	
	借　方	貸　方	借　方	貸　方	借　方	貸　方	借　方	貸　方
現　　　金	31,000						31,000	
〜〜〜〜								
売　　　上		26,000				26,000		
仕　　　入	11,400		200	100	11,500			
給　　　料	8,820				8,820			
保　険　料	120			50	70			
支 払 利 息	60		30		90			
	66,600	66,600						
貸倒引当金繰入			120		120			
減 価 償 却 費			900		900			
前 払 保 険 料			50				50	
未 払 利 息				30				30
当期純（利　益）					4,500			4,500

Step6　各記入欄の一番下の**借方の合計金額**と**貸方の合計金額**を計算し，**借方と貸方の一致を確認**します。

精　算　表

勘定科目	残高試算表		修正記入		損益計算書		貸借対照表	
	借　方	貸　方	借　方	貸　方	借　方	貸　方	借　方	貸　方
現　　　金	31,000						31,000	
〜〜〜〜								
売　　　上		26,000				26,000		
仕　　　入	11,400		200	100	11,500			
給　　　料	8,820				8,820			
保　険　料	120			50	70			
支 払 利 息	60		30		90			
	66,600	66,600						
貸倒引当金繰入			120		120			
減 価 償 却 費			900		900			
前 払 保 険 料			50				50	
未 払 利 息				30				30
当期純（利　益）					4,500			4,500
			1,400	1,400	26,000	26,000	46,150	46,150

一致　　　　　一致　　　　　一致

226

完成した精算表を示すと次のようになります。

精　算　表

勘 定 科 目	残高試算表 借 方	残高試算表 貸 方	修 正 記 入 借 方	修 正 記 入 貸 方	損益計算書 借 方	損益計算書 貸 方	貸借対照表 借 方	貸借対照表 貸 方
現　　　　金	31,000						31,000	
売　掛　金	10,000						10,000	
繰 越 商 品	200		100	200			100	
備　　　　品	5,000						5,000	
買　掛　金		13,220						13,220
借　入　金		5,000						5,000
貸 倒 引 当 金		80		120				200
減価償却累計額		1,800		900				2,700
資　本　金		20,000						20,000
繰越利益剰余金		500						500
売　　　　上		26,000				26,000		
仕　　　　入	11,400		200	100	11,500			
給　　　　料	8,820				8,820			
保　険　料	120			50	70			
支 払 利 息	60		30		90			
	66,600	66,600						
貸倒引当金繰入			120		120			
減 価 償 却 費			900		900			
前 払 保 険 料			50				50	
未 払 利 息				30				30
当期純（利　益）					4,500			4,500
			1,400	1,400	26,000	26,000	46,150	46,150

精算表の流れをまとめると次のようになります。

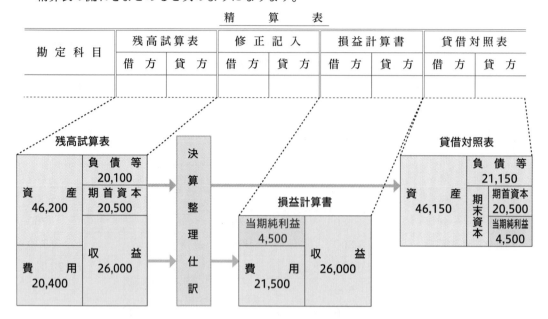

ここが POINT

　　勘定科目欄に（　　）がある場合は，必要な語句等を記入し，勘定科目欄を完成させる。

　損益計算書欄で求めた当期純利益と，貸借対照表欄で求めた当期純利益が一致すること，各記入欄の借方の合計金額と貸方の合計金額がそれぞれ一致することを確認する。一致しないときは，記入もれ，記入ミス等が考えられる。

次の決算整理事項にもとづいて，精算表を完成しなさい。会計期間は４月１日から３月31日までの１年間である。

1．売掛金の期末残高に対し実績率法により２％の貸倒れを見積る。差額補充法による。
2．期末商品棚卸高は2,500円である。売上原価は「仕入」の行で計算する。
3．備品について，残存価額はゼロ，耐用年数は10年として，定額法により減価償却を行う。
4．郵便切手の未使用高は50円である。
5．貸付金は２月１日に貸付期間３か月，年利12％の条件で貸し付けたもので，利息は元金とともに返済時に受け取ることになっている。

精　算　表

勘定科目	残高試算表 借方	残高試算表 貸方	修正記入 借方	修正記入 貸方	損益計算書 借方	損益計算書 貸方	貸借対照表 借方	貸借対照表 貸方
現　　　　金	500							
売　掛　金	5,000							
貸　付　金	1,000							
繰越商品	4,000							
備　　　品	2,000							
買　掛　金		3,800						
貸倒引当金		70						
減価償却累計額		600						
資　本　金		5,000						
繰越利益剰余金		500						
売　　　上		37,000						
受　取　利　息		30						
仕　　　入	28,000							
給　　　料	2,400							
支　払　家　賃	3,600							
通　信　費	500							
	47,000	47,000						
貸倒引当金繰入								
減価償却費								
貯　蔵　品								
（　　　）利息								
当期純（　　　）								

229

THEME 26 帳簿の締め切り（英米式決算）

1 帳簿（勘定）の締め切り

　決算整理仕訳・転記を行い，決算整理後残高試算表ですべての勘定の記録が正しいことを検証したあとに，**勘定残高をゼロにして当期と次期の区切りをつける手続き**を行います。この手続きを「**締め切り**」といい，ここでは**英米式決算法**★による勘定の締め切りについて学習します。

> **★英米式決算法**
> 英米式決算法とは，収益・費用の勘定は仕訳を行って損益勘定に振り替えることにより締め切り，資産・負債・資本の勘定は仕訳を行わず，総勘定元帳に「次期繰越」と直接記入して締め切る方法です。

1 収益・費用の勘定の締め切り

　損益計算書に記載する**収益・費用**の勘定は最終的な残高を**損益勘定**に振り替えることにより締め切り，損益勘定で算定した**当期純損益**を繰越利益剰余金勘定に振り替えます。「振り替え」とは，ある勘定の金額を他の勘定へ移動させる手続きをいいます。

　締め切りの流れを示すと次のようになります。

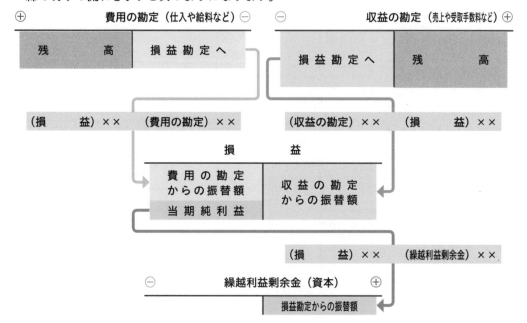

2 資産・負債・資本（純資産）の勘定の締め切り

　貸借対照表に記載する**資産・負債・資本（純資産）**の勘定は，仕訳帳には仕訳を行わず総勘定元帳の各勘定に「**次期繰越**」と直接記入して締め切ります。また，この次期繰越の金額は，次期の期首の日付で「**前期繰越**」と記入します。

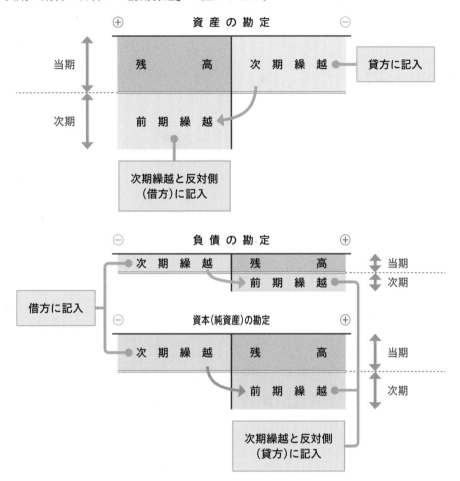

　英米式決算法による勘定の締め切りは次の手順で行います。

- Step1 ▶ 損益勘定の設定
- Step2 ▶ 収益・費用の諸勘定残高の損益勘定への振り替え
- Step3 ▶ 当期純利益（または当期純損失）の繰越利益剰余金勘定への振り替え
- Step4 ▶ 各勘定の締め切り

Step1 ▶ 損益勘定の設定

　純損益（純利益または純損失）を計算するために，総勘定元帳に新たに**損益勘定**を設けます。

損　　　益

Step2 収益・費用の諸勘定残高の損益勘定への振り替え

　損益勘定の貸方に収益の勘定残高を，借方に費用の勘定残高を振り替えて，純損益を計算します。なお，このとき行われる仕訳を**決算振替仕訳**といいます。

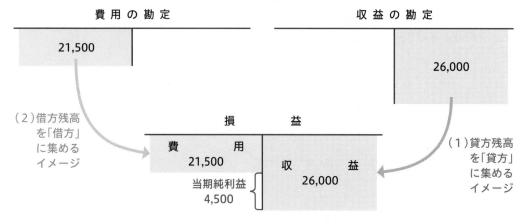

（1）　収益の振り替え

　収益の勘定の借方に26,000円を記入し，損益勘定の貸方に26,000円を記入します。

（収 益 の 勘 定）	26,000	（損　　　　益）	26,000

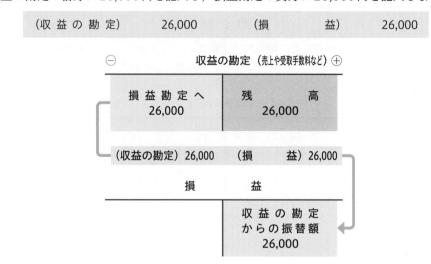

（2）　費用の振り替え

　費用の勘定の貸方に21,500円を記入し，損益勘定の借方に21,500円を記入します。

（損　　　　益）	21,500	（費 用 の 勘 定）	21,500

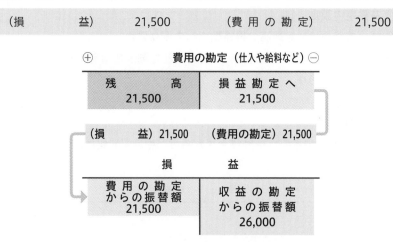

Step3 当期純利益（または当期純損失）の繰越利益剰余金勘定への振り替え

損益勘定の貸方にはすべての収益の勘定残高を，借方にはすべての費用の勘定残高を記入するので，貸借の差額は当期純損益（当期純利益または当期純損失）を表します。**株式会社ではこれを繰越利益剰余金勘定（資本）に振り替えます。**このとき行われる仕訳も**決算振替仕訳**といいます。

（1）　貸方残高の場合

損益勘定の残高が貸方に生じた場合は**当期純利益**を表し，資本（純資産）の増加として繰越利益剰余金勘定の貸方に振り替えます。

（損　　　　益）	4,500	（繰越利益剰余金）	4,500

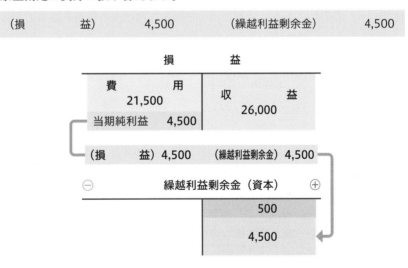

（2） 借方残高の場合

損益勘定の残高が借方に生じた場合は**当期純損失**を表し、資本（純資産）の減少として繰越利益剰余金勘定の借方に振り替えます（以下は仮の金額です）。

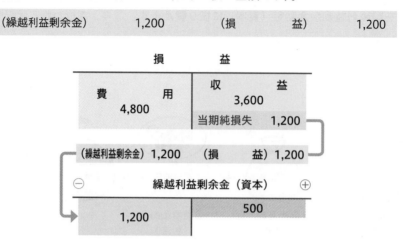

| （繰越利益剰余金） | 1,200 | （損 益） | 1,200 |

損 益

| 費 用
4,800 | 収 益
3,600 |
| | 当期純損失 1,200 |

| （繰越利益剰余金） 1,200 | （損 益） 1,200 |

繰越利益剰余金（資本）

| ⊖ | ⊕ |
| 1,200 | 500 |

確認問題 42

解答解説 → P299

決算（3月31日）における、諸勘定の決算整理後の残高は次のとおりである。よって、決算振替仕訳を示しなさい。なお、仕訳に用いる勘定科目は次の中から選ぶこと。

勘定科目 繰越利益剰余金 売上 受取利息 仕入 支払利息 損益

| 売 上 | 5,200 | 仕 入 | 3,100 |
| 受 取 利 息 | 600 | 支 払 利 息 | 700 |

Step4 各勘定の締め切り

（1） 資産・負債・資本（純資産）の諸勘定の締め切り

① 資産の諸勘定（借方残高）

資産の諸勘定は、残高が借方に生じるので、貸方に「次期繰越」として残高を記入し、借方と貸方の合計金額を一致させて締め切ります。これを**繰越記入**（締切記入）といいます。次に、翌期首の日付で借方に「前期繰越」と記入し、残高を借方に戻します。これを**開始記入**といい、通常、繰越記入と同時に行います。

なお、月単位で締め切る場合、次期繰越は「次月繰越」、前期繰越は「前月繰越」とします。

借方と貸方で記入した行数が違うときは，余白線(斜線)を引きます。

	現	金			
4 / 1 前 期 繰 越	20,000	6 / 23	仕　　入	11,400
5 / 19 借　入　金	5,000	9 / 21	諸　　口	47,600
6 / 10 売　掛　金	12,000	3 / 31	次 期 繰 越	31,000	合計線
7 / 15 諸　　口	53,000			
	90,000	──一致──		90,000
4 / 1 前 期 繰 越	31,000				締切線

② 負債・資本（純資産）の諸勘定（貸方残高）

負債・資本（純資産）の諸勘定は，残高が貸方に生じるので，借方に「次期繰越」として残高を記入し，借方と貸方の合計金額を一致させて締め切ります。次に，翌期首の日付で貸方に「前期繰越」と記入し，残高を貸方に戻します。

なお，貸倒引当金・減価償却累計額は貸方残高の科目なので，負債・資本と同様に締め切ります。

	借	入	金		
1 / 15 当 座 預 金	500	5 / 10	当 座 預 金	5,500
3 / 31 次 期 繰 越	5,000			
	5,500	──一致──		5,500
		4 / 1	前 期 繰 越	5,000

なお，1行しか記入がないときは，次のように締め切ります。

	借	入	金		
3 / 31 次 期 繰 越	5,000	5 / 19	現　　金	5,000
		4 / 1	前 期 繰 越	5,000

（注）1行しか記入がないときは合計線を引きません。

（2） 収益・費用の諸勘定および損益勘定の締め切り

これまでの決算振替仕訳（ Step2 の収益の振り替え，費用の振り替え， Step3 の純損益の振り替え）を各勘定に転記します。その結果，収益・費用の勘定と損益勘定は，それぞれ貸借が一致するので，貸借ともに合計額を同じ行に記入して締め切ります。

記入例●損益勘定

損			益		
3／31	仕　　入	11,500	3／31	売　　上	26,000
〃	給　　料	8,820			
〃	貸倒引当金繰入	120			
〃	保 険 料	70			
〃	減価償却費	900			
〃	支 払 利 息	90			
〃	繰越利益剰余金	4,500			
		26,000		一致	26,000

（注）損益勘定に記入する相手科目は原則として諸口としません。

> 資産・負債・資本（純資産）・評価勘定・収益・費用のどの勘定も，最終的には**借方の合計と貸方の合計を一致**させて締め切ります。

例題 01　　帳簿（勘定）の締め切り

3月31日における決算整理後の勘定は次のとおりである（×××と示してある金額は，決算整理前の残高を示したものであり，決算整理仕訳の転記は別に示してある）。よって，英米式決算法による締め切りを行いなさい。

〈総勘定元帳〉

⊕	現　　　　金（資産）		⊖	⊕	売　掛　金（資産）		⊖
×××		31,000		×××		10,000	

⊕	繰 越 商 品（資産）		⊖	⊕	備　　　品（資産）		⊖
×××		200	3／31仕　入 200	×××		5,000	
3／31仕　入		100					

⊖	買　掛　金（負債）		⊕	⊖	借　入　金（負債）		⊕
			×××　13,220				×××　5,000

−	貸 倒 引 当 金 （資産の評価勘定）	⊕
	×××	80
	3 / 31 貸倒引当金繰入	120

−	減価償却累計額 （資産の評価勘定）	⊕
	×××	1,800
	3 / 31 減価償却費	900

−	資　本　金 （資本）	⊕
	×××	20,000

−	繰越利益剰余金 （資本）	⊕
	×××	500

⊕	給　　料 （費用）	−
××× 8,820		

−	売　　上 （収益）	⊕
	×××	26,000

⊕	保　険　料 （費用）	−
××× 120	3 / 31 前払保険料	50

⊕	仕　　入 （費用）	−
××× 11,400	3 / 31 繰越商品	100
3 / 31 繰越商品 200		

⊕	貸倒引当金繰入 （費用）	−
3 / 31 貸倒引当金 120		

⊕	支 払 利 息 （費用）	−
××× 60		
3 / 31 未払利息 30		

⊕	前 払 保 険 料 （資産）	−
3 / 31 保 険 料 50		

⊕	減 価 償 却 費 （費用）	−
3 / 31 減価償却累計額 900		

	損　　益	

−	未 払 利 息 （負債）	⊕
	3 / 31 支払利息	30

〈決算振替仕訳〉

収益の振り替え				
費用の振り替え				
純損益の振り替え				

✎ 解答・解説

英米式決算法による締め切りの手順は次のとおりです。

Step1 損益勘定を設けます（答案用紙に与えられています）。

Step2 収益・費用の諸勘定を損益勘定に振り替えます（仕訳から転記まで）。

〈決算振替仕訳〉

収益の振り替え	売　　　　上	26,000	損　　　　益	26,000
費用の振り替え	損　　　　益	21,500	仕　　　　入	11,500
			給　　　料	8,820
			貸倒引当金繰入	120
			保　　険　　料	70
			減　価　償　却　費	900
			支　払　利　息	90

〈勘定への転記〉※　該当する勘定のみ

⊕	給　　料（費用）	⊖
×××	8,820	3/31 損　益　8,820

⊖	売　　上（収益）	⊕
3/31 損　益 26,000	×××	26,000

⊕	保　険　料（費用）	⊖
×××	120	3/31 前払保険料　50
		〃 損　益　70

⊕	仕　　入（費用）	⊖
×××	11,400	3/31 繰越商品　100
3/31 繰越商品　200		〃 損　益 11,500

⊕	貸倒引当金繰入（費用）	⊖
3/31 貸倒引当金　120		3/31 損　益　120

⊕	支　払　利　息（費用）	⊖
×××	60	3/31 損　益　90
3/31 未払利息　30		

⊕	減　価　償　却　費（費用）	⊖
3/31 減価償却累計額　900		3/31 損　益　900

238

	損		益	
3/31 仕	入 11,500	3/31 売	上 26,000
〃 給	料 8,820		
〃 貸倒引当金繰入	120		
〃 保 険 料	70		
〃 減価償却費	900		
〃 支払利息	90		

Step3 純損益の振り替え

損益勘定の貸借差額より，当期純利益4,500円を算定します。これを繰越利益剰余金勘定の貸方に振り替えます。

〈決算振替仕訳〉

純損益の振り替え	損 益	4,500	繰越利益剰余金	4,500

〈勘定への転記〉※ 該当する勘定のみ

	損		益
3/31 仕	入 11,500	3/31 売	上 26,000
〃 給	料 8,820		
〃 貸倒引当金繰入	120		
〃 保 険 料	70		
〃 減価償却費	900		
〃 支払利息	90		
〃 繰越利益剰余金	4,500		

⊖	繰越利益剰余金（資本）	⊕
	×××	500
	3/31 損 益	4,500

Step4 各勘定の締め切り

⊕	現	金（資産）	⊖
×××	31,000	3/31 次期繰越	31,000
4/1 前期繰越	31,000		

⊕	売	掛	金（資産）	⊖
×××		10,000	3/31 次期繰越	10,000
4/1 前期繰越		10,000		

⊕	繰 越	商 品（資産）	⊖
×××	200	3/31 仕 入	200
3/31 仕 入	100	〃 次期繰越	100
	300		300
4/1 前期繰越	100		

⊕	備	品（資産）	⊖
×××	5,000	3/31 次期繰越	5,000
4/1 前期繰越	5,000		

⊖	買	掛	金（負債）	⊕
3/31 次期繰越	13,220	×××		13,220
		4/1 前期繰越		13,220

⊖	借	入	金（負債）	⊕
3/31 次期繰越	5,000	×××		5,000
		4/1 前期繰越		5,000

⊖	貸 倒 引 当 金 （資産の評価勘定）	⊕		⊖	減価償却累計額 （資産の評価勘定）	⊕
3 / 31 次期繰越 200	×××	80		3 / 31 次期繰越 2,700	×××	1,800
	3 / 31 貸倒引当金繰入	120			3 / 31 減価償却費	900
200		200		2,700		2,700
	4 / 1 前期繰越	200			4 / 1 前期繰越	2,700

⊖	資 本 金 （資本）	⊕		⊖	繰越利益剰余金 （資本）	⊕
3 / 31 次期繰越 20,000	×××	20,000		3 / 31 次期繰越 5,000	×××	500
	4 / 1 前期繰越	20,000			3 / 31 損　益	4,500
				5,000		5,000
					4 / 1 前期繰越	5,000

⊕	給 料 （費用）	⊖		⊖	売 上 （収益）	⊕
××× 8,820	3 / 31 損　益	8,820		3 / 31 損　益 26,000	×××	26,000

⊕	保 険 料 （費用）	⊖		⊕	仕 入 （費用）	⊖
××× 120	3 / 31 前払保険料	50		××× 11,400	3 / 31 繰越商品	100
	〃 損　益	70		3 / 31 繰越商品 200	〃 損　益	11,500
120		120		11,600		11,600

⊕	貸倒引当金繰入 （費用）	⊖		⊕	支 払 利 息 （費用）	⊖
3 / 31 貸倒引当金 120	3 / 31 損　益	120		××× 60	3 / 31 損　益	90
				3 / 31 未払利息 30		
				90		90

⊕	前 払 保 険 料 （資産）	⊖		⊕	減 価 償 却 費 （費用）	⊖
3 / 31 保 険 料 50	3 / 31 次期繰越	50		3 / 31 減価償却累計額 900	3 / 31 損　益	900
4 / 1 前期繰越 50						

損 益			⊖	未 払 利 息 （負債）	⊕
3 / 31 仕　入 11,500	3 / 31 売　上 26,000		3 / 31 次期繰越 30	3 / 31 支払利息	30
〃 給 料 8,820				4 / 1 前期繰越	30
〃 貸倒引当金繰入 120					
〃 保 険 料 70					
〃 減価償却費 900					
〃 支払利息 90					
〃 繰越利益剰余金 4,500					
26,000	26,000				

ここが **POINT**

①勘定の締切方法はいろいろあるが，「**英米式決算法**」による手順をおさえる。

②収益・費用の勘定は，決算振替仕訳によって損益勘定に振り替えて締め切る。

③資産・負債・資本（純資産）の勘定，評価勘定は，仕訳は行わず，勘定に「**次期繰越**」と直接記入する。

④どの勘定も最終的に借方の合計と貸方の合計は一致して締め切られる。

Supplement

繰越試算表の作成

　資産・負債・資本（純資産）・貸倒引当金・減価償却累計額の諸勘定は，それぞれの勘定の中で残高を繰越記入するため，1か所に集計した資料を作成していません。したがって，差額計算による残高に誤りがあるかどうか，または締め切りに誤りがあるかどうか未確認です。そこで，英米式決算法では，本来，これらを検証するため，各勘定の残高（次期繰越の金額）を集計した**繰越試算表**を作成します。

繰 越 試 算 表
×2 年 3 月 31 日

借　　方	勘 定 科 目	貸　　方
31,000	現　　　　　金	
10,000	売　　掛　　金	
100	繰 越 商 品	
50	前 払 保 険 料	
5,000	備　　　　　品	
	買　　掛　　金	13,220
	借　　入　　金	5,000
	未 払 利 息	30
	貸 倒 引 当 金	200
	減価償却累計額	2,700
	資　　本　　金	20,000
	繰越利益剰余金	5,000
46,150		46,150

（注）日商簿記3級においては出題区分外となっています。

THEME
27

損益計算書と貸借対照表

1 財務諸表の作成

　帳簿の締め切り終了後，最後に，外部報告用の財務諸表である損益計算書と貸借対照表を作成します。

1 損益計算書の作成

　損益計算書は，一会計期間における**収益・費用**の金額および**当期純利益（または当期純損失）**を一覧表にまとめた，企業の**経営成績**を明らかにするために作成する報告書です。

損　　　　益

3/31	仕　　　入	11,500	3/31	売　　　上	26,000	
	〃　給　　料	8,820				
	〃　貸倒引当金繰入	120				
	〃　保　険　料	70				
	〃　減価償却費	900				
	〃　支　払　利　息	90				
	〃　繰越利益剰余金	4,500				
		26,000			26,000	

❶ 損　益　計　算　書
❷ ×1年4月1日～×2年3月31日　　　　　　（単位：円）

東京㈱

費　　　　用	金　　額	収　　　　益	金　　額
売　上　原　価	11,500	売　上　高	26,000
給　　　料	8,820		
貸倒引当金繰入	120		
保　険　料	70		
減　価　償　却　費	900		
支　払　利　息	90		
当　期　純　利　益	4,500		
	26,000		26,000

❶ 損益勘定をもとに作成します。
❷ 会計期間を表示します。
❸ 売上勘定は，損益計算書上は「売上高」と表示します。
❹ 帳簿上，売上原価は仕入勘定または売上原価勘定で計算しますが，損益計算書上は「売上原価」と表示します。
❺ 損益勘定上では当期純利益は繰越利益剰余金勘定に振り替えますが，損益計算書上は「当期純利益」と表示します。

2 貸借対照表の作成

貸借対照表は，一定時点（主に期末）における**資産・負債および資本（純資産），評価勘定**の金額を一覧表にまとめた，企業の**財政状態**を明らかにするために作成する報告書です。

〈資産勘定の次期繰越額〉

現 金	31,000
売 掛 金	10,000
繰 越 商 品	100
前 払 保 険 料	50
備 品	5,000

〈負債，資本，評価勘定の次期繰越額〉

買 掛 金	13,220
借 入 金	5,000
未 払 利 息	30
貸 倒 引 当 金	200
減価償却累計額	2,700
資 本 金	20,000
繰越利益剰余金	5,000*

＊ 決算整理前の繰越利益剰余金と，損益計算書で算定した1年間の成果としてのもうけ（当期純利益）との合計額を次期に繰り越します。

❶ 貸 借 対 照 表
東京㈱　❷ ×2年3月31日　（単位：円）

資 産	金	額	負債及び純資産	金	額
現 金		31,000	買 掛 金		13,220
売 掛 金	10,000		借 入 金		5,000
❹ 貸 倒 引 当 金	△ 200	9,800	未 払 費 用 ❺		30
❸ 商 品		100	資 本 金		20,000
❺ 前 払 費 用		50	繰越利益剰余金 ❻		5,000
備 品	5,000				
❹ 減価償却累計額	△ 2,700	2,300			
		43,250			43,250

❶ 総勘定元帳の次期繰越額をもとに作成します。
❷ 決算日（作成日）を表示します。
❸ 繰越商品勘定は「商品」と表示します。
❹ 貸倒引当金や減価償却累計額は，原則として**資産から控除する形式**で表示します。
❺ 前払保険料勘定は「**前払費用**」，未払利息勘定は「**未払費用**」と表示します。
❻ 決算整理前の繰越利益剰余金に損益計算書の当期純利益を加算した金額を表示します。

3 損益計算書作成の注意点

(1) **損益勘定**をもとに作成します。

(2) **会計期間**を表示します（例：×1年4月1日～×2年3月31日）。

(3) 損益勘定上の売上勘定は，損益計算書上は「**売上高**」と表示します。

(4) 帳簿上，売上原価は仕入勘定または売上原価勘定で計算しますが，損益計算書上は「**売上原価**」と表示します。

(5) 損益勘定上では当期純利益は繰越利益剰余金勘定に振り替えるので，相手勘定は繰越利益剰余金となりますが，損益計算書上は「**当期純利益**」と借方側に表示します。なお，損失が生じている場合には「**当期純損失**」と貸方側に表示します。

4 貸借対照表作成の注意点

(1) **総勘定元帳の次期繰越の金額**をもとに作成します。

(2) **決算日（作成日）**を表示します（例：×2年3月31日）。

(3) 帳簿上，期末商品の在庫は繰越商品勘定で示しますが，貸借対照表上は「**商品**」と表示します。

(4) 貸倒引当金や減価償却累計額は，原則として**資産から控除する形式**で表示します。ただし，検定試験の問題などでは貸方側に表示する場合もあります。

(5) その他，資産に計上する「前払○○」「未収○○」や，負債に計上する「未払○○」「前受○○」は，通常，「**前払費用**」「**未収収益**」「**未払費用**」「**前受収益**」とまとめて表示します。

(6) 繰越利益剰余金は，決算整理前の金額に損益計算書で算定した**当期純利益を加算した金額**を表示します。

② 簿記一巡の手続き

　決算をもって簿記の手続きは終わり，次期以降これを繰り返すことになります。この，仕訳に始まって決算で終わる一連の手続きを**簿記一巡の手続き**といいます。

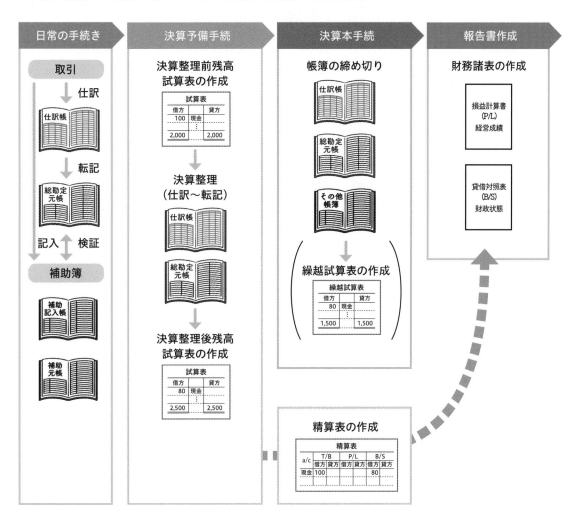

次の決算整理前残高試算表と決算整理事項にもとづいて，1．決算整理仕訳を行い，2．損益計算書と貸借対照表を作成しなさい。会計期間は×1年4月1日から×2年3月31日までの1年間である。なお，仕訳に用いる勘定科目は次の中から選ぶこと。

勘定科目 繰越商品 貯蔵品 未収利息 貸倒引当金 減価償却累計額
受取利息 仕入 通信費 貸倒引当金繰入 減価償却費

決算整理前残高試算表
×2年3月31日

借 方	勘 定 科 目	貸 方
500	現　　　　金	
5,000	売　掛　金	
1,000	貸　付　金	
4,000	繰　越　商　品	
2,000	備　　　　品	
	買　掛　金	3,800
	貸 倒 引 当 金	70
	減価償却累計額	600
	資　本　金	5,000
	繰越利益剰余金	500
	売　　　　上	37,000
	受 取 利 息	30
28,000	仕　　　　入	
2,400	給　　　料	
3,600	支 払 家 賃	
500	通　信　費	
47,000		47,000

〈決算整理事項〉

⑴　売掛金の期末残高に対し実績率法により2％の貸倒れを見積る。差額補充法による。

⑵　期末商品棚卸高は2,500円である。売上原価は「仕入」勘定で計算する。

⑶　備品について，残存価額はゼロ，耐用年数は10年として，定額法により減価償却を行う。

⑷　郵便切手の未使用高は50円である。

⑸　貸付金は2月1日に貸付期間3か月，年利12％の条件で貸し付けたもので，利息は元金とともに返済時に受け取ることになっている。

1．決算整理仕訳

	借 方 科 目	金 額	貸 方 科 目	金 額
(1)				
(2)				
(3)				
(4)				
(5)				

2．損益計算書，貸借対照表

損 益 計 算 書

東京㈱　　　　　　　　×1年4月1日～×2年3月31日　　　　　　　　（単位：円）

費　　　　　用	金　　額	収　　　　　益	金　　額
売 上 原 価	（　　　　　）	売 上 高	（　　　　　）
給 料	（　　　　　）	受 取 利 息	（　　　　　）
支 払 家 賃	（　　　　　）		
通 信 費	（　　　　　）		
貸 倒 引 当 金 繰 入	（　　　　　）		
減 価 償 却 費	（　　　　　）		
当 期 純 利 益	（　　　　　）		
	（　　　　　）		（　　　　　）

貸 借 対 照 表

東京㈱　　　　　　　　　　×2年3月31日　　　　　　　　　（単位：円）

資　　　　　産	金　　額		負債及び純資産	金　　額
現 金		（　　　　　）	買 掛 金	（　　　　　）
売 掛 金	（　　　）		資 本 金	（　　　　　）
貸 倒 引 当 金	（△　　　）	（　　　　）	繰越利益剰余金	（　　　　　）
貸 付 金		（　　　　　）		
商 品		（　　　　　）		
貯 蔵 品		（　　　　　）		
未 収 収 益		（　　　　　）		
備 品	（　　　）			
減価償却累計額	（△　　　）	（　　　　）		
		（　　　　　）		（　　　　　）

THEME 28 株式の発行

1 株式会社とは

1 会社とは

会社とは，出資者から資金の提供をうけて事業を営み，獲得した利益を出資者に分配（配当）することを目的とする会社法上の団体をいいます。会社法において，会社は「持分会社」と「株式会社」に大別されますが，本テキストでは日商簿記3級の出題範囲である小規模の**株式会社**について学習します。

2 株式会社の本質

株式会社は，「大規模な事業」を展開するために用意されたもので，そのためには多額の資金が必要となります。会社法では，その資金調達の便宜を図るため，以下のような制度を設けています。

| 株式会社 |

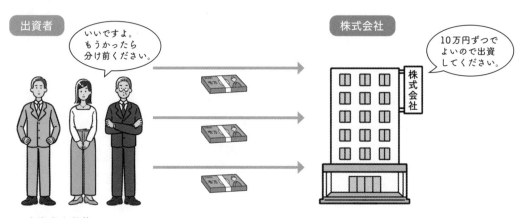

出資者を募集
⇒大金が必要な場合でも，複数人で用意すれば一人ひとりの負担は軽減されます。
⇒たとえば1,000万円集める場合でも100人から集めれば一人の負担は10万円ですみます。

（1） 株式と株主の有限責任

　株式会社は「株式」を発行することにより，元手としての事業資金を調達します。株式は，1株あたりの発行価格を自由に決定することができるため，投資を検討している人達から少額の資金を広く集めることができます。

　株式を取得した人を「株主」といいます。株主は，取得した株式の数に応じて，株主総会での議決権★や，配当金を受け取る権利を持ちますが，投資している会社の経営が悪化し，倒産した場合でも，倒産した会社が負う借入金等の債務について，一切の責任を負う必要はありません。これを「株主の有限責任」といい，投資している人は余計な心配をすることなく，株式の取得を検討することができるため，株式会社の資金調達を容易にしています。

> **★議決権**
> 　議決権とは，会社の方針を決定する会議に参加する権利をいいます。

（2） 会社債権者の保護

　「株主の有限責任」の制度により，銀行・仕入先等の債権者は，債権回収のために期待できるものが「会社の財産」のみとなります。そこで，会社法は株式会社の財産の充実を図り，債権者を保護するために，①「資本金」の公示等や②「配当」の制限の規制を設けています。

（3） 所有と経営の分離

　株主は株式会社の所有者（オーナー）ですが，株式を不特定多数の人に発行するため，株主の数は必然的に多くなります。多数の株主がいる場合，株主全員で株式会社を経営することはできません。そのため，株式会社では「株主総会」を開催し，その決議によって，経営者（取締役等）を選任し，経営を委ねます。これを「所有と経営の分離」といいます。そのため，株式会社では「株主総会」「取締役」等，一定の「機関」の設置が義務づけられています。

Supplement

株式会社の機関の種類

　会社は機関設計の最低限の規律を守りながら，その会社の実態に合わせて必要な機関を選択し，組織を作る必要があります。株式会社が設置する主な機関には次のようなものがあります。

① **株主総会**：すべての株式会社で必ず設置すべき最高意思決定機関であり，取締役や監査役の選任および解任など，株式会社の組織・運営・管理などに関する重要事項を決定する機関をいいます。
　　　　　　　株主総会には決算期ごとに開催する定時株主総会と必要に応じて開催する臨時株主総会があります。

2 資本（純資産）とは

1 株主資本の分類

株主資本は，会計による分類のほか，会社法による規制を受けるため以下のように分類されます。

（1）　会計理論上の株主資本の分類

株主資本については，企業の正しい経営成績と財政状態を報告するという目的から，株主からの出資額である「元手（資本）」と，その「もうけ（利益）」の区別を重視するため，会計理論上，株主資本は元手としての「**資本金**」および「**資本剰余金**」と，もうけとしての「**利益剰余金**」に分類します。なお，資本剰余金とは，元手として株主から受け取った金額のうち，資本金としなかった部分をいいます。

```
                    ┌ 資 本 金
株 主 資 本 ─┤                   ┌ 資 本 剰 余 金 ┐ 元 手
                    └ 剰 余 金 ─┤
                                       └ 利 益 剰 余 金 ┘ もうけ
```

（2）　会社法上の株主資本の分類

株主資本は，株主の有限責任を採用する株式会社の「配当」を規制する必要があるため，「**資本金**」のほかに「**準備金**」と「**剰余金**」とに分類します。会社法は株式会社の「資本金」「準備金」を財源とした配当を厳格に禁じていて，「剰余金」についてのみこれを認めています。なお，会社法の準備金とは，当期純損失が計上されたときに，これを穴埋めするための準備額をいい，「**資本準備金（日商簿記２級の範囲）**」と「**利益準備金**」の２つで構成されます。また，剰余金とは株主資本のうちの「資本金」と「準備金」以外の部分をいいます。

配当のもとになる剰余金は，自己株式の処分差益等の株主との取引にもとづく「**その他資本剰余金（日商簿記１級の範囲）**」と，繰越利益剰余金等の利益にもとづく「**その他利益剰余金**」の２つで構成されます。

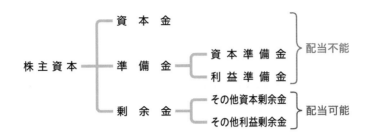

（3） 会計制度上の株主資本の分類

　元手ともうけの分類を重視する会計理論上の考え方と配当可否の分類を重視する会社法上の考え方の調整を図った結果，会計制度上は株主資本を以下のように分類し，貸借対照表に記載します。

株主資本	株主からの払い込みを源泉とする株主資本	資 本 金		元手
		資本剰余金*	資本準備金	
			その他資本剰余金	
	会社が獲得した利益を源泉とする株主資本	利益剰余金	利益準備金	もうけ
			その他利益剰余金*	

　＊　資本剰余金およびその他利益剰余金の一部（任意積立金）は日商簿記2級の出題範囲となっています。

① 資本金

　資本金とは，会社法が定める法定資本であり，**株式会社が最低限維持しなければならない金額**をいいます。

　（注）株主は出資義務を負うのみで，債権者に対する責任を負わないため（株主の有限責任），会社法が債権者を保護するために規定しています。

② 利益剰余金

　利益剰余金とは，**企業の経済活動から生じた純資産の増加部分**であり，利益を源泉とするものをいいます。日商簿記3級では，下記の2つを学習します。

ⅰ　利益準備金

　利益準備金とは，会社法の規定にもとづき，**債権者を保護するために，強制的に積み立てられた留保利益**をいいます。具体的には，配当金の10分の1を，資本準備金の額とあわせて資本金の4分の1に達するまで積み立てなければならないのですが，日商簿記3級においては積み立てるべき金額が明示されます。

ⅱ　繰越利益剰余金（その他利益剰余金の一部）

　繰越利益剰余金とは，**利益準備金および任意積立金以外の利益剰余金**であり，株主総会等の決議により，**配当および処分**が決定されます。詳しくはテーマ29で学習します。

3 **株式の発行**

　会社を設立するとき，株式会社は，株式を発行して資金調達を行います。また，設立後においても，定款★で定めた授権株式数（発行可能株式総数）の範囲内で，追加で新株式を発行して資金調達（増資）を行うことができます。

> **★定款**
> 　定款とは会社の目的，名称，組織などを定めた会社の根本規則をいいます。

1　資本金組入額

　会社が株式を発行して調達した資金は，会社法の規定により，その払込金額を**資本金勘定**（**資本**）で処理します（原則：日商簿記3級の出題範囲）。ただし，払込金額の一部を資本金としないで**資本準備金勘定**で処理することができます（容認：日商簿記2級の出題範囲）。

✎　資本金の計上額（組入額）

原　則	払込金額の全額（1株の払込金額×発行株式数）
容　認	払込金額の2分の1以上（2級の出題範囲）

2　設立時の株式発行

　会社の設立にあたり株式を発行した場合，上記，会社法の規定にもとづき資本の増加として**資本金勘定**（**資本**）の貸方に記入します。

📖　例題 01　**設立時の株式発行**

7月12日，東京㈱は，会社の設立にあたり，株式500株を1株の払込金額60,000円で発行し，全株式の払い込みを受け，払込金額は当座預金とした。

✍　仕　訳 ....

7/12（当 座 預 金）30,000,000　（資　本　金）* 30,000,000

　　　＊　60,000円〈1株の払込金額〉×500株〈発行株式数〉＝30,000,000円〈資本金〉

⊖	資　本　金（資本）	⊕
	7/12 当座預金　30,000,000	

3 増資時の株式発行

会社設立後，取締役会等の決議により新株式を発行した場合も，設立時と同様に会社法の規定にもとづき資本の増加として**資本金勘定（資本）**の貸方に記入します。

 例題 02 増資時の株式発行 （例題01の続き）

9月5日，東京㈱は，取締役会の決議により，未発行株式のうち500株を1株の払込金額90,000円で発行し，全株式の払い込みを受け，払込金額を当座預金とした。

◇ 仕 訳

9 / 5 （当 座 預 金） 45,000,000 （資 本 金）* 45,000,000

＊ 90,000円〈1株の払込金額〉×500株〈発行株式数〉＝45,000,000円〈資本金〉

⊖	資 本 金（資本）	⊕
	7 /12 当座預金	30,000,000
	9 / 5 当座預金	45,000,000

確認問題 44 解答解説 → P300

次の取引を仕訳しなさい。なお，仕訳に用いる勘定科目は次の中から選ぶこと。

勘定科目 当座預金 資本金

1．博多㈱は，会社の設立にあたり，株式400株を1株の払込金額70,000円で発行し，全株式の払い込みを受け，払込金額は当座預金とした。

2．博多㈱は，取締役会の決議により，未発行株式のうち600株を1株あたりの払込金額120,000円で発行し，全株式の払い込みを受け，払込金額は当座預金とした。

Supplement

授権株式制度

株式会社は定款で定めた発行可能株式総数（授権株式数）の範囲内で自由に株式を発行し，資金調達を行うことができます。これを授権株式制度といいます。ただし，公開会社(注)の場合，株式の発行は取締役会が決定するため，株式の乱発による既存株主の利益（株式の所有割合に関する利益）を保護する必要があります。そのため，授権株式数を発行済株式総数の4倍を超えて増加することはできないという，いわゆる「4倍規制」が設けられています。その関係で，会社の設立に際して発行する株式の総数は授権株式数の4分の1以上であることが要請されます。

（注）公開会社：株式の内容として，譲渡によるすべての株式の取得について株式会社の承認を要する旨の定款の定めを設けていない株式会社をいいます。

THEME
29

剰余金の配当と処分

1　利益剰余金の配当と処分とは

　株式会社は，決算において当期純利益を計上すると，どのように利益（利益剰余金）を配当したり処分したりするかを株主総会で決めます。これを**利益剰余金の配当と処分**といいます。

　利益剰余金の配当とは，株主に対する利益の分配として現金などを支出することをいい，会社財産が社外に流出することになります。また，**利益剰余金の処分**とは，利益準備金などを積み立てることをいい，現金などの会社財産を社内に留保することをいいます。

（1）　社外流出項目（現金などの社外流出をともなうもの）

　株主配当金：株主に対する利益の分配。

（2）　社内留保項目（剰余金の処分項目）

　利益準備金：会社法により，その積み立てが強制される利益の留保額。

② 会計処理

1　利益剰余金の配当と処分の全体的な流れ

　利益剰余金の配当と処分は，取締役会が剰余金の配当及び処分案を作成して株主総会に提出し，株主総会において承認を受けることにより確定します。

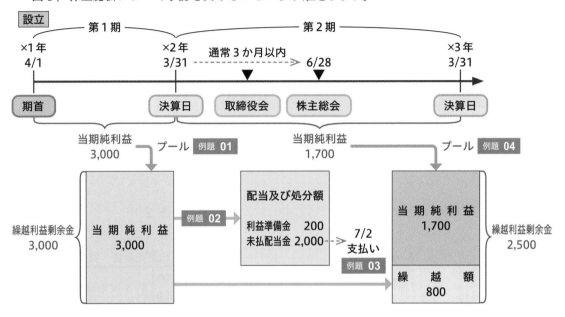

2　当期純利益の振り替え

　株式会社の当期純利益は，損益勘定で算定し，**繰越利益剰余金勘定（資本（純資産））の貸方**〔くりこし り えきじょう よ きん〕に振り替えます。

　決算において計上した当期純利益は，株主総会まで，**処分の決まっていない剰余金**として繰越利益剰余金勘定にプールしておきます。

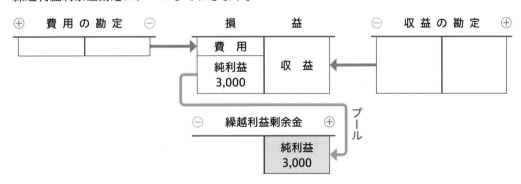

📖　例　題　**01**　当期純利益の振り替え

×2年3月31日，横浜㈱は，第1期決算において当期純利益3,000円を計上した。

✎　仕　訳 ....

| ×2/ 3 /31（損 | 益） | 3,000 | （繰越利益剰余金） | 3,000 |

3 利益剰余金の配当と処分のとき

株主総会の決議によって処分が確定した金額は，以下の勘定科目を用いてその貸方に振り替えます。

（1） 社外流出（現金などの社外流出をともなうもの）

株主配当金：**未払配当金勘定（負債）**

（2） 社内留保（繰越利益剰余金勘定からほかの資本（純資産）の勘定に振り替えるもの）

利益準備金の積み立て：**利益準備金勘定（資本（純資産））**

配当と処分後の残高：**繰越利益剰余金勘定（資本（純資産））にそのまま残しておく**

📖 例題 02　利益剰余金の配当と処分のとき　　　　　　　　（例題 01 の続き）

×2年6月28日，横浜㈱の第1期の株主総会において，繰越利益剰余金3,000円を次のように配当及び処分し，残額は次回の剰余金の処分まで繰り越した。

利益準備金： 200円　　　　株主配当金：2,000円

✏ **仕 訳** ┈┈┈┈┈┈┈┈┈┈┈┈┈┈┈┈┈┈┈┈┈┈┈┈┈┈┈┈┈┈┈┈┈┈┈┈

×2/ 6 /28（繰越利益剰余金）　　2,200　　　（利 益 準 備 金）　　200
　　　　　　　　　　　　　　　　　　　　（未 払 配 当 金）　2,000

（注）なお，繰越利益剰余金勘定への転記については，相手科目が複数であったとしても「諸口」を使いません。

> 配当金について，株主総会では配当する金額を決定しただけで，実際には後日支払うことになるため，未払配当金勘定（負債）で処理します。

---

4 株主配当金を支払ったとき

確定した配当金を支払ったときは，**未払配当金勘定（負債）の借方**に記入し，減少させます。

📖 例題 03　株主配当金を支払ったとき　　　　　　　　　（例題 02 の続き）

×2年7月2日，株主配当金2,000円を小切手を振り出して支払った。

✏ **仕 訳** ┈┈┈┈┈┈┈┈┈┈┈┈┈┈┈┈┈┈┈┈┈┈┈┈┈┈┈┈┈┈┈┈┈┈┈┈

×2/ 7 / 2（未 払 配 当 金）　　2,000　　　（当 座 預 金）　　2,000

5　決算のとき

当期純利益を損益勘定から繰越利益剰余金勘定に振り替えます。

例 題 04　　決算のとき　　　　　　　　　　　　　　（例題 03 の続き）

×3年3月31日，第2期決算の結果，当期純利益1,700円を計上した。

✏ 仕 訳 ··

×3/ 3 /31（損　　　　　益）　　　1,700　　　　（繰越利益剰余金）　　　　　1,700

⊖	繰越利益剰余金（資本）	⊕		損	益
6 /28 利益準備金　　200	4 / 1 前期繰越 3,000		費　　　用		収　　　益
〃 未払配当金 2,000					
3/31 次期繰越 2,500	3 /31 損　　益 1,700	←	3 /31 繰越利益剰余金 1,700	当期純利益	

上記の仕訳を転記すると，繰越利益剰余金勘定の残高は当期純利益（1,700円）と前回の利益剰余金の配当及び処分後の残高（800円）を合算した金額（2,500円）となります。この繰越利益剰余金勘定の残高を次期へ繰り越し，その後行われる株主総会で配当及び処分することになります。

確 認 問 題　**45**　　　　　　　　　　　　　　解答解説 → P301

次の一連の取引を仕訳しなさい。なお，仕訳に用いる勘定科目は次の中から選ぶこと。

勘定科目　　当座預金　　未払配当金　　利益準備金　　繰越利益剰余金　　損益

1．×2年3月31日，第1期決算にあたり当期純利益5,000円を計上した。

2．×2年6月28日，定時株主総会の決議において次の剰余金の配当と処分が承認された。

繰越利益剰余金	5,000 円
1．利益準備金	400 円
2．配 当 金	4,000 円
繰 越 額	600 円

3．×2年7月2日，配当金を当座預金から支払った。

4．×3年3月31日，第2期決算にあたり当期純利益6,400円を計上した。なお，繰越利益剰余金勘定の残高が600円ある。

③ 当期純損失を計上した場合

1 当期純損失の振り替え

株式会社の当期純損失は，損益勘定で計算し，**繰越利益剰余金勘定（資本（純資産））の借方**に振り替えます。

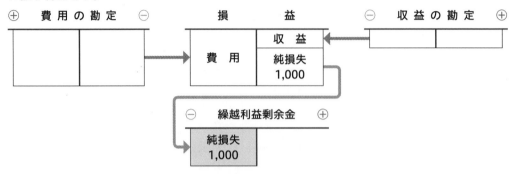

当期純損失を振り替えた際に，**繰越利益剰余金勘定が借方残高（マイナス）**になった場合は，その後行われる株主総会で処理を決めることになります。

例題 05 　当期純損失の振り替え

3月31日，第×期決算の結果，当期純損失1,000円を計上した。

✎ 仕 訳 ....

3 /31（繰越利益剰余金）　　　 1,000　　　（損　　　益）　　　 1,000

2 繰越利益剰余金勘定が借方残高（マイナス）のとき

株主総会において，繰越利益剰余金勘定の借方残高（マイナス）は利益準備金などを取り崩すことによって補てんすることができます。

例題 06 　繰越利益剰余金勘定が借方残高のとき 　　　　（例題 05 の続き）

6月29日の株主総会において，繰越利益剰余金勘定の借方残高1,000円を利益準備金1,200円を取り崩して補てんした。

✎ 仕 訳 ....

6 /29（利 益 準 備 金）　　　 1,200　　　（繰越利益剰余金）　　　 1,200

借方残高の補てんは会社の任意で行うことなので，繰越利益剰余金勘定の借方残高（マイナス）の全額を補てんする必要はなく，補てんしなかった金額は次期に繰り越すこともできます。

MEMO

THEME 30　税　金

1　税金の分類

株式会社に関する税金は，会計上，次のように分類します。

---

(1)　利益に課されるもの

　法人税・住民税・事業税（あわせて「法人税等（ほうじんぜいとう）」ともいう）

(2)　消費という事実に対して課されるもの

　消費税

(3)　上記以外のもの

　①　費用となるもの（テーマ21参照）

　　固定資産税・印紙税など（支出時または発生時に租税公課として処理）

　②　資産の付随費用となるもの（テーマ12参照）

　　不動産取得税・登録免許税など（原則として，資産の取得原価として処理）

2　法人税，住民税及び事業税（法人税等）

　法人税とは，**株式会社などの法人格をもった会社の利益に課される税金**です。また，そのほかにも住民税や事業税が地方公共団体によって課されますが，その申告や納付が法人税に準じて行われることから，法人税，住民税および事業税を**法人税，住民税及び事業税**（または**法人税等**（ほうじんぜいとう））**勘定**（費用）で処理します。

法人税，住民税及び事業税の処理

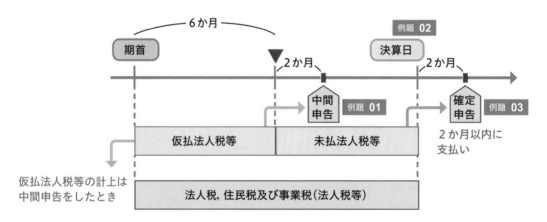

1 中間申告のとき

年1回決算の会社は，期首より6か月を経過した日から2か月以内に，前年度の法人税額の2分の1または6か月を一事業年度とみなして仮決算を行って算出した6か月分の法人税額を申告します。これを**中間申告**といい，中間申告によって納付した法人税額は，**仮払法人税等勘定（資産）**で処理します。

例題 01　中間申告のとき

10月31日，山梨㈱（決算年1回，3月31日）は，法人税の中間申告を行い，税額2,500円（法人税1,300円，住民税550円，事業税650円）を小切手を振り出して納付した。

◇ 仕 訳

| 10/31（仮払法人税等）* | 2,500 | （当 座 預 金） | 2,500 |

　　　＊　仮払法人税等勘定は，仮払金勘定を用いることもあります。

2 決算のとき

収益総額から費用総額を差し引いて算定した税引前当期純利益にもとづいて**法人税，住民税及び事業税勘定（費用）**を計上します。そのうえで仮払法人税等を充当し，残額を**未払法人税等勘定（負債）**で処理します。

例題 02　決算のとき　　　　　　　　　　　　　　　（例題01の続き）

3月31日，山梨㈱では，決算の結果，確定した税引前当期純利益について法人税が6,000円と計算された。なお，この金額から中間納付額2,500円を控除した金額を未払分として計上した。

◇ 仕 訳

| 3/31（法人税,住民税及び事業税） | 6,000 | （仮 払 法 人 税 等） | 2,500 |
| | | （未 払 法 人 税 等） | 3,500 |

　　　（注）日商簿記3級では，税引前当期純利益に税率を掛けて法人税，住民税及び事業税を算定する場合もあります。

> 中間納付額を差し引いた法人税等の未払分については，後日支払うことになる（まだ支払っていない）ため，未払法人税等勘定（負債）で処理します。

3 確定申告のとき

決算時に計算された法人税額は，原則として，決算日後2か月以内に申告します。これを**確定申告**といい，決算のときに計上した未払法人税等を納付します。

例題 03　確定申告のとき　　　　　　　　　　　　（例題02の続き）

4月30日，山梨㈱は，法人税について確定申告を行い，未払分3,500円を小切手を振り出して納付した。

◇ 仕 訳

| 4/30（未 払 法 人 税 等） | 3,500 | （当 座 預 金） | 3,500 |

　次の一連の取引について仕訳しなさい。なお，仕訳に用いる勘定科目は次の中から選ぶこと。

　勘定科目　　当座預金　　仮払法人税等　　未払法人税等　　法人税，住民税及び事業税

1．第1期決算にあたり，本年度の法人税，住民税及び事業税が8,000円と確定した。なお，未払額は未払法人税等勘定で処理した。中間申告は行っていない。

2．第1期の確定申告にあたり，未払法人税等を小切手を振り出して支払った。

3．第2期の中間申告にあたり，前年度の実績にもとづいて法人税，住民税及び事業税4,000円を小切手を振り出して支払った。

4．第2期決算にあたり，本年度の法人税，住民税及び事業税が7,500円と確定した。なお，この金額から中間納付額を控除した金額を未払分として計上した。

5．第2期の確定申告にあたり，未払分を小切手を振り出して支払った。

③ 消費税

　消費税とは，**国内における商品の販売やサービスの提供に課税される税金**です。この税金は製造および流通の過程で段階的に課税されますが，最終的には，商品を購入したりサービスの提供を受ける**消費者が負担**することになります（**間接税★**）。したがって，消費税は原則として企業の損益に影響を及ぼさない税金といえます。

> **★間接税**
> みなさんがお店（企業）で買いものをしたときにも，商品の価格に消費税が足された金額を支払いますよね。その消費税は，お店（企業）に支払っているわけではなく，お店はみなさんが負担する消費税を一時的に預かっているのです。そして，お店（企業）は，みなさんの代わりに税務署に納付します。このように，税金を負担する人が直接納付しない形式の税金を間接税といいます。

1　消費税のしくみ

消費税のしくみ

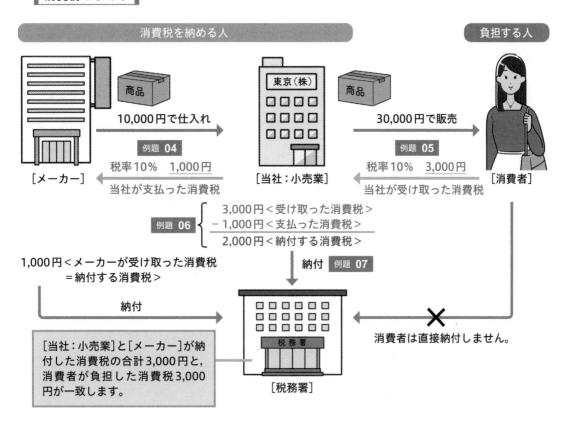

2 税抜方式による処理

税抜方式とは，消費税額を売上や仕入等に含めずに，区分して処理する方法です。

（1） 消費税を支払ったとき

支払った消費税は**仮払消費税勘定（資産）**で処理します。

> **📖 例 題 04　消費税を支払ったとき**

2月11日，商品を10,000円で仕入れ，代金は現金で支払った。なお，消費税率は10%である。

✏ **仕　訳** ....

2 /11 （仕　　　　　入）	10,000	（現　　　　　金）	11,000
（仮 払 消 費 税）*	1,000		

　　＊　10,000円×10％＝1,000円〈消費税〉

（2） 消費税を受け取ったとき

受け取った消費税は，消費者に代わって納付するために預かったと考えることから，**仮受消費税勘定（負債）**で処理します。

> **📖 例 題 05　消費税を受け取ったとき**　　　　　　（例題 04 の続き）

3月1日，商品を30,000円で販売し，代金は現金で受け取った。なお，消費税率は10%である。

✏ **仕　訳** ....

3 / 1 （現　　　　　金）	33,000	（売　　　　　上）	30,000
		（仮 受 消 費 税）*	3,000

　　＊　30,000円×10％＝3,000円〈消費税〉

（3） 決算のとき

決算時に，預かった消費税（仮受消費税）から支払った消費税（仮払消費税）を差し引いた差額は納税額として，**未払消費税勘定（負債）** で処理します。

▤▤▤ **例題 06**   **決算のとき**   （例題 05 の続き）

３月31日，本日決算につき，消費税の仮払分1,000円と仮受分3,000円を相殺し，納付額を確定する。

◇ 仕 訳 ───

3 /31（仮 受 消 費 税）	3,000	（仮 払 消 費 税）	1,000
		（未 払 消 費 税）	2,000

> ＊ 仮受消費税勘定の金額より仮払消費税勘定の金額が大きくなり，消費税の還付を受ける場合，その差額は**未収還付消費税勘定(資産)**で処理します(日商簿記 2 級の範囲)。

> 計算した消費税額は，後日支払うことになる（まだ支払っていない）ため，未払消費税勘定（負債）で処理します。

（4） 納付したとき

確定申告を行い，消費税を納付したときは，決算のときに計上した未払消費税勘定を減少させます。

▤▤▤ **例題 07**   **納付したとき**   （例題 06 の続き）

４月30日，消費税の確定申告を行い，未払消費税2,000円を小切手を振り出して納付した。

◇ 仕 訳 ───

4 /30（未 払 消 費 税）	2,000	（当 座 預 金）	2,000

確認問題 47   解答解説 → P301

次の一連の取引を税抜方式で仕訳しなさい。消費税率は10％とする。なお，仕訳に用いる勘定科目は次の中から選ぶこと。

勘定科目   現金   仮払消費税   未払消費税   仮受消費税   売上   仕入

１．商品55,000円（税込価額）を仕入れ，代金は現金で支払った。

２．商品99,000円（税込価額）を販売し，代金は現金で受け取った。

３．決算にあたり，消費税の納付額を確定した。

４．確定申告を行い，確定した消費税を現金で納付した。

THEME 31 証ひょう

1 証ひょうとは

実務において，帳簿への記入は**証ひょう（取引の事実を証明する資料）**にもとづいて行います。証ひょうには以下のようなものがあります。

> これまでは，「4月3日，埼玉(株)より商品300円（30個，@10円）を仕入れ，代金は現金で支払った。」というように，取引の内容が文章で与えられて仕訳を行っていましたが，実務では自ら領収書などの証ひょうを読み取り仕訳を行う必要があります。

	証ひょうの種類	記載内容
仕入先から受け取る書類	納品書	仕入れた商品の名称，個数，単価，総額等
	請求書	仕入れた商品代金の請求額
	領収書	仕入れた商品代金の支払額
売上先から受け取る書類	注文（発注）書	注文された商品の名称，個数等
	商品受取（受領）書	発送した商品の受取証明
その他の企業から受け取る書類	納品書	購入した物品の名称，個数，単価，総額等
	請求書	購入した物品代金の請求額
	領収書	購入した物品代金の支払額
銀行から受け取る書類	当座勘定照合表	当座預金口座の入出金明細
	入出金明細書	普通預金・定期預金の入出金明細
税務署から受け取る書類	法人税の領収済通知書	中間申告・確定申告したときの法人税の納付額
	消費税の領収済通知書	確定申告したときの消費税の納付額
社員から受け取る書類	出張旅費報告書	旅費交通費の精算報告
仕入先へ渡す書類の控え	注文（発注）書（控）	注文した商品の名称，個数等の控え
	商品受取（受領）書（控）	受け取った商品の受取証明の控え
売上先へ渡す書類の控え	納品書（控）	発送した商品の名称，個数，単価，総額等控え
	請求書（控）	発送した商品代金の請求額の控え
	領収書（控）	発送した商品代金の受取額の控え

なお，上記以外にもさまざまな証ひょうがあります。

2　証ひょうの種類

1　請求書

📖 **例題 01**　請求書

5月30日に届いた次の納品書兼請求書にもとづいて，関東株式会社の仕訳をしなさい。なお，消費税については税抜方式により処理すること。

納品書兼請求書

関東株式会社　御中

東京株式会社

品　　　物	数　量	単　価	金　　額	
A品（50個入りケース）	20	3,500	¥　70,000	
B品（24個入りケース）	20	3,800	¥　76,000	❶
C品（12個入りケース）	15	3,800	¥　57,000	
消費税（10%）			¥　20,300	❷
合　計			¥　223,300	❸

×1年6月29日までに合計額を下記口座へお振り込みください。
東京銀行神田支店　普通　7632541　トウキョウ（カ

✏️ **仕　訳**

　上記は，東京株式会社が作成し，関東株式会社に渡した納品書兼請求書です。関東株式会社は，仕入代金と消費税の合計額を6月29日までに支払うよう請求されたことになります。

5/30	（仕　　　　　入）	203,000 ❶	（買　掛　　金）	223,300 ❸
	（仮 払 消 費 税）	20,300 ❷		

❶　税抜きの仕入代金の合計**203,000円**（＝70,000円＋76,000円＋57,000円）を仕入勘定（**費用**）で処理します。

❷　仕入代金の10%の**消費税額20,300円**を仮払消費税勘定（**資産**）で処理します。

❸　「×1年6月29日までに合計額を下記口座へお振り込みください。」と記載されていることから，現時点（5月30日）ではまだ支払いが行われていないことがわかります。したがって，税抜きの仕入代金203,000円と消費税20,300円の**合計額223,300円**を買掛金勘定（**負債**）で処理します。

2 請求書（控）

5月30日に発行した次の納品書兼請求書（控）にもとづいて，東京株式会社の仕訳をしなさい。なお，消費税については税抜方式により処理すること。

納品書兼請求書（控）

関東株式会社　御中

東京株式会社

品　　物	数　量	単　価	金　額	
A品（50個入りケース）	20	3,500	¥　70,000	
B品（24個入りケース）	20	3,800	¥　76,000	❶
C品（12個入りケース）	15	3,800	¥　57,000	
		消費税（10%）	¥　20,300	❷
		合　計	¥　223,300	❸

×1年6月29日までに合計額を下記口座へお振り込みください。
東京銀行神田支店　普通　7632541　トウキョウ（カ

✎ 仕　訳

上記は，東京株式会社が作成し，関東株式会社に渡した納品書兼請求書の控えです。東京株式会社は，売上代金と消費税の合計額を6月29日までに支払うよう請求したことになります。

（売　掛　金）	223,300 ❸	（売　　　上）	203,000 ❶
		（仮 受 消 費 税）	20,300 ❷

❶ 税抜きの売上代金の合計203,000円（= 70,000円 + 76,000円 + 57,000円）を売上勘定（収益）で処理します。

❷ 売上代金の10%の消費税額20,300円を仮受消費税勘定（負債）で処理します。

❸ 「×1年6月29日までに合計額を下記口座へお振り込みください。」と記載されていることから，現時点（5月30日）ではまだ受け取りが行われていないことがわかります。したがって，税抜きの売上代金203,000円と消費税20,300円の合計額223,300円を売掛金勘定（資産）で処理します。

3 領収書

📖 例 題 03 領収書

7月26日に商品を仕入れ，現金を支払ったときに受け取った領収書により仕訳をしなさい。

～～

✍ 仕 訳 ‥‥‥‥‥

　上記は，九州株式会社が，仕入れた商品代金を四国株式会社に支払ったときに，受け取った
領収書です。複写式の場合，2枚目の複写の方（（控）と書いてない方）を受け取ります。

　（仕　　　　　入）　　　100,000 ❶　（現　　　　　金）　　　110,000 ❸
　（仮 払 消 費 税）　　　 10,000 ❷

❶　商品を仕入れているため，**税抜きの商品代金100,000円**を仕入勘定（**費用**）で処理します。
❷　商品代金の10%の**消費税額10,000円**を仮払消費税勘定（**資産**）で処理します。
❸　仕入れた商品代金は現金で支払っているため，税抜きの商品代金100,000円と消費税額
　10,000円の**合計額110,000円**を現金勘定（**資産**）で処理します。

4 領収書（控）

7月26日に商品を販売し，代金を現金で受け取った時に発行した領収書の控えにより仕訳を
しなさい。

領 収 書（控）

NO.

×1年7月26日

九州株式会社　　　　　様

金額　❸　**¥ 110,000 -**

200 円
収入印紙
貼付済

但し　商品代金として（本日納品）

上記金額正に領収いたしました

四国株式会社

〒760-××××

内　　訳

香川県高松市××町 1-2-3

❶　税別金額　　　　　¥ 100,000

❷　消費税額（10%）　¥ 10,000

TEL. 087-000-0000　FAX. 087-000-0000

仕 訳

　上記は，四国株式会社が，売り上げた商品代金を九州株式会社から受け取ったときに，発行
した領収書の控えです。複写式の場合，1枚目の方（（控）と書いてある方）が手許に残りま
す。

（現　　　　金）	110,000 ❸	（売　　　　上）	100,000 ❶
		（仮 受 消 費 税）	10,000 ❷

❶　商品を販売しているため，**税抜きの商品代金100,000円**を売上勘定（収益）で処理します。
❷　商品代金の10%の**消費税額10,000円**を仮受消費税勘定（負債）で処理します。
❸　販売した商品代金は現金で受け取っているため，**税抜きの商品代金100,000円と消費税額
10,000円の合計額110,000円**を現金勘定（資産）で処理します。

5 法人税の領収済通知書（中間申告）

例 題 05　法人税の領収済通知書（中間申告）

×1年11月15日，当座預金口座から法人税を納付したときの仕訳をしなさい。

領 収 済 通 知 書

科目		本　　税	￥1,300	納期等	×1.04.01
	法人税	○○○税		の区分	×2.03.31
		△△△税		中間申告	確定申告
		×××税			
		□□□税			
		合計額	￥1,300	出納印 ×1.11.15 A銀行	

| 住所 | 山梨県 甲府市 ×× |
| 氏名 | 山梨株式会社 |

◇ **仕 訳**

　上記は，山梨株式会社が税金を納付したときに受け取る領収済通知書です。科目欄が**法人税**，納期等の区分が**中間申告**になっていることから，**法人税の中間申告**を行っていることがわかります。したがって，**納付額1,300円を仮払法人税等勘定（資産）**で処理します。

11/15（仮 払 法 人 税 等）　　　1,300　　　　（当 座 預 金）　　　1,300

6 法人税の領収済通知書（確定申告）

例題 06 法人税の領収済通知書（確定申告）

×2年5月25日，当座預金口座から法人税を納付したときの仕訳をしなさい。

領収済通知書

科目
法人税

本　税	¥1,500	納期等の区分	×1.04.01 ×2.03.31
○○○税			
△△△税		中間申告	確定申告
×××税			
□□□税			
合計額	¥1,500		

住所	山梨県 甲府市 ××
氏名	山梨株式会社

出納印
×2.5.25
A銀行

仕 訳

上記は，山梨株式会社が税金を納付したときに受け取る領収済通知書です。科目欄が**法人税**，納期等の区分が**確定申告**になっていることから，**法人税の確定申告**を行っていることがわかります。したがって，**納付額1,500円を未払法人税等勘定（負債）**で処理します。

5/25	（未払法人税等）	1,500	（当座預金）	1,500

7 当座勘定照合表

例題 07 当座勘定照合表

取引銀行のインターネットバンキングサービスから当座勘定照合表（入出金明細）を参照したところ，次のとおりであった。なお，市ヶ谷㈱および四ッ谷㈱はそれぞれ当社の商品の取引先であり，当座預金で掛け代金の決済を行っている。

このとき，8月20日から8月25日までの仕訳をしなさい。

×1年9月2日

当座勘定照合表

水道橋食品株式会社　様

○○銀行神田支店

	取引日	摘　要	お支払金額	お預り金額	取引残高
❶	8.20	融資ご返済	1,000,000		
❷	8.20	融資お利息	8,000		省略
❸	8.21	お振込　市ヶ谷㈱	500,000		
❹	8.21	お振込手数料	200		
❺	8.22	お振込　四ッ谷㈱		500,000	
❻	8.25	手形引落（No.555）	1,000,000		

✎ 仕 訳

当座預金は普通預金のような通帳がないため，金融機関が顧客に対して送付する証ひょうとして当座勘定照合表があります。

上記当座勘定照合表は，○○銀行神田支店が水道橋食品に対して送付したもので，これをもとに仕訳（伝票を作成）し，当座預金勘定に増減を記入します。なお，当座勘定照合表は銀行側が発行する証ひょうなので，「**お支払金額**」は「**当座預金口座からの出金額**」を表し，「**お預り金額**」は「**当座預金口座への入金額**」を表します。

8／20（借　入　金）　1,000,000 ❶　（当　座　預　金）　1,008,000
　　　（支　払　利　息）　　8,000 ❷
8／21（買　掛　金）　　500,000 ❸　（当　座　預　金）　　500,200
　　　（支払手数料）　　　200 ❹
8／22（当　座　預　金）　500,000　　（売　掛　金）　　500,000 ❺
8／25（支　払　手　形）1,000,000 ❻　（当　座　預　金）　1,000,000

❶　摘要欄に「**融資ご返済**」とあることから，8月20日に借入金の返済を行っていることが読み取れます。
❷　摘要欄に「**融資お利息**」とあることから，8月20日の借入金の利息を支払っていることが読み取れます。
❸　摘要欄に「**お振込　市ヶ谷㈱**」とあり，「**お支払金額**」の欄に金額500,000円が記載されていることから，8月21日に市ヶ谷㈱への買掛金を支払っていることが読み取れます。
❹　摘要欄に「**お振込手数料**」とあることから，8月21日の市ヶ谷㈱への買掛金の支払いにともなう振込手数料であることが読み取れます。
❺　摘要欄に「**お振込　四ッ谷㈱**」とあり，「**お預り金額**」の欄に金額500,000円が記載されていることから，8月22日に四ッ谷㈱から売掛金が入金されたことが読み取れます。
❻　摘要欄に「**手形引落（No.555）**」とあることから，8月25日に手形代金を支払っていることが読み取れます。

THEME 32 伝　票

1 伝票とは

伝票とは，仕訳帳の代わりに用いる，**取引を記録する紙片**です。伝票を作成することを「起票する」といいます。実務上は，伝票による記録が多く用いられます。

テーマ31で学習した証ひょうをそのまま綴って帳簿の代わりに用いることもできますが，形式や大きさなどが異なっているので，取り扱いが面倒です。そこで，帳簿形式や一定の形式に印刷した紙片に取引内容を記入したものを，帳簿として用いるように工夫したものが伝票です。

伝票には，仕訳伝票，入金伝票，出金伝票，振替伝票などがあります。手続きの省略などの工夫によりいくつかの起票方法があります。日商簿記3級では「**三伝票制**」を学習します。

伝票の起票方法

● 一伝票制　　　　　　　　　　　　　● 三伝票制

すべての取引

↓

1種類の伝票に仕訳を
1つずつ記入します。
（省略はありません）

取引を分類して3種類の
伝票に記入します。
（省略の工夫があります）

2 三伝票制

　三伝票制とは，すべての取引を**入金取引**，**出金取引**，**それ以外の取引**の3つに分けて，入金取引は**入金伝票**で，出金取引は**出金伝票**で，それ以外の取引は**振替伝票**で起票する方法です。この方法は3種類の伝票を用いるので，**三伝票制**とよばれます。

三伝票制で使用する伝票

↳ 入金取引を
　起票

↳ 出金取引を
　起票

↳ 入金・出金以外の
　取引を起票

1 入金伝票の起票

入金取引は，仕訳を行うと**借方の勘定科目がすべて「現金」となる取引**なので，現金の記入は省略し，入金伝票の科目欄には，**貸方の勘定科目のみ**を記入します。

仕訳：(現　　　金)　××　　　(○　　　○)　××

例題 01　入金伝票

次の入金伝票にもとづいて，2月1日の仕訳を示しなさい。

入　金　伝　票 ×1年2月1日		
科　　　　目	金	額
売　掛　金		80

✍ 仕　訳

入金伝票では，借方の勘定科目は「現金」が前提となるため，入金伝票自体には現金という勘定科目を示しません。

2／1 (現　　　　金)　　　80　　　 (売　　掛　　金)　　　80

2 出金伝票の起票

出金取引は，仕訳を行うと**貸方の勘定科目がすべて「現金」となる取引**なので，現金の記入は省略し，出金伝票の科目欄には，**借方の勘定科目のみ**を記入します。

仕訳：(○　　　○)　××　　　(現　　　金)　××

例題 02　出金伝票

次の出金伝票にもとづいて，2月2日の仕訳を示しなさい。

出　金　伝　票 ×1年2月2日		
科　　　　目	金	額
買　掛　金		70

276

✎ 仕 訳 ‥‥‥‥‥‥‥‥‥‥‥‥‥‥‥‥‥‥‥‥‥‥‥‥‥‥‥‥‥‥‥‥‥‥‥

　出金伝票では，貸方の勘定科目は「現金」が前提となるため，出金伝票自体には現金という勘定科目を示しません。

　2/2（買　掛　金）　　　　　70　　　（現　　　　　金）　　　　　70

3　振替伝票の起票

　振替伝票は，**入金取引・出金取引以外**の取引（**振替取引**という）を記入します。片方の勘定科目が決まっている入金伝票や出金伝票とは違い，**通常の仕訳と同様の記入**を行います。

例 題 03　振替伝票

次の振替伝票にもとづいて，2月3日の仕訳を示しなさい。

振　替　伝　票 ×1年2月3日			
借　方　科　目	金　額	貸　方　科　目	金　額
売　　掛　　金	50	売　　　　　上	50

✎ 仕 訳 ‥‥‥‥‥‥‥‥‥‥‥‥‥‥‥‥‥‥‥‥‥‥‥‥‥‥‥‥‥‥‥‥‥‥‥

　振替伝票に記入する取引は入金と出金以外の取引です。よって，通常の仕訳と同様に借方科目，貸方科目の両方を記入します。

　したがって，解答の仕訳は振替伝票に起票された内容そのものになります。

　2/3（売　掛　金）　　　　　50　　　（売　　　　　上）　　　　　50

確 認 問 題 48　　　　　　　　　　　　　解答解説 → P302

　次の(1)～(3)に掲げる各伝票にもとづいて，取引を推定し，その取引についての仕訳を示しなさい。なお，仕訳に用いる勘定科目は次の中から選ぶこと。

勘定科目　現金　受取手形　買掛金　売上　受取利息

(1)

振　替　伝　票 ×1年5月10日	
受取手形　　500	売　　上　　500

(2)

入　金　伝　票 ×1年5月20日
受取利息　　　30

(3)

出　金　伝　票 ×1年5月30日
買　掛　金　　200

③ 一部現金取引

取引の中には，1つの取引に入金取引または出金取引と振替取引を含むものがあります。このような取引を**一部現金取引**といいます。

この取引は1枚の伝票で起票できないため，**1つの取引を2つに分けて，2枚の伝票で起票します**。具体的には，現金収支のあった部分だけ入金伝票または出金伝票で起票し，現金収支をともなわない部分は振替伝票で起票します。

一部現金取引の例として，次のようなものがあります。

① 商品100円を売り上げ，代金のうち20円は現金で受け取り，残りは掛けとした。

② 商品50円を仕入れ，代金のうち10円は現金で支払い，残りは掛けとした。

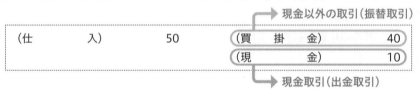

なお，一部現金取引の起票方法は，**取引を分割して起票する方法（分割法）**と，**いったん全額を掛け取引とする方法（擬制法）**があります。

1 取引を分割して起票する方法（分割法）

取引を分割して起票する方法（分割法）は，**取引を現金取引とそれ以外の取引（振替取引）に分けて起票する方法**です。

前記①の場合，売上100円について，掛けによる売上げ80円の部分は振替伝票で起票し，残り20円は現金売上なので，入金伝票で起票します。

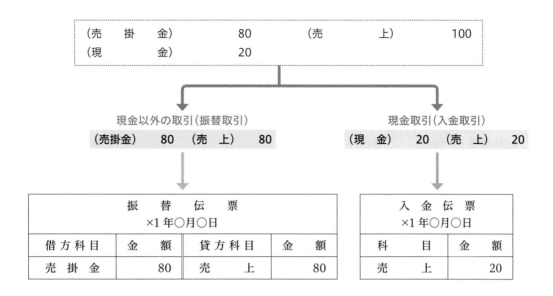

2 いったん全額を掛け取引とする方法（擬制法）

　いったん全額を掛け取引とする方法（擬制法）は，商品の売上げ（仕入れ）が行われた場合，**いったん全額を掛けで売り上げ（仕入れ），ただちに売掛金（買掛金）の一部を現金で受け取った（支払った）ように起票する方法**です。

　前記①の場合，いったん100円を全額掛けで売り上げたとして振替伝票で起票し，売掛金のうち20円を，ただちに現金で受け取ったとして入金伝票で起票します。

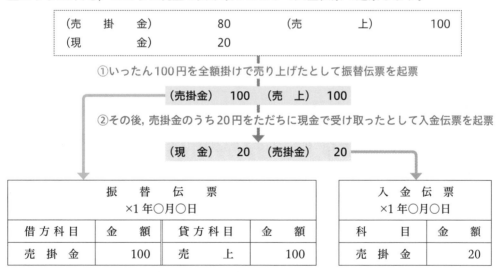

売上（仕入）取引における分割法と擬制法の見分け方

入金伝票（出金伝票）の科目が { **売　上（仕　入）**の場合 → **分割法**
売掛金（買掛金）の場合 → **擬制法**

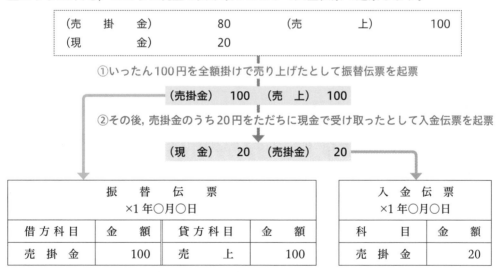

　次に掲げる伝票は，ある1つの取引について起票した2枚の伝票（略式）である。これらの伝票から取引を推定して，その取引についての仕訳を示しなさい。なお，仕訳に用いる勘定科目は次の中から選ぶこと。

勘定科目　　現金　　売掛金　　仮払金　　買掛金　　売上　　仕入　　旅費交通費

(1)

振　替　伝　票
×1年6月12日
売掛金　　120　　売　上　　120

入　金　伝　票
×1年6月12日
売掛金　　　　20

(2)

入　金　伝　票
×1年5月25日
仮払金　　　　20

振　替　伝　票
×1年5月25日
旅費交通費　140　　仮払金　　　140

(3)

出　金　伝　票
×1年5月28日
買掛金　　　100

振　替　伝　票
×1年5月28日
仕　入　　500　　買掛金　　　500

(4)

振　替　伝　票
×1年5月28日
仕　入　　400　　買掛金　　400

出　金　伝　票
×1年5月28日
仕　入　　　100

　次の各取引について，（A）欄のように入金伝票または出金伝票を起票した際の振替伝票を（B）欄に記入しなさい。なお，仕訳に用いる勘定科目は次の中から選ぶこと。

勘定科目　　売掛金　　買掛金　　売上　　仕入

	取　　引	（A）	（B）			
			振　替　伝　票			
			借方科目	金　額	貸方科目	金　額
1	商品350円を売り上げ，代金のうち100円を現金で受け取り，残額を掛けとした。	入金伝票 売　上　100				
			振　替　伝　票			
			借方科目	金　額	貸方科目	金　額
2	商品200円を仕入れ，代金のうち50円を現金で支払い，残額を掛けとした。	出金伝票 買掛金　50				

Supplement

総勘定元帳への転記

1 転記方法

伝票に記入した取引を総勘定元帳の各勘定へ転記する方法には，いくつかの方法があります。

（1） 個々の伝票から直接転記する方法

この方法は，これまで学習してきた転記方法であり，各伝票から借方・貸方それぞれを**個別に転記する方法**です（**個別転記**）。

各勘定の摘要欄には相手科目の代わりに「伝票の種類」を，仕丁欄には「伝票番号」を記入します。

📖 **例　題**　　**個別転記**

次の6/1に作成した各伝票にもとづいて，総勘定元帳への転記を行いなさい。

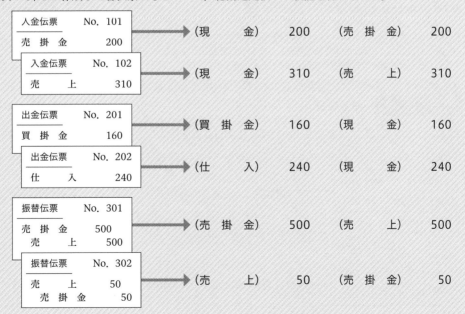

人金伝票	No. 101
売　掛　金	200

→ （現　　金）　200　（売　掛　金）　200

入金伝票	No. 102
売　　上	310

→ （現　　金）　310　（売　　上）　310

出金伝票	No. 201
買　掛　金	160

→ （買　掛　金）　160　（現　　金）　160

出金伝票	No. 202
仕　　入	240

→ （仕　　入）　240　（現　　金）　240

振替伝票	No. 301
売　掛　金	500
売　　上	500

→ （売　掛　金）　500　（売　　上）　500

振替伝票	No. 302
売　　上	50
売　掛　金	50

→ （売　　上）　50　（売　掛　金）　50

◆ 総勘定元帳への転記（個別転記）

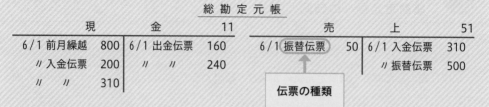

総 勘 定 元 帳

現　　金　　　11				売　　上　　　51			
6/1 前月繰越	800	6/1 出金伝票	160	6/1 振替伝票	50	6/1 入金伝票	310
〃 入金伝票	200	〃　〃	240			〃 振替伝票	500
〃　〃	310						

伝票の種類

（注）仕丁欄は省略しています。

（2）　1日分の伝票をいったん仕訳日計表に集計し，合計額で転記する方法

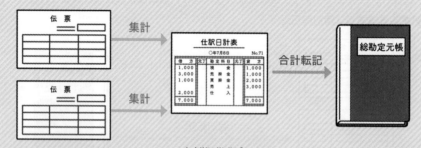

　この方法は，1日分の伝票をいったん**仕訳日計表**に集計し，仕訳日計表から総勘定元帳の各勘定に**合計額で転記する方法**です（**合計転記**）。この場合，各勘定の摘要欄には相手科目の代わりに「仕訳日計表」のように転記元となる資料の名前を，仕丁欄にはそのページ番号を記入します。また，仕訳日計表の元丁欄には，転記済みの印として「勘定番号」を記入します。
　仕訳日計表とは，合計試算表と同形式の表で，**1日分の伝票に記入された科目および金額を集計する表**をいいます（1週間分の伝票を集計する場合**仕訳週計表**といい，これらをまとめて**仕訳集計表**といいます）。

> 仕訳日計表を作成することにより，伝票の記入と集計の誤りをチェックします。また，この方法は，各勘定科目ごとに1日の合計金額を集計して転記（**合計転記**）するため，転記の回数を減らすことができ，総勘定元帳への転記を効率的に行うことができます。

📖 例 題　**合計転記**

次の6/1に作成した各伝票にもとづいて，仕訳日計表を作成し，総勘定元帳への転記を行いなさい。

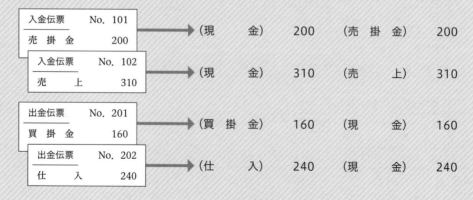

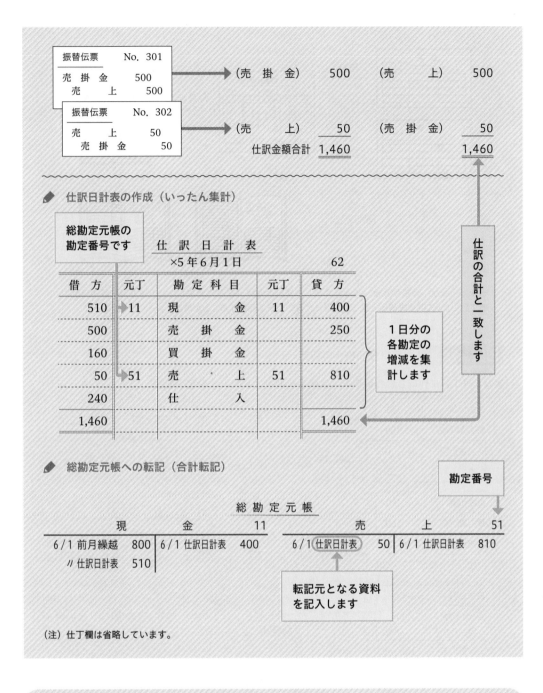

```
振替伝票      No. 301
──────────────
売 掛 金   500
  売   上   500
```
→ （売 掛 金） 500 （売   上） 500

```
振替伝票      No. 302
──────────────
売   上    50
  売 掛 金   50
```
→ （売   上） 50 （売 掛 金） 50

仕訳金額合計 1,460 1,460

◆ 仕訳日計表の作成（いったん集計）

総勘定元帳の
勘定番号です

仕 訳 日 計 表
×5年6月1日   62

借 方	元丁	勘 定 科 目	元丁	貸 方
510	11	現　　金	11	400
500		売 掛 金		250
160		買 掛 金		
50	51	売　　上	51	810
240		仕　　入		
1,460				1,460

1日分の
各勘定の
増減を集
計します

仕訳の合計と一致します

◆ 総勘定元帳への転記（合計転記）

勘定番号

総 勘 定 元 帳

```
       現      金        11
6/1 前月繰越  800 | 6/1 仕訳日計表  400
 〃  仕訳日計表 510 |
```

```
       売      上        51
6/1 仕訳日計表  50 | 6/1 仕訳日計表  810
```

転記元となる資料
を記入します

（注）仕丁欄は省略しています。

Supplement

売掛金元帳および買掛金元帳への転記

　伝票から総勘定元帳への転記を仕訳日計表を用いて合計転記している場合でも，売掛金元帳（得意先元帳）や買掛金元帳（仕入先元帳）の各取引先の勘定口座へは，伝票から直接，**個別転記**します。各取引先の勘定口座の摘要欄には「伝票の種類」を，仕丁欄には「伝票番号」を記入します。

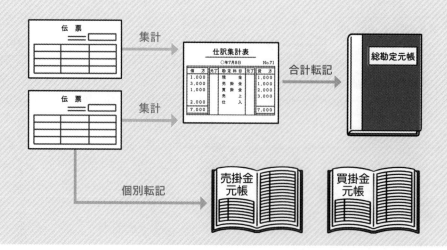

伝票から直接，売掛金元帳（得意先元帳）や買掛金元帳（仕入先元帳）などの補助簿に個別転記することによって得意先や仕入先ごとの掛け代金の内訳を記録することができます。

例題　売掛金元帳への転記

次の6月1日に作成した各伝票を，A商事㈱勘定，B商事㈱勘定へ転記しなさい。

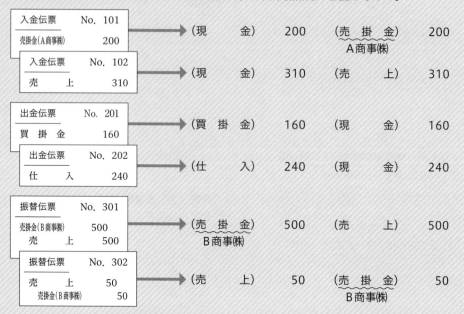

◆　売掛金元帳への転記（個別転記）

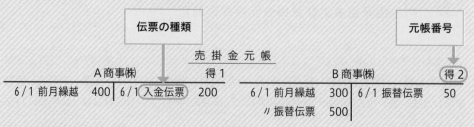

（注）仕丁欄は省略しています。

合格テキスト
日商簿記 **3** 級

確 認 問 題

解 答 ・ 解 説

①（貸借対照表）　②（損益計算書）　③（利害関係者）　④（会 計 期 間）

①（資　　　　産）②（負　　　　債）③（資　　　　本）④（収　　　　益）⑤（費　　　　用）

　1，4

1．仕 訳

日 付	借 方 科 目	金　　　額	貸 方 科 目	金　　　額
4／1	現　　　　金	2,000	資　本　金	2,000
7／1	現　　　　金	1,500	借　入　金	1,500

2．転 記

```
            現        金（資産）              借        入        金（負債）
4/1 資 本 金 2,000 |                                          | 7/1 現   金 1,500
7/1 借 入 金 1,500 |

                                            資        本        金（資本）
                                                          | 4/1 現   金 2,000
```

1．	（仕　　　　入）	2,000	（現　　　　金）	2,000
2．	（現　　　　金）	2,700	（売　　　　上）	2,700

1．	（仕　　　　入）	2,000	（買　掛　金）	2,000
2．	（売　掛　金）	2,700	（売　　　　上）	2,700
3．	（買　掛　金）	1,600	（現　　　　金）	1,600
4．	（現　　　　金）	2,500	（売　掛　金）	2,500

確認問題 07

1．（前　払　金）	600	（現　　　　金）	600
2．（仕　　　　入）	3,000	（前　払　金）	600
		（買　掛　金）	2,400
3．（現　　　　金）	600	（前　受　金）	600
4．（前　受　金）	600	（売　　　　上）	3,000
（売　掛　金）	2,400		

確認問題 08

1．（受取商品券）	5,000	（売　　　　上）	8,000
（売　掛　金）	3,000		
2．（現　　　　金）	5,000	（受取商品券）	5,000

確認問題 09

1．（買　掛　金）	1,000	（仕　　　　入）	1,000
2．（売　　　　上）	1,000	（売　掛　金）	1,000

確認問題 10

1．（仕　　　　入）	2,650	（買　掛　金）	2,000
		（現　　　　金）	650
2．（売　掛　金）	4,250	（売　　　　上）	4,250
（発　送　費）	750	（現　　　　金）	750

商　品　有　高　帳

(1)　先入先出法

紳　士　靴

×1 年		摘　要	受　入			払　出			残　高		
			数　量	単　価	金　額	数　量	単　価	金　額	数　量	単　価	金　額
4	1	前月繰越	10	320	3,200				10	320	3,200
	8	仕　入	20	350	7,000				10	320	3,200
									20	350	7,000
	16	売　上				10	320	3,200			
						15	350	5,250	5	350	1,750
	22	仕　入	10	310	3,100				5	350	1,750
									10	310	3,100
	29	売　上				5	350	1,750			
						5	310	1,550	5	310	1,550

商　品　有　高　帳

(2)　移動平均法

紳　士　靴

×1 年		摘　要	受　入			払　出			残　高		
			数　量	単　価	金　額	数　量	単　価	金　額	数　量	単　価	金　額
4	1	前月繰越	10	320	3,200				10	320	3,200
	8	仕　入	20	350	7,000				30	340	10,200
	16	売　上				25	340	8,500	5	340	1,700
	22	仕　入	10	310	3,100				15	320	4,800
	29	売　上				10	320	3,200	5	320	1,600

1.	（現　　　　金）	150	（売　掛　金）	150
2.	（買　掛　金）	150	（現　　　　金）	150
3.	（現　　　　金）	100	（売　掛　金）	100

確認問題 13

1.	（当 座 預 金）	1,000	（現　　　　　金）	1,000
2.	（買　掛　金）	950	（当 座 預 金）	950
3.	（当 座 預 金）	500	（売　掛　金）	500
4.	（当 座 預 金）	300	（売　掛　金）	300

確認問題 14

1.	（買　掛　金）	300	（当 座 預 金）	300
2.	（買　掛　金）	300	（当 座 預 金）	300
3.	（当 座 預 金）	300	（売　掛　金）	300

確認問題 15

1.	（小 口 現 金）	1,000	（現　　　　　金）	1,000
2.	（通　信　費）	500	（小 口 現 金）	800
	（旅 費 交 通 費）	300		
3.	（小 口 現 金）	800	（現　　　　　金）	800

確認問題 16

1.	（クレジット売掛金）	11,400	（売　　　　　上）	12,000
	（支 払 手 数 料）*	600		
2.	（当 座 預 金）	11,400	（クレジット売掛金）	11,400

＊　12,000円×5％＝600円

確認問題 17

1.	（仕　　　　　入）	3,000	（支 払 手 形）	3,000
2.	（支 払 手 形）	3,000	（当 座 預 金）	3,000
3.	（受 取 手 形）	1,500	（売　　　　　上）	1,500
4.	（当 座 預 金）	1,500	（受 取 手 形）	1,500

－大阪㈱－

1.	（売　掛　金）	15,000	（売　　　　上）	15,000
2.	（電子記録債権）	10,000	（売　掛　金）	10,000
3.	（当 座 預 金）	10,000	（電子記録債権）	10,000

－福岡㈱－

1.	（仕　　　　入）	15,000	（買　掛　金）	15,000
2.	（買　掛　金）	10,000	（電子記録債務）	10,000
3.	（電子記録債務）	10,000	（当 座 預 金）	10,000

1.	（貸　付　金）	5,000	（現　　　　金）	5,000
2.	（現　　　　金）	5,000	（貸　付　金）	5,000
3.	（現　　　　金）	10,000	（借　入　金）	10,000
4.	（借　入　金）	10,000	（現　　　　金）	10,000

1.	（当 座 預 金）	5,950	（借　入　金）	6,000
	（支 払 利 息）	50		
2.	（現　　　　金）	5,100	（貸　付　金）	5,000
			（受 取 利 息）	100
3.	（貸　付　金）	10,000	（現　　　　金）	9,950
			（受 取 利 息）＊	50

$$＊\quad 10,000円 \times 2\% \times \frac{3か月}{12か月} = 50円$$

1.	（役 員 貸 付 金）	10,000	（現　　　　金）	10,000
2.	（当 座 預 金）	20,000	（役 員 借 入 金）	20,000

確認問題 22

1．	（手 形 貸 付 金）	5,000	（現　　　　金）	5,000
2．	（当 座 預 金）	7,300	（手 形 借 入 金）	8,000
	（支 払 利 息）	700		

確認問題 23

1．	（土　　　　地）	2,240	（当 座 預 金）	2,240
2．	（土　　　　地）	60	（現　　　　金）	60
3．	（差 入 保 証 金）	6,000	（現　　　　金）	27,000
	（支 払 手 数 料）	3,000		
	（支 払 地 代）	18,000		
4．	（現　　　　金）	4,000	（差 入 保 証 金）	6,000
	（修　 繕　 費）	2,000		
5．	（車 両 運 搬 具）	1,620	（現　　　　金）	810
			（未　 払　 金）	810

確認問題 24

1．	（仮　 払　 金）	2,000	（現　　　　金）	2,000
2．	（旅 費 交 通 費）	2,200	（仮　 払　 金）	2,000
			（現　　　　金）	200
3．	（当 座 預 金）	1,500	（仮　 受　 金）	1,500
4．	（仮　 受　 金）	1,500	（売　 掛　 金）	1,500
5．	（仮　 払　 金）	10,000	（現　　　　金）	10,000
6．	（旅 費 交 通 費）	2,000	（仮　 払　 金）	3,000
	（消 耗 品 費）	1,000		

確認問題 25

1．	（従 業 員 立 替 金）	5,000	（現　　　　金）	5,000
2．	（給　　　　料）	230,000	（所 得 税 預 り 金）	4,000
			（住 民 税 預 り 金）	9,000
			（社会保険料預り金）	35,000
			（従 業 員 立 替 金）	5,000
			（現　　　　金）	177,000

補助簿 ＼ 取 引	1	2	3	4
(1)現 金 出 納 帳			○	○
(2)仕 入 帳	○			
(3)売 上 帳				○
(4)商 品 有 高 帳	○			○
(5)売 掛 金 元 帳		○		
(6)買 掛 金 元 帳	○		○	
(7)受取手形記入帳		○		○
(8)支払手形記入帳	○			

確 認 問 題 27

1．期中仕訳

	借 方 科 目	金 額	貸 方 科 目	金 額
5 月23日	仕 入	1,000	現 金	1,000
6 月26日	現 金	2,000	売 上	2,000
7 月23日	借 入 金	500	現 金	500
8 月11日	現 金	1,500	受 取 手 数 料	1,500
9 月29日	給 料	700	現 金	700
10月31日	支 払 利 息	300	現 金	300
12月16日	仕 入	1,400	現 金	1,400
1 月14日	現 金	2,500	売 上	2,500
2 月 5 日	現 金	1,400	売 上	1,400

2．総勘定元帳

現 金

4 / 1 前期繰越 5,000	5 / 23 仕　　　入 1,000
6 / 26 売　　　上 2,000	7 / 23 借 入 金 500
8 / 11 受取手数料 1,500	9 / 29 給　　　料 700
1 / 14 売　　　上 2,500	10 / 31 支払利息 300
2 / 5 売　　　上 1,400	12 / 16 仕　　　入 1,400

＊　借方残高8,500

借 入 金

7 / 23 現　　　金 500	4 / 1 前期繰越 2,000
	＊　貸方残高1,500

資 本 金

	4 / 1 前期繰越 4,000
	＊　貸方残高4,000

車 両 運 搬 具

4 / 1 前期繰越 2,000	

＊　借方残高2,000

繰越利益剰余金

	4 / 1 前期繰越 1,000
	＊　貸方残高1,000

仕 入

5 / 23 現　　　金 1,000	
12 / 16 現　　　金 1,400	

＊　借方残高2,400

売 上

	6 / 26 現　　　金 2,000
	1 / 14 現　　　金 2,500
	2 / 5 現　　　金 1,400
	＊　貸方残高5,900

給 料

9 / 29 現　　　金 700	

＊　借方残高700

受 取 手 数 料

	8 / 11 現　　　金 1,500
	＊　貸方残高1,500

支 払 利 息

10 / 31 現　　　金 300	

＊　借方残高300

3．残高試算表

残 高 試 算 表
×2年3月31日

借　方	勘 定 科 目	貸　方
8,500	現　　　　　　金	
2,000	車 両 運 搬 具	
	借　　入　　金	1,500
	資　　本　　金	4,000
	繰 越 利 益 剰 余 金	1,000
	売　　　　　上	5,900
	受 取 手 数 料	1,500
2,400	仕　　　　　入	
700	給　　　　　料	
300	支 払 利 息	
13,900		13,900

1. （現金過不足）	1,000	（現　　　金）	1,000
2. （旅費交通費）	700	（現金過不足）	700
3. （雑　　　損）	300	（現金過不足）	300
4. （通　信　費）	1,000	（現　　　金）	1,000

（仕　　　入）	200	（繰　越　商　品）	200
（繰　越　商　品）	300	（仕　　　入）	300

×1年10/ 3	（貸　倒　損　失）	800	（売　掛　金）	800
×2年 3 /31	（貸倒引当金繰入）＊	260	（貸　倒　引　当　金）	260

＊　貸倒見積額：13,000円×2％＝260円

×2年 5 /10	（貸　倒　引　当　金）	200	（売　掛　金）	200
×3年 3 /31	（貸倒引当金繰入）＊	440	（貸　倒　引　当　金）	440

＊　貸倒見積額：25,000円×2％＝500円
　　繰入額：500円－60円＝440円

×3年 6 /10	（貸　倒　損　失）	500	（売　掛　金）	500
×3年11/11	（貸　倒　引　当　金）	500	（売　掛　金）	700
	（貸　倒　損　失）	200		
×3年12/25	（現　　　金）	800	（償却債権取立益）	800

1. （減　価　償　却　費）＊	600	（減価償却累計額）	600

$$＊　\frac{20,000円－20,000円×10\%}{30年}＝600円$$

2. （減　価　償　却　費）＊	750	（減価償却累計額）	750

$$＊　\frac{5,000円－0円}{5年}×\frac{9か月}{12か月}＝750円$$

確認問題 32

1. （現　　　　金）　　　600　　　（備　　　　品）　　　2,000
　　（減価償却累計額）　1,440　　　（固定資産売却益）　　40
2. （未　収　入　金）　1,000　　　（備　　　　品）　　　3,000
　　（減価償却累計額）＊　1,800
　　（固定資産売却損）　　200

　　＊　$\dfrac{3,000円}{5年} \times 3年 = 1,800円$

確認問題 33

（減　価　償　却　費）＊　　300　　　（減価償却累計額）　　　300

＊　$\dfrac{18,000円 - 0円}{5年} \times \dfrac{1か月}{12か月} = 300円$

確認問題 34

1. （通　信　費）　2,880　　　（現　　　　金）　　　7,880
　　（租　税　公　課）　5,000
2. （貯　蔵　品）　2,720　　　（通　信　費）　　　720
　　　　　　　　　　　　　　　　　（租　税　公　課）　2,000
3. （通　信　費）　　720　　　（貯　蔵　品）　2,720
　　（租　税　公　課）　2,000

確認問題 35

1. （当　座　預　金）　3,000　　　（当　座　借　越）　3,000
2. （当　座　借　越）　3,000　　　（当　座　預　金）　3,000

確認問題 36

×1年6/1　（保　険　料）　　3,600　　　（現　　　　金）　　　3,600
×2年3/31　（前払保険料）＊　600　　　（保　険　料）　　　600
×2年4/1　（保　険　料）　　600　　　（前払保険料）　　　600

　　＊　$3,600円 \times \dfrac{2か月}{12か月} = 600円$

確 認 問 題 37

×1年 7 / 1	（現　　　　　金）	3,000	（受 取 家 賃）	3,000
×2年 3 /31	（受 取 家 賃）	750	（前 受 家 賃）*	750
×2年 4 / 1	（前 受 家 賃）	750	（受 取 家 賃）	750

$$* \quad 3,000円 \times \frac{3か月}{12か月} = 750円$$

確 認 問 題 38

×2年 2 / 1	（当 座 預 金）	40,000	（借　　入　　金）	40,000
×2年 3 /31	（支 払 利 息）	600	（未 払 利 息）*	600
×2年 4 / 1	（未 払 利 息）	600	（支 払 利 息）	600

$$* \quad 40,000円 \times 9\% \times \frac{2か月}{12か月} = 600円$$

確 認 問 題 39

×1年12/ 1	（貸　　付　　金）	4,000	（現　　　　　金）	4,000
×2年 3 /31	（未 収 利 息）*	60	（受 取 利 息）	60
×2年 4 / 1	（受 取 利 息）	60	（未 収 利 息）	60

$$* \quad 180円 \times \frac{4か月}{12か月} = 60円$$

確 認 問 題 40

1．決算整理仕訳

	借 方 科 目	金　額	貸 方 科 目	金　額
(1)	貸 倒 引 当 金 繰 入	30	貸 倒 引 当 金	30
(2)	仕　　　　入	4,000	繰 越 商 品	4,000
	繰 越 商 品	2,500	仕　　　　入	2,500
(3)	減 価 償 却 費	200	減価償却累計額	200
(4)	貯 蔵 品	50	通 信 費	50
(5)	未 収 利 息	20	受 取 利 息	20

(1)　5,000円×2％　　＝　　100円
　　　前T/B貸倒引当金残高…　△70円
　　　貸 倒 引 当 金 繰 入…　　30円

(3)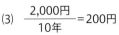

(5)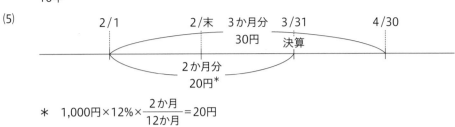

$$* \quad 1,000円 \times 12\% \times \frac{2か月}{12か月} = 20円$$

2．決算整理後残高試算表

決算整理後残高試算表
×2年3月31日

借　　　　方	勘 定 科 目	貸　　　　方
500	現　　　　　金	
5,000	売　　掛　　金	
1,000	貸　　付　　金	
2,500	繰　越　商　品	
50	貯　蔵　品	
20	（未　収）利　息	
2,000	備　　　　　品	
	買　　掛　　金	3,800
	貸 倒 引 当 金	100
	減価償却累計額	800
	資　　本　　金	5,000
	繰越利益剰余金	500
	売　　　　　上	37,000
	受 取 利 息	50
29,500	仕　　　　　入	
2,400	給　　　　　料	
3,600	支 払 家 賃	
450	通　信　費	
30	貸倒引当金繰入	
200	減 価 償 却 費	
47,250		47,250

精 算 表

勘定科目	残高試算表		修正記入		損益計算書		貸借対照表	
	借 方	貸 方	借 方	貸 方	借 方	貸 方	借 方	貸 方
現 金	500						500	
売 掛 金	5,000						5,000	
貸 付 金	1,000						1,000	
繰 越 商 品	4,000		2,500	4,000			2,500	
備 品	2,000						2,000	
買 掛 金		3,800						3,800
貸倒引当金		70		30				100
減価償却累計額		600		200				800
資 本 金		5,000						5,000
繰越利益剰余金		500						500
売 上		37,000				37,000		
受 取 利 息		30		20		50		
仕 入	28,000		4,000	2,500	29,500			
給 料	2,400				2,400			
支 払 家 賃	3,600				3,600			
通 信 費	500			50	450			
	47,000	47,000						
貸倒引当金繰入			30		30			
減 価 償 却 費			200		200			
貯 蔵 品			50				50	
（未 収）利息			20				20	
当期純（利益）					870			870
			6,800	6,800	37,050	37,050	11,070	11,070

〈参 考〉

精算表の修正記入欄の仕訳は，次のようになります。

1.	（貸倒引当金繰入）	30	（貸 倒 引 当 金）	30
2.	（仕 入）	4,000	（繰 越 商 品）	4,000
	（繰 越 商 品）	2,500	（仕 入）	2,500
3.	（減 価 償 却 費）	200	（減価償却累計額）	200
4.	（貯 蔵 品）	50	（通 信 費）	50
5.	（未 収 利 息）	20	（受 取 利 息）	20

確認問題 **42**

収益の振り替え：

| （売　　　　　上） | 5,200 | （損　　　　　益） | 5,800 |
| （受　取　利　息） | 600 | | |

費用の振り替え：

| （損　　　　　益） | 3,800 | （仕　　　　　入） | 3,100 |
| | | （支　払　利　息） | 700 |

純損益の振り替え：

| （損　　　　　益） | 2,000 | （繰越利益剰余金） | 2,000 |

確認問題 **43**

1．決算整理仕訳

	借　方　科　目	金　　　額	貸　方　科　目	金　　　額
(1)	貸倒引当金繰入	30	貸　倒　引　当　金	30
(2)	仕　　　　　入	4,000	繰　越　商　品	4,000
	繰　越　商　品	2,500	仕　　　　　入	2,500
(3)	減　価　償　却　費	200	減価償却累計額	200
(4)	貯　　蔵　　品	50	通　　信　　費	50
(5)	未　収　利　息	20	受　取　利　息	20

2. 損益計算書, 貸借対照表

損 益 計 算 書

東京㈱　　　　　　　　　×1年4月1日～×2年3月31日　　　　　　　　　（単位：円）

費　　　用	金　　額	収　　　益	金　　額
売 上 原 価	（　29,500）	売 上 高	（　37,000）
給　　　　料	（　2,400）	受 取 利 息	（　50）
支 払 家 賃	（　3,600）		
通 信 費	（　450）		
貸 倒 引 当 金 繰 入	（　30）		
減 価 償 却 費	（　200）		
当 期 純 利 益	（　870）		
	（　37,050）		（　37,050）

前T/B繰越利益剰余金500円に⊕

貸 借 対 照 表

東京㈱　　　　　　　　　×2年3月31日　　　　　　　　　　　　（単位：円）

資　　　産	金　　額	負債及び純資産	金　　額
現　　　金	（　500）	買 掛 金	（　3,800）
売 掛 金	（5,000）	資 本 金	（　5,000）
貸 倒 引 当 金	（△　100）（　4,900）	繰越利益剰余金	（　1,370）
貸 付 金	（　1,000）		
商　　　品	（　2,500）		
貯 蔵 品	（　50）		
未 収 収 益	（　20）		
備　　　品	（2,000）		
減価償却累計額	（△　800）（　1,200）		
	（10,170）		（10,170）

確 認 問 題　44

1.　（当 座 預 金）　28,000,000　　　（資　本　金）[*1] 28,000,000
2.　（当 座 預 金）　72,000,000　　　（資　本　金）[*2] 72,000,000

　　*1　1株の払込金額70,000円×発行株式数400株＝28,000,000円（資本金）
　　*2　1株の払込金額120,000円×発行株式数600株＝72,000,000円（資本金）

確認問題 45

1．	（損　　益）	5,000	（繰越利益剰余金）	5,000
2．	（繰越利益剰余金）	4,400	（利 益 準 備 金）	400
			（未 払 配 当 金）	4,000
3．	（未 払 配 当 金）	4,000	（当 座 預 金）	4,000
4．	（損　　益）	6,400	（繰越利益剰余金）	6,400

（参考）［確認問題45］における第2期の総勘定元帳の勘定記入は次のようになります。

繰 越 利 益 剰 余 金

×2/ 6 /28 利 益 準 備 金	400	×2/ 4 / 1 前 期 繰 越	5,000
〃 未 払 配 当 金	4,000	3 /31 損　　　　益	6,400
3 /31 次 期 繰 越	7,000		
	11,400		11,400

確認問題 46

1．	（法人税,住民税及び事業税）	8,000	（未 払 法 人 税 等）	8,000
2．	（未 払 法 人 税 等）	8,000	（当 座 預 金）	8,000
3．	（仮 払 法 人 税 等）	4,000	（当 座 預 金）	4,000
4．	（法人税,住民税及び事業税）	7,500	（仮 払 法 人 税 等）	4,000
			（未 払 法 人 税 等）	3,500
5．	（未 払 法 人 税 等）	3,500	（当 座 預 金）	3,500

確認問題 47

1．	（仕　　入）	50,000	（現　　金）	55,000
	（仮 払 消 費 税）*1	5,000		
2．	（現　　金）	99,000	（売　　上）	90,000
			（仮 受 消 費 税）*2	9,000
3．	（仮 受 消 費 税）	9,000	（仮 払 消 費 税）	5,000
			（未 払 消 費 税）	4,000
4．	（未 払 消 費 税）	4,000	（現　　金）	4,000

$*1$　税込価額55,000円$\times \dfrac{10\%}{100\%+10\%}=5,000$円（仮払消費税）

$*2$　税込価額99,000円$\times \dfrac{10\%}{100\%+10\%}=9,000$円（仮受消費税）

(1)	（受　取　手　形）	500	（売　　　　上）	500
(2)	（現　　　　　金）	30	（受　取　利　息）	30
(3)	（買　　掛　　金）	200	（現　　　　金）	200

(1)	（売　　掛　　金）	100	（売　　　　上）	120
	（現　　　　　金）	20		
(2)	（現　　　　　金）	20	（仮　　払　　金）	160
	（旅　費　交　通　費）	140		
(3)	（仕　　　　　入）	500	（買　　掛　　金）	400
			（現　　　　金）	100
(4)	（仕　　　　　入）	500	（買　　掛　　金）	400
			（現　　　　金）	100

1

振　替　伝　票			
借　方　科　目	金　　額	貸　方　科　目	金　　額
売　　掛　　金	250	売　　　　上	250

2

振　替　伝　票			
借　方　科　目	金　　額	貸　方　科　目	金　　額
仕　　　　入	200	買　　掛　　金	200

貸借対照表項目

資産の科目
（企業が所有する物や権利〈＝債権〉）

- 現金
- 小口現金
- 当座預金※
- 普通預金※
- 定期預金※
- 受取手形
- 売掛金
- クレジット売掛金
- 電子記録債権
- 繰越商品
- 差入保証金
- 貯蔵品
- 貸付金
- 役員貸付金
- 従業員貸付金
- 手形貸付金
- 未収入金
- 前払金
- 立替金※
- 受取商品券

- 仮払金
- 仮払法人税等
- 仮払消費税
- 前払費用※
- 未収収益※
- 建物
- 備品
- 車両運搬具
- 土地

負債の科目
（将来返済しなければならない義務〈＝債務〉）

- 支払手形
- 買掛金
- 電子記録債務
- 未払金
- 未払配当金
- 未払法人税等
- 未払消費税
- 借入金
- 手形借入金
- 役員借入金
- 前受金

- 当座借越
- 預り金※
- 仮受金
- 仮受消費税
- 未払費用※
- 前受収益※

評価勘定
（資産のマイナス勘定）

- 貸倒引当金
- 減価償却累計額※

資本（純資産）の科目
（資産－負債：元手ともうけ）

- 資本金
- 利益準備金
- 繰越利益剰余金

損益計算書項目

費用の科目
（収益を得るために使われたもの等）

- 仕入
- 給料
- 法定福利費
- 広告宣伝費
- 旅費交通費
- 水道光熱費
- 消耗品費
- 発送費
- 通信費
- 租税公課
- 貸倒損失
- 貸倒引当金繰入
- 減価償却費
- 保険料

- 支払地代
- 支払家賃
- 支払手数料
- 支払利息
- 雑損
- 雑費
- 固定資産売却損※
- 売上原価
- 修繕費
- 保管費
- 諸会費
- 法人税・住民税及び事業税（法人税等）

収益の科目
（物および労働力等を提供して得た対価）

- 売上
- 受取地代
- 受取家賃
- 受取手数料
- 受取利息
- 雑益
- 固定資産売却益※
- 償却債権取立益
- 貸倒引当金戻入

当期純利益
（一会計期間の「収益－費用」の金額）

(注)
※を付した勘定科目は，具体的な名称を付すこともある。

1　分 数

⑴　加算（たしざん）・減算（ひきざん）

①　分母が同じ分数同士のときは，分子同士をそのまま加算・減算する。

（例1）
　　　　　　　　　　　　　　　　　·············· そのまま加算

$$\frac{3}{7} + \frac{2}{7} = \frac{3+2}{7} = \frac{5}{7}$$

（例2）
　　　　　　　　　　　　　　　　　·············· そのまま加算

$$\frac{3}{7} - \frac{2}{7} = \frac{3-2}{7} = \frac{1}{7}$$

②　分母が違う分数同士のときは，分母の数を揃えてから分子同士を加算・減算する。

（例）

$$\frac{1}{3} + \frac{1}{2} = \frac{1 \times 2}{3 \times 2} + \frac{1 \times 3}{2 \times 3}$$

分母を6に揃える（通分）ためにそれぞれ2と3を掛ける。
なお，分数の分母と分子に同じ数を掛けても，分数の大きさは変わらない。

$$= \frac{2}{6} + \frac{3}{6} = \frac{5}{6}$$

⑵　乗算（かけざん）

分母同士の乗算は，分母同士，分子同士を掛ける。

（例）

$$\frac{1}{3} \times \frac{2}{5} = \frac{1 \times 2}{3 \times 5} = \frac{2}{15}$$

⑶　除算（わりざん）

除算は，割る数の逆数（分子と分母を入れ替えた分数）を掛ける。

（例）
　　　　　　　　　　　　　　　　　　　　　　　·············· 分子と分母を入れ替えて掛ける。

$$\frac{1}{3} \div \frac{2}{5} = \frac{1}{3} \times \frac{5}{2} = \frac{1 \times 5}{3 \times 2} = \frac{5}{6}$$

2　歩合と百分率

割合を表す単位として，歩合（ぶあい）や百分率（ひゃくぶんりつ）などがある。

⑴　歩合

通常，試合の勝率などを「○割（わり）○分（ぶ）○厘（りん）」のように表すが，これを歩合という。

「割」は分数で10分の1（小数で0.1），「分」は100分の1（0.01），「厘」は1,000分の1（0.001）を表す。

具体的には，試合の勝率で「5割4分1厘」を小数で表すと0.541となる。

⑵　百分率

　　百分率とは，％（パーセント）のことをいい，もとになるものを 100 等分した場合の割合を表したものをいう。

　　たとえば，空気中に含まれる窒素の割合はおよそ 78％だが，これは，もとになる空気を 100 等分したうちのおよそ 78 の割合が窒素であることを表す。空気を 1 としたとき，窒素の割合を小数で表すと，およそ 0.78 となる。

⑶　小数，分数，歩合，百分率の関係

　　小数，分数，歩合，百分率を表にすると以下のようになる。

小　数	0.1	0.25	0.5
分　数	$\dfrac{1}{10} = \dfrac{10}{100}$	$\dfrac{1}{4} = \dfrac{25}{100}$	$\dfrac{1}{2} = \dfrac{5}{10} = \dfrac{50}{100}$
歩　合	1 割	2 割 5 分	5 割
百分率	10％	25％	50％

3　一次方程式

一次方程式は次のように解く。

⑴　「25 x − 50 = 75」を解く。

　　①　左辺の「− 50」を右辺に移項する。このとき，符号の「−」は「＋」に変わる。

$$25 x - 50 = 75$$

左辺から右辺へ移項

$$25 x = 75 + 50$$

右辺を計算

$$25 x = 125$$

①は，次のようにも計算できる。

$$25 x - 50 = 75$$

両辺に 50 を加算

$$25 x - 50 + 50 = 75 + 50$$

$$25 x = 125$$

　　②　両辺を 25 で割って，x を求める。

両辺を 25 で割る

$$25 x \div 25 = 125 \div 25$$

$$x = 5 \quad \cdots （答）$$

⑵　「2 − x = 4（2 − x）」を解く。

　　①　右辺のカッコ（　）をはずす。

それぞれの項に掛ける。

$$2 - x = 4（2 - x）$$

$$2 - x = 4 \times 2 - 4 \times x$$

$$2 - x = 8 - 4 x$$

　　②　右辺の − 4 x を左辺に移項する。

$$2 - x + 4 x = 8$$

$$2 + 3 x = 8$$

　　③　左辺の 2 を右辺に移項する。

$$3 x = 8 - 2$$

$$3 x = 6$$

　　④　両辺を 3 で割って，x を求める。

$$3 x \div 3 = 6 \div 3$$

$$x = 2 \quad \cdots （答）$$

INDEX

さくいん

よくわかる簿記シリーズ

ごうかく　　　　　　　　　　　　にっしょうぼき　　　　きゅう
合格テキスト　　日商簿記3級　　Ver.14.0

1999年12月10日　初　版　第1刷発行	
2023年2月23日　第14版　第1刷発行	
2024年9月16日　　　　　第5刷発行	

編　著　者	Ｔ　Ａ　Ｃ　株　式　会　社	
	（簿記検定講座）	
発　行　者	多　　田　　敏　　男	
発　行　所	ＴＡＣ株式会社　出版事業部	
	（ＴＡＣ出版）	

〒101−8383
東京都千代田区神田三崎町3−2−18
電　話　03（5276）9492（営業）
FAX　03（5276）9674
https://shuppan.tac-school.co.jp

組　　版	朝日メディアインターナショナル株式会社	
印　　刷	株式会社　光　　　　　邦	
製　　本	株式会社　常　川　製　本	

© TAC 2023　　　　Printed in Japan　　　　　ISBN 978−4−300−10488−0
N.D.C. 336

乱丁・落丁による交換，および正誤のお問合せ対応は，該当書籍の改訂版刊行月末日までといたします。なお，交換につきましては，書籍の在庫状況等により，お受けできない場合もございます。
また，各種本試験の実施の延期，中止を理由とした本書の返品はお受けいたしません。返金もいたしかねますので，あらかじめご了承くださいますようお願い申し上げます。

簿記検定講座のご案内

選べる学習メディアでご自身に合うスタイルでご受講ください!

通学講座

3級コース　3・2級コース　2級コース　1級コース　1級上級コース

 教室講座 通って学ぶ

定期的な日程で通学する学習スタイル。常に講師と接することができるという教室講座の最大のメリットがありますので、疑問点はその日のうちに解決できます。また、勉強仲間との情報交換も積極的に行えるのが特徴です。

 ビデオブース講座 通って学ぶ／予約制

ご自身のスケジュールに合わせて、TACのビデオブースで学習するスタイル。日程を自由に設定できるため、忙しい社会人に人気の講座です。

直前期教室出席制度
直前期以降、教室受講に振り替えることができます。

無料体験入学
ご自身の目で、耳で体験し納得してご入学いただくために、無料体験入学をご用意しました。

無料講座説明会
もっとTACのことを知りたいという方は、無料講座説明会にご参加ください。

無　料
予約不要※

※ビデオブース講座の無料体験入学は要予約。
無料講座説明会は一部校舎では要予約。

通信講座

3級コース　3・2級コース　2級コース　1級コース　1級上級コース

 Web通信講座 スマホやタブレットにも対応／見て学ぶ

教室講座の生講義をブロードバンドを利用し動画で配信します。ご自身のペースに合わせて、24時間いつでも何度でも繰り返し受講することができます。また、講義動画はダウンロードして2週間視聴可能です。有効期間内は何度でもダウンロード可能です。

※Web通信講座の配信期間は、お申込コースの目標月の翌月末までです。

TAC WEB SCHOOL ホームページ
URL https://portal.tac-school.co.jp/

※お申込み前に、左記のサイトにて必ず動作環境をご確認ください。

 DVD通信講座 見て学ぶ

講義を収録したデジタル映像をご自宅にお届けします。講義の臨場感をクリアな画像でご自宅にて再現することができます。

※DVD-Rメディア対応のDVDプレーヤーでのみ受講が可能です。パソコンやゲーム機での動作保証はいたしておりません。

Webでも無料配信中！ スマホ タブレット パソコン

「**TAC動画チャンネル**」

 資料通信講座（1級のみ）

テキスト・添削問題を中心として学習します。

- 講座説明会 ※収録内容の変更のため、配信されない期間が生じる場合がございます。
- 1回目の講義（前半分）が視聴できます

詳しくは、TACホームページ「TAC動画チャンネル」をクリック！

TAC動画チャンネル　簿記　検索

コースの詳細は、簿記検定講座パンフレット・TACホームページをご覧ください。

パンフレットのご請求・お問い合わせは、TACカスタマーセンターまで

通話無料 **0120-509-117**
ゴウカク イイナ

受付時間　月〜金 9:30〜19:00
　　　　　土・日・祝 9:30〜18:00
※携帯電話からもご利用になれます。

TAC簿記検定講座ホームページ
TAC 簿記　検索

簿記検定講座

お手持ちの教材がそのまま使用可能！
【テキストなしコース】のご案内

TAC簿記検定講座のカリキュラムは市販の教材を使用しておりますので、こちらのテキストを使ってそのまま受講することができます。独学では分かりにくかった論点や本試験対策も、TAC講師の詳しい解説で理解度も120％UP！ 本試験合格に必要なアウトプット力が身につきます。独学との差を体感してください。

左記の各メディアが【テキストなしコース】でお得に受講可能！

こんな人にオススメ！
- ●テキストにした書き込みをそのまま活かしたい！
- ●これ以上テキストを増やしたくない！
- ●とにかく受講料を安く抑えたい！

※お申込前に必ずお手持ちのバージョンをご確認ください。場合によっては最新のものに買い直していただくことがございます。詳細はお問い合わせください。

お手持ちの教材をフル活用！！

合格テキスト

合格トレーニング

会計業界への
就職・転職支援サービス

TPB

TACの100%出資子会社であるTACプロフェッションバンク（TPB）は、会計・税務分野に特化した転職エージェントです。
勉強された知識とご希望に合ったお仕事を一緒に探しませんか？ 相談だけでも大歓迎です！ どうぞお気軽にご利用ください。

人材コンサルタントが無料でサポート

Step1 相談受付
完全予約制です。HPからご登録いただくか、各オフィスまでお電話ください。

Step2 面談
ご経験やご希望をお聞かせください。あなたの将来について一緒に考えましょう。

Step3 情報提供
ご希望に適うお仕事があれば、その場でご紹介します。強制はいたしませんのでご安心ください。

正社員で働く

● 安定した収入を得たい
● キャリアプランについて相談したい
● 面接日程や入社時期などの調整をしてほしい
● 今就職すべきか、勉強を優先すべきか迷っている
● 職場の雰囲気など、求人票でわからない情報がほしい

TACキャリアエージェント

https://tacnavi.com/

派遣で働く（関東のみ）

● 勉強を優先して働きたい
● 将来のために実務経験を積んでおきたい
● まずは色々な職場や職種を経験したい
● 家庭との両立を第一に考えたい
● 就業環境を確認してから正社員で働きたい

TACの経理・会計派遣

https://tacnavi.com/haken/

※ご経験やご希望内容によってはご支援が難しい場合がございます。予めご了承ください。　※面談時間は原則お一人様30分とさせていただきます。

自分のペースでじっくりチョイス

正社員・アルバイトで働く

● 自分の好きなタイミングで就職活動をしたい
● どんな求人案件があるのか見たい
● 企業からのスカウトを待ちたい
● WEB上で応募管理をしたい

Webで

TACキャリアナビ

https://tacnavi.com/kyujin/

就職・転職・派遣就労の強制は一切いたしません。会計業界への就職・転職を希望される方への無料支援サービスです。どうぞお気軽にお問い合わせください。

 TACプロフェッションバンク

■ 有料職業紹介事業 許可番号13-ユ-010678　■ 一般労働者派遣事業 許可番号（派）13-010932
■ 特定募集情報等提供事業 届出受理番号51-募-000541

東京オフィス
〒101-0051
東京都千代田区神田神保町 1-103
東京パークタワー 2F
TEL.03-3518-6775

大阪オフィス
〒530-0013
大阪府大阪市北区茶屋町 6-20
吉田茶屋町ビル 5F
TEL.06-6371-5851

名古屋 登録会場
〒453-0014
愛知県名古屋市中村区則武 1-1-7
NEWNO 名古屋駅西 8F
TEL.0120-757-655

10860572

TAC出版 書籍のご案内

TAC出版では、資格の学校TAC各講座の定評ある執筆陣による資格試験の参考書をはじめ、資格取得者の開業法や仕事術、実務書、ビジネス書、一般書などを発行しています！

TAC出版の書籍

*一部書籍は、早稲田経営出版のブランドにて刊行しております。

資格・検定試験の受験対策書籍

- 日商簿記検定
- 建設業経理士
- 全経簿記上級
- 税理士
- 公認会計士
- 社会保険労務士
- 中小企業診断士
- 証券アナリスト

- ファイナンシャルプランナー(FP)
- 証券外務員
- 貸金業務取扱主任者
- 不動産鑑定士
- 宅地建物取引士
- 賃貸不動産経営管理士
- マンション管理士
- 管理業務主任者

- 司法書士
- 行政書士
- 司法試験
- 弁理士
- 公務員試験(大卒程度・高卒者)
- 情報処理試験
- 介護福祉士
- ケアマネジャー
- 電験三種　ほか

実務書・ビジネス書

- 会計実務、税法、税務、経理
- 総務、労務、人事
- ビジネススキル、マナー、就職、自己啓発
- 資格取得者の開業法、仕事術、営業術

一般書・エンタメ書

- ファッション
- エッセイ、レシピ
- スポーツ
- 旅行ガイド (おとな旅プレミアム/旅コン)

(2024年2月現在)

書籍のご購入は

1 全国の書店、大学生協、ネット書店で

2 TAC各校の書籍コーナーで

資格の学校TACの校舎は全国に展開！
校舎のご確認はホームページにて ▶

資格の学校TAC ホームページ
https://www.tac-school.co.jp

3 TAC出版書籍販売サイトで

CYBER TAC出版書籍販売サイト
BOOK STORE

24時間
ご注文
受付中

TAC 出版 で 検索

https://bookstore.tac-school.co.jp/

新刊情報を
いち早くチェック！

たっぷり読める
立ち読み機能

学習お役立ちの
特設ページも充実！

TAC出版書籍販売サイト「サイバーブックストア」では、TAC出版および早稲田経営出版から刊行されている、すべての最新書籍をお取り扱いしています。
また、会員登録（無料）をしていただくことで、会員様限定キャンペーンのほか、送料無料サービス、メールマガジン配信サービス、マイページのご利用など、うれしい特典がたくさん受けられます。

サイバーブックストア会員は、特典がいっぱい！(一部抜粋)

通常、1万円（税込）未満のご注文につきましては、送料・手数料として500円（全国一律・税込）頂戴しておりますが、1冊から無料となります。

専用の「マイページ」は、「購入履歴・配送状況の確認」のほか、「ほしいものリスト」や「マイフォルダ」など、便利な機能が満載です。

メールマガジンでは、キャンペーンやおすすめ書籍、新刊情報のほか、「電子ブック版TACNEWS（ダイジェスト版）」をお届けします。

書籍の発売を、販売開始当日にメールにてお知らせします。これなら買い忘れの心配もありません。

日商簿記検定試験対策書籍のご案内

TAC出版の日商簿記検定試験対策書籍は、学習の各段階に対応していますので、あなたの
ステップに応じて、合格に向けてご活用ください!

3タイプのインプット教材

① 簿記を専門的な知識にしていきたい方向け

満点合格を目指し次の級への土台を築く

「合格テキスト」

「合格トレーニング」

● 大判のB5判、3級〜1級累計300万部超の、信頼の定番テキスト&トレーニング!
TACの教室でも使用している公式テキストです。3級のみオールカラー。
● 出題論点はすべて網羅しているので、簿記をきちんと学んでいきたい方にぴったりです!
◆3級 □2級 商簿、2級 工簿 ■1級 商・会 各3点、1級 工・原 各3点

② スタンダードにメリハリつけて学びたい方向け

教室講義のようなわかりやすさでしっかり学べる

「簿記の教科書」

「簿記の問題集」

滝澤 ななみ 著

● A5判、4色オールカラーのテキスト(2級・3級のみ)&模擬試験つき問題集!
● 豊富な図解と実例つきのわかりやすい説明で、もうモヤモヤしない!!
◆3級 □2級 商簿、2級 工簿 ■1級 商・会 各3点、1級 工・原 各3点

③ 気軽に始めて、早く全体像をつかみたい方向け

初学者でも楽しく続けられる!

「スッキリわかる」

テキスト/問題集一体型

滝澤 ななみ 著 (1級は商・会のみ)

● 小型のA5判(4色オールカラー)によるテキスト/問題集一体型。これ一冊でOKの、圧倒的に人気の教材です。
● 豊富なイラストとわかりやすいレイアウト!かわいいキャラの「ゴエモン」と一緒に楽しく学べます。

◆3級 □2級 商簿、2級 工簿
■1級 商・会 4点、1級 工・原 4点

「スッキリうかる本試験予想問題集」

滝澤 ななみ 監修 TAC出版開発グループ 編著

● 本試験タイプの予想問題9回分を掲載
◆3級 □2級

コンセプト問題集

● 得点力をつける!

『みんなが欲しかった! やさしすぎる解き方の本』

B5判　滝澤 ななみ 著

● 授業で解き方を教わっているような新感覚問題集。再受験にも有効。
◆3級　□2級

本試験対策問題集

● 本試験タイプの 問題集

『合格するための 本試験問題集』📺
（1級は過去問題集）

B5判
● 12回分（1級は14回分）の問題を収載。ていねいな「解答への道」、各問対策が充実
● 年2回刊行。
◆3級　□2級　■1級

● 知識のヌケを なくす!

『まるっと 完全予想問題集』📺
（1級は網羅型完全予想問題集）

A4判
● オリジナル予想問題（3級10回分、2級12回分、1級8回分）で本試験の重要出題パターンを網羅。
● 実力養成にも直前の本試験対策にも有効。
◆3級　□2級　■1級

直前予想

『○年度試験をあてる TAC予想模試 ＋解き方テキスト ○～○月試験対応』📺📱
（1級は第○回試験をあてるTAC直前予想模試）

A4判
● TAC講師陣による4回分の予想問題で最終仕上げ。
● 2級・3級は、第1部解き方テキスト編、第2部予想模試編の2部構成。
● 年3回（1級は年2回）、各試験に向けて発行します。
◆3級　□2級　■1級

あなたに合った合格メソッドをもう一冊!

『究極の仕訳集』📱
B6変型判
● 悩む仕訳をスッキリ整理。ハンディサイズ、一問一答式で基本の仕訳を一気に覚える。
◆3級　□2級

『究極の会計学理論集』
B6変型判
● 会計学の理論問題を論点別に整理、手軽なサイズが便利です。
■1級 商・会、全経上級

(仕訳)『究極の計算と仕訳集』
B6変型判　境 浩一朗 著
● 1級商会で覚えるべき計算と仕訳がすべてつまった1冊!
■1級 商・会

『カンタン電卓操作術』
A5変型判　TAC電卓研究会 編
● 実践的な電卓の操作方法について、丁寧に説明します!

:ネット試験の演習ができる模擬試験プログラムつき（2級・3級）

📱:スマホで使える仕訳Webアプリつき（2級・3級）

・2024年2月現在　・刊行内容、表紙等は変更することがあります　・とくに記述がある商品以外は、TAC簿記検定講座編です

書籍の正誤に関するご確認とお問合せについて

書籍の記載内容に誤りではないかと思われる箇所がございましたら、以下の手順にてご確認とお問合せをしてくださいますよう、お願い申し上げます。

なお、正誤のお問合せ以外の**書籍内容に関する解説および受験指導などは、一切行っておりません。**
そのようなお問合せにつきましては、お答えいたしかねますので、あらかじめご了承ください。

1 「Cyber Book Store」にて正誤表を確認する

TAC出版書籍販売サイト「Cyber Book Store」の
トップページ内「正誤表」コーナーにて、正誤表をご確認ください。

URL：https://bookstore.tac-school.co.jp/

2 ①の正誤表がない、あるいは正誤表に該当箇所の記載がない
⇒ 下記①、②のどちらかの方法で文書にて問合せをする

★ご注意ください★

お電話でのお問合せは、お受けいたしません。

①、②のどちらの方法でも、お問合せの際には、「お名前」とともに、

「対象の書籍名（○級・第○回対策も含む）およびその版数（第○版・○○年度版など）」

「お問合せ該当箇所の頁数と行数」

「誤りと思われる記載」

「正しいとお考えになる記載とその根拠」

を明記してください。

なお、回答までに1週間前後を要する場合もございます。あらかじめご了承ください。

① ウェブページ「Cyber Book Store」内の「お問合せフォーム」より問合せをする

【お問合せフォームアドレス】

https://bookstore.tac-school.co.jp/inquiry/

② メールにより問合せをする

【メール宛先　TAC出版】

syuppan-h@tac-school.co.jp

※土日祝日はお問合せ対応をおこなっておりません。
※正誤のお問合せ対応は、該当書籍の改訂版刊行月末日までといたします。

乱丁・落丁による交換は、該当書籍の改訂版刊行月末日までといたします。なお、書籍の在庫状況等により、お受けできない場合もございます。

また、各種本試験の実施の延期、中止を理由とした本書の返品はお受けいたしません。返金もいたしかねますので、あらかじめご了承くださいますようお願い申し上げます。

（2022年7月現在）